Harald Körke

Lust & Liebe auf Papaya

konkursbuchVERLAG
CLAUDIA GEHRKE

HARALD KÖRKE

Lust & Liebe auf Papaya

konkursbuchVERLAG
CLAUDIA GEHRKE

Für Katharina,
ohne deren Zeichnungen das Buch
nur halb so schön aussähe.

ISBN 3-88769-043-5

Satz: wsp Satz GmbH, Kaufering
Druck und Bindung: Fuldaer Verlagsanstalt
Illustrationen: Katharina Riedel

INHALT

Der Vorgänger dieses Buches: »Noch ein verdammter Tag im Paradies« hat brennendes Interesse im wahrsten Sinn des Wortes erregt. Trotz aller Erklärungen im Vorwort ist es mir offenbar nicht gelungen, den Eindruck zu vermeiden, daß sich meine Erzählungen auf der Kanaren-Insel La Palma abspielen.

Deshalb ist hier noch einmal – frei nach Orwell – ein Wort der Klärung angebracht: Alle Inseln sind gleich. Nur manche sind gleicher. Tatsache ist, daß ich bis zur Vertreibung durch Feuer und Schwert 14 Jahre auf La Palma gelebt habe. Manche, insbesondere geographische Schilderung wird davon beeinflußt worden sein. Tatsache ist aber auch, daß ich Wochen, Monate und Jahre auf vielen Inseln in aller Welt verbracht habe, von Berlin mal ganz abgesehen. Und Tatsache ist schließlich, daß das Buch sowohl auf Ibiza als auch auf den Inseln in der Karibik, in der Ägäis und selbst auf Sylt dieselben Reaktionen ausgelöst hat: Ja, das könnte hier sein! Ja, genau so ist das!

Inseln sind ver-rückte Gebilde. Auf ihnen ist alles anders als woanders – auch die Menschen. Desgleichen jene, die dort hinkommen, um ein neues Leben zu beginnen oder eine neue Vegetationsperiode. Es sind aber wohl insbesondere die Einheimischen, die diese Behauptung der Ver-rücktheit nicht gern hören. In ihren Ohren klingt eine ironisch-lächelnde Beschreibung durchaus nicht liebenswert, wie sich gezeigt hat. Wer sich bitter ernst nimmt, versteht keinen Spaß. Das mußte ich erst einmal lernen, und das haben andere vor mir an anderen Orten auch schon lernen müssen.

Ich stelle also hier in aller Form fest: Die Insel, von der ich rede, heißt Papaya. Papaya ist die Insel, die ich meine. Papaya hat nichts aber auch gar nichts mit La Palma gemein. Papaya steht stellvertretend für alle Inseln dieser Welt – mit Ausnahme der Insel La Palma. Sie steht für alle Inseln, auf denen man Meinungsverschiedenheiten nicht mit Zündhölzern austrägt.

Ich hoffe, daß La Palma und die Pyromanen nunmehr einsehen, daß es sie – literarisch jedenfalls – nie gegeben hat.

Köln, Sommer 1989

Eigentlich war Pawel Trogletter ein sanfter Mensch. Niemand hätte geglaubt, daß er seinen Landarbeiter Benito Hernandez nach allen Regeln der Freistilkunst verprügeln und ihm die Vorderzähne ausschlagen würde. Das Ohrläppchen? – Na ja, davon hatte Benito ja noch ein weiteres.

Maikäfer

»Er muß die Kuh öfter rauslassen«, sagte Regina. »Das arme Tier sieht ja nie die Sonne«. Regina war Pawels Frau, und das war gut so. Pawel war nicht nur ein eher sanfter Mensch. Man konnte ihn auch beurteilen als: Eher vage, eher hilflos, eher fügsam. Er gehörte zu den Männern, die in Frauen die Mutter und den Hosenträger wecken. Er gehörte zu den Söhnen, die von einer bestimmten Art von Müttern für eine bestimmte Art von Frauen zugeschnitten worden waren. Unfreiwillig, denn seine Mutter war nicht zu bewegen gewesen, ihr Schnitzwerk gutwillig aus der Hand zu geben; der Hochzeit mit Regina war ein großer Krach vorausgegangen, endgültige Entfremdung war gefolgt. »Jammerschade um diesen bildschönen Jungen!« sagten seitdem die Nachbarinnen, soweit sie im Dunstkreis Mathildas standen. So hieß Pawels Mutter: Mathilda Hansel, verwitwete Trogletter, geborene van der Hilst.

Regina war in fast allem das Gegenteil von Pawel. Sie war energisch, sie wußte was sie wollte und wohin, sie sagte gerne allen, wo es lang ging. In Pawel hatte sie ihre Aufgabe gefunden, und in wenigen Jahren war aus dem Jungen ohne Ziel ein Ehemann mit klarer Richtung geworden: Seine Arbeit brachte Geld, viel Geld, und am Ende hatten sie zu Hause einen BMW gefahren. Dort, wo sie herkamen, am Niederrhein, war das für alle ein sicheres Zeichen, daß Pawel es geschafft hatte. An Wochenenden fuhren sie in die Kreisstadt und aßen italienisch. Auch daran sahen die anderen den Aufstieg vom Sauerbraten und bezeugten von nun an Respekt.

In fast allem war Regina das Gegenteil von Pawel. In einem übertraf sie ihn, obwohl das, von den Nachbarinnen hörten wir es schon, durchaus nicht einfach war: Regina war noch hübscher als er.

Auf andere Art, versteht sich. Zunächst hatte sie natürlich Brüste. Sie waren klein, aber so, daß die Männer auf der Straße sich nach ihr umschauten, wenn sie sie im frühen Sommer unter einer dünnen Bluse wippen ließ. Dann sahen die Männer allerdings kaum noch diese Brüste, sondern ihren Po, der ein Paar lange, schlanke Beine krönte, ja das Wort ist hier angebracht! In einer Herrenzeitschrift hatte Pawel dereinst gelesen, daß Frauenpos in verschiedene Kategorien, Größen und Formen fallen: Die ausladende Birne, der rundmoppelige Pfirsich, der knackige Apfel, die weiche Aprikose.

Apfel war Reginas Po für Pawel, und was er für die anderen war, das kann man nur vermuten, es hing ja von der Betrachtungsweise ab, auch davon, daß der Tastsinn nicht zum Zuge kam. Das hoffte jedenfalls Pawel.

Dazu hatte Regina ein hübsches Gesicht. Eine kleine Nase, einen kleinen Mund, schöne Zähne, das fiel auf, denn sie lachte gern. Ihre Augen hatten jenes Wache, das man bei Leuten findet, die mit dem Leben auf du und du stehen. Flink wäre nicht das richtige Wort gewesen. Hurtig? Sie machte gerne auch auf ihre Haare aufmerksam, indem sie mit der Hand darüberstrich oder sie mit einer Fingerharke kämmte. Dann sah man, daß sie energische zupackende Hände besaß.

»Es ist seine Kuh«, sagte Pawel. »Da kann man ihm keine großen Vorschriften machen. Wenn er sie zu lange draußen läßt, dann produziert sie keinen Mist«. Pawel sprach immer noch langsam und zögernd. Das war aus der Zeit zurückgeblieben, als er noch nicht wußte, wo es mit ihm langgehen sollte. Regina hatte es ihm absichtlich nicht abgewöhnt. Es kam ihr entgegen, so kam sie öfter zu Wort.

»Es ist seine Kuh, aber unsere Kinder trinken die Milch. Eine

Kuh braucht Sonne, um gute Milch zu geben. Sonne und Weide.«

Sie kam nicht drum herum hinzuzufügen, was ihr die Werbung eingebleut hatte, als sie selber noch ein Kind war: »Milch von glücklichen Kühen«.

Sie gehörten zu den jüngsten Zuwanderern, die nach Papaya gekommen waren. Pawels geschäftlicher Erfolg hatte es möglich gemacht: Der Großvertrieb für Zeitungen und Zeitschriften. Hannah hatte es nötig gemacht: »Das einzige Vernünftige für dieses Kind ist gute Luft und eine richtig gesunde Umgebung. Sonst wird es immer unter diesen Beschwerden leiden«. Die Beschwerden waren Erkrankungen der Atmungsorgane, die Gegend, in der sie lebten, war berüchtigt dafür, denn die Chemie gab Schornstein für Schornstein ihr bestes. Der Arzt hatte viele Fälle dieser Art, nur bei Hannah war es schlimmer. Sie war ein winziges Kind. Sie war als winziges Baby zur Welt gekommen, und alle Breis und Papse – auch die, die heftiges Wachstum versprachen – hatten nichts daran geändert. Sie war kleiner und wog weniger als alle anderen Kinder ihres Alters im Ort. Sie glich es aus, indem sie ein zärtliches und aufgewecktes kleines Mädchen wurde und schon mit zwei das erste Liedchen singen konnte. Im übrigen war nicht alles klein an Hanna: Ihre Augen waren große, tiefblaue märkische Seen. Die andere Oma kam aus Potsdam.

»Oliver mag die Milch sowieso nicht«, sagte Pawel und lachte. »Er kommt nach mir. Er haßt Milch! Er steht auf stärkere Sachen.« Es sollte ein männlicher Witz sein und sich anhören, als ob Pawel immer eine Whiskyflasche in der Nähe hatte und den Sohn heimlich mitpicheln ließ. Davon konnte keine Rede sein. Das stärkste, was Pawel trank, war Bier. Oliver mochte Apfelsaft mit einem Schuß Selter am liebsten, weil das wie Bier aussah. »Da fahr ich voll drauf ab!« sagte er mit der Coolness eines Vierjährigen, der auch schon mal vom Straßenspiel gekommen war und Regina zugeflüstert hatte: »Darf ich dir mal an die Eier packen?«

»Hannah!« gab Regina mit Betonung und Ausrufezeichen zurück. »Aber Hannah braucht die Milch. Ich mag auch keine Milch, aber ich trinke sie wenigstens mit, damit das Kind sie nicht alleine trinken muß. Wenigstens einer in der Familie ...« Sie beendete den Satz nicht. Sie ließ offen, was sie sagen wollte. Daß wenigstens einer in der Familie sich um alles kümmern mußte, wußte Pawel sowieso schon. Auch, daß es Regina war.

»Gina«, sagte er beschwichtigend. »Das war nicht so gemeint«. Wenn er Gina zu ihr sagte, freute sich Regina. Wenn sie ärgerlich war, besänftigte es sie. »Gina«, schmuste er noch einmal. Mit weichem G: China.

»Dann laß uns was dagegen tun«, sagte Regina geschmeichelt aber resolut. »Sprich mit Benito. Er soll die Kuh öfter rauslassen. Mindestens jeden Tag einen halben. Vormittags, da ist das Gras noch frisch, und dann frißt sie nicht mehr das verwelkte Zeug. Dann schmeckt die Milch auch nicht so komisch. Sprich mit Benito!«

»Ja'm«, machte Pawel. Sie saßen auf der Terrasse ihres Hauses. Die Terrasse war mit Meerblick, das war klar, sonst hätten sie das Haus und das Land nicht gekauft. Sie waren nicht auf die Insel gekommen, um weiterhin Mauern und Grau zu sehen. Sie wollten den Himmel und das Meer. Die Schönheit der Natur. »In einer schönen Gegend wächst ein schöner Mensch«, hatte Regina in sehr freier Auslegung des mens-sana-in-corpore-sano-Spruches verkündet. Pawel hatte genickt, obwohl ihm dazu einfiel, daß sie eigentlich auch so schon ganz schön waren. Aber es ging ja schließlich um die Kinder.

»Hör mal!« unterbrach Regina seine Gedanken. »Starr jetzt nicht so selbstvergessen auf das Meer, du! Geh zu Benito, und sag ihm Bescheid!«

»Ob er jetzt überhaupt da ist?« fragte Pawel zweifelnd. Es war späterer Nachmittag, nach fünf. »Vielleicht sollten wir das bis später lassen«. Es war ihm unangenehm, mit Benito über die Kuh zu sprechen. Wenn er mit Benito sprach, schaute jener ihn eigentlich immer nur an und saugte an seiner Pfeife. Er gab keine Antwort, er nickte nicht, er schüttelte nicht den Kopf. Er saugte an seiner Pfeife, und nur im Rhythmus schien eine Antwort zu liegen. Wenn er langsam saugte, hieß das: Mal sehen. Wenn er schnell und hastig saugte, hieß das: Nein. Wenn er normal saugte und den schwarzen, dreckigen Daumen in den Pfeifenkopf versenkte, bis es nach verbrannter Haut zu stinken begann, konnte das alles heißen. Nur ganz direkt »ja« hieß es nie.

»Natürlich ist er jetzt da«, beharrte Regina. »Jetzt ist er im Stall, denn jetzt wird die Kuh gemolken. Das weißt du genau so gut wie ich«.

Er wußte es, das mußte er sich gegenüber zugeben: Täglich gegen sechs brachte ihnen Benito die Kanne mit der Milch. Es war ihr Anteil dafür, daß Benito die Kuh in ihrem Schober hielt: einen Liter Milch pro Tag und fünfzig Schubkarren Mist im Jahr. »Dann laß uns warten, bis er kommt«.

Regina lachte und stand auf. Sie ging zu Pawel hinüber und legte ihre Hände von hinten auf seine Schultern: »Pawel Trogletter«, sagte sie mit der Stimme und dem Ton, der ihn schon vor Jahren auf den richtigen Weg gebracht hatte. »Geh jetzt, bitte, und sprich mit Benito! Steh jetzt auf«, hier griffen ihre Finger in seine Schultern und zogen ein wenig nach oben, »und erledige das!«

»Kommst du mit?« fragte Pawel unbehaglich. »Wenn du mitkommst, hört er vielleicht auf mich«.

***

»Laß uns obenrum gehen«, Pawel hatte Lust, die Sache mit Benito hinauszuzögern. Er hatte auch eine Begründung: »Die Bienen«, sagte er kryptisch.

»Die Bienen?!« fragte Regina. »Was ist mit den Bienen?« Im Ton ihrer Stimme schwang Mißtrauen mit. Sie war nicht sicher, ob Pawel sich drücken wollte.

»Er tut ihnen immer Zuckerwasser hin«, sagte Pawel.

»Zuckerwasser?« Reginas Stimme klang noch mißtrauischer. »Davon hast du mir nie etwas gesagt«. Sie machte eine kleine, nachdenkliche Pause und fragte dann: »Und was bedeutet das?«

»Es bedeutet, daß sie mehr Honig produzieren. Aber der Honig ist dann nur Zucker, der durch den Magen der Bienen gegangen ist. Fermentierter Zucker. Kein Blütenhonig, weil sie nicht mehr zu den Blüten gehen. Es ist bequemer«.

Sie waren stehengeblieben, denn links ging der Weg zum Schober hinüber und geradeaus nach oben der Weg zu den Bienen. »Das möchte ich sehen!« sagte Regina »Dann kann er aber was erleben! Und du läßt es zu!« Das klang vorwurfsvoll, und es klang noch vorwurfsvoller, als sie hinzufügte: »Der Honig für Hannah!«

Hannah sollte viel Honig essen. »Honig in die Milch. Honig auf die Haferflocken!« hatte der Arzt verordnet. »Honig ist besser als Zucker und voller Vitamine. Honig ist die reine Natur!«

«Ich bin es nicht, der das zuläßt«, sagte Pawel verdrießlich. »Er tut es einfach. Die Hälfte vom Honig gehört ihm, und ihm gehören auch die Bienen«. Es war so, daß er, Pawel, die Bienenkörbe gekauft hatte. Benito hatte die Völker gebracht. Halbe/halbe war die Abmachung gewesen.

Regina schob ihn den Weg hinauf. »Das will ich sehen!« sagte sie noch einmal.

Die Bienenkörbe standen am obersten Punkt der kleinen Farm in einer Mauerecke, die sie nach Süd und West vor der Hitze des Sommer schützte. Sie hatten es inzwischen auf vier Völker gebracht, der fünfte Korb war leer, in ihn waren Ameisen eingebrochen und zuvor eine Spinnenart, die wohl die Königin getötet hatte. Die Ameisen hatten sich den Wachs und den Honig aus den Waben geholt. Sie hatten auch die Brut bei lebendigem Leib gefressen, nach Ameisenart.

»Ich sehe aber kein Zuckerwasser«, sagte Regina. »Vielleicht hast du es nur gesagt, weil du nicht mit ihm über die Kuh sprechen wolltest?« Sie blickte ihn ausforschend an.

Er senkte seinen Blick. »Nein«, murmelte er. »Laß uns noch näher rangehen«.

»Mir wäre es fast lieber, wenn du geschwindelt hättest«, sagte

Regina, und er wußte nicht, was er darauf antworten sollte. Mir nicht? Mir auch? Er schwieg und suchte mit den Augen den Boden ab.

Es war eine einfache und wirkungsvolle Konstruktion: Auf zwei Kanthölzern im Gras vor den Bienenstöcken lag der runde Blechdeckel eines großen Farbkanisters. Der Bleckdeckel war mit Wasser gefüllt und ertrunkenen Ameisenmassen. In der Mitte stand ein Emailleteller. Im Teller befand sich, soweit man das vor Bienen sehen konnte, eine weiße, sämige Flüssigkeit.

»Regina zog scharf die Luft ein. »Also doch!« sagte sie, und ihr war anzumerken, daß sie sich beherrschen mußte. Sie machte einen Schritt vor, und Pawel sah, daß sie mit dem Fuß den Deckel von den Hölzern stoßen wollte. »Nicht!« sagte er warnend. »Sie stechen!«

»Ich will das sofort weg haben!« sagte Regina. »Es reicht, daß er den Wein mit Zucker panscht. Dafür bin ich nicht hierhergekommen!« Sie zog aber doch den Fuß zurück. »Ein Bienenstich kann tödlich sein«, sagte sie zu ihrer Verteidigung und mehr zu sich selbst.

»Fünfzig Bienenstiche töten selbst einen Elefanten«. Pawel war erleichtert, und half ihr gern mit dem Rückzug. »Der Klügere gibt nach«, sagte er abwiegelnd.

»Davon kann überhaupt nicht die Rede sein!« unterbrach ihn Regina, noch bevor er die Goldene Brücke ganz fertig hatte. »Ich will nie mehr Zuckerwasser vor den Bienenkörben sehen! Ich will, daß mein Kind guten, reinen Honig ißt«.

»Auch mein Kind«, gab Pawel zu bedenken.

»Wenn es Dein Kind wäre, würdest du so etwas nicht zulassen, Pawel!« sagte Regina scharf. Sie waren auf dem besten Weg, Krach zu kriegen. Die Vaterschaft hatte sie ihm in all den Jahren noch nie streitig gemacht.

»Es ist auch mein Kind«, sagte Pawel beharrlich und nahm sie beim Arm. »Komm!«

Sie gingen hintenrum zum Schober. Sie kamen an den Schweinekoben vorbei, der im Schatten des alten Mangobaumes stand, und in dem ab nächste Woche zwei neue Schweinchen wohnen sollten. Zwei. Es war ihnen egal, daß ein einziges Schwein schneller fett wurde. Regina bestand auf glückliche Schweine und Zweisamkeit. Zweisamkeit und Glück lief für sie auf eins hinaus.

Der Koben befand sich noch oberhalb des Schobers, aber der Blick hinunter war nun von keinem Baum mehr verstellt, und sie sahen jetzt einen Teil von Benito, den Oberkörper. Der Rest des Mannes wurde von einer Mauer aus durchlöcherten Blockbausteinen verdeckt. Auf der Insel schützen solche Mauern die Papaya- und Avocado-Plantagen. Pawel hatte solche Bausteine benutzt, um dem Schober einen Auslauf vorzubauen. Am Anfang hatte es auf der Farm einen Esel gegeben. Der Esel hatte Auslauf haben sollen, darauf bestand Regina: »Jedes Tier braucht Bewegung, Pawel, das weißt du doch! Möchtest du immer eingesperrt sein?!«

Nachdem der Esel Pawel getreten hatte, hatten sie ihn abgeschafft. »Es gibt keinen Esel, der nicht seinen Besitzer tritt«, kommentierte der Arzt. »Es kann Jahre dauern, aber eines Tages tritt er ihn. Sie haben Glück gehabt«. – »Daß nur das Schienbein gebrochen ist?« fragte Pawel. – »Daß es gleich im ersten Monat passiert ist«, antwortete der Arzt. »Da haben Sie sich wenigstens noch nicht an ihn gewöhnt«.

Die obere Hälfte von Benito stand in der Tür zum Schober. Die Sonne schien auf seinen Rücken, den er ihnen zugewandt hatte. Er hatte sich leicht vorgebeugt. »Was macht der da?« fragte Regina.

»Er pißt«, piepste eine kleine Stimme. Oliver stand hinter ihnen. Sie hatten ihn nicht kommen hören.

»Aber Oliver!« sagte Regina und versuchte, vorwurfsvoll zu klingen. »So etwas sagt man nicht!«

»Man pißt auch nicht in den Stall«, sagte Oliver. »Der Stall gehört der Kuh«.

Regina begriff jetzt die sonderbare Haltung Benitos. Erinnerungen kamen zurück. Sie hatte diese Haltung oft bei Männern gesehen: Wenn sie früher ein Picknick veranstaltet hatten, und es wurde viel Bier getrunken, und die Männer verschwanden hinter den Bäumen. Zuerst gingen sie noch weit genug, um nicht gesehen zu werden. Je weniger Bier übrig war, desto weniger machte es ihnen etwas aus. Am Ende standen sie einfach am nächstbesten Baum in dieser sinnenden, gedankenverlorenen Haltung. »Ihre Pieselpose«, hatte es ihre Freundin Marina genannt. Marina fand es komisch. Regina ärgerte sich darüber. »Sie geben damit an«, hatte sie gesagt. Ihr Bruder hatte es ihr schon gezeigt, als sie noch ganz klein waren: »Kannst du nicht!« Er hatte recht behalten, und Versuche, selbst mit einem kleinen Stöckchen, waren danebengegangen. »Wir gehen«, entschied Regina. »Du sprichst mit ihm, wenn er die Milch bringt.«

»Über die Kuh«, sagte Pawel.

»Über die Kuh und die Bienen«, ergänzte Regina.

»Hm«, machte Pawel unentschlossen.

***

Der nächste Tag war ein Sonntag. Regina hatte die sehr dünnen Hosen angezogen, durch die ein winziger Slip wie hinter einem Schleier lächelte. Dazu die rosa Bluse, die sie bis zum zweiten Knopf geöffnet hatte, von unten gezählt. Hannah trug eine Schleife im Haar und einen Blumenkranz um den Hals. Sie war zur Zeit ein Schmetterling und küßte alle Blüten.

Die beiden Männer der Familie trugen Jeans.

Sonntags, so ab drei Uhr nachmittags trifft man sich im Café auf der Plaza. Sonntags, so ab drei Uhr nachmittags werden dort die kleinen runden Tische, die eigentlich nur für zwei oder drei gedacht sind, zusammengestellt, es ist die Stunde der Ausländer.

»Du kannst hier noch mit ran«, sagte Pawel zu dem Mann, der ihn mit betonter Herzlichkeit und Regina mit betonter Umarmung begrüßte. »Wenn du willst, dann setz dich zu uns«.

Der Mann küßte Regina auf beide Wangen und schielte dabei in ihren Ausschnitt. »Mit Vergnügen«, sagte er. »Es ist mir ein Vergnügen«. Er hoffte, daß Blick, Umarmung und Worte richtig verstanden worden waren: Mit Vergnügen setzte er sich neben Regina und nahm Pawel in Kauf.

»Dürfen wir spielen, Mammi?« Oliver zeigte auf den Brunnen, der mitten auf der Plaza stand und aus einer oberen Öffnung träge Wasser in ein Becken spuckte. Hannah rutschte neben ihm auf dem Stuhl hin und her und schaute sie erwartungsvoll an: Ja?!

»Ich weiß nicht, ob das Wasser sauber ist«, sagte Regina zweifelnd.

»Ganz sauber!« sagte Oliver eifrig.

»Ganz sauber!« echote Hannah. Sie rubbelte von ihrem Stuhl herunter und rannte los. »Paß auf sie auf!« rief Regina hinter Oliver her. »Paß auf sie auf, daß sie nicht hineinfällt!«

»Na, wie geht's denn so?« fragte der Mann, der sich zu ihnen gesetzt hatte. Viele Gespräche auf der Insel begannen so. Der Mann hieß Heinz und war schon einige Jahre da. Er und seine Frau hatten ein Geschäft aufgemacht. Sie verkauften typische Produkte. Den Wein, den Ziegenkäse, das geröstete Getreidepulver, das die Einheimischen in allem möglichen angerührt aßen, daneben auch als Klebstoff verwendeten und um Fugen zu dichten. »Na, wie geht's denn so?« fragte Heinz noch einmal und schaute sich nach dem Kellner um. Er schien eigentlich keine Antwort zu erwarten, sondern seinen Cognac, und er schnippte mit dem Finger und sagte: »Señor?!«

»Es geht so. Einigermaßen«, amtwortete Regina trotzdem. »Bis auf Benito«.

»Benito?« fragte Heinz zerstreut zurück. Er suchte immer noch den Kellner. Er entdeckte ihn zwischen Theke und Küchentür und rief noch einmal: »Señor?! Psst!« Heinz war ein schwerfälliger Mann. Bier hatte ihm im Laufe der Jahre einen Bauch verliehen. Bier hatte ihn auch langsamer gemacht, als er früher einmal gewesen sein sollte. »Mit dem konnt'ste was erleben!« sagte seine Frau mit einer Mischung aus Stolz und Abscheu.

Das war vorbei. Heute wirkt er wie einer, der außen und innen Latschen anhatte. Allenfalls noch mal ein kleiner Blick, allenfalls eine Hand eher zufällig aufs Knie: »Hast du schon den Witz von der Nonne und den Bananen gehört? Muß ich dir erzählen«.

»Benito ist unser Landarbeiter«, sagte Pawel. »Du kennst ihn doch! Unseren Landarbeiter! Benito«.

»Uno Brandy!« rief Heinz jetzt dem vorbeieilenden Kellner nach. »Uno aber ordentlich grande!« In sieben Jahren hatte Heinz kaum die Sprache gelernt. »Die verstehen mich auch so«.

»Weißt du, daß er den Honig verfälscht!?« sagte Regina. »Er stellt Zuckerwasser vor die Bienendinger«.

»Körbe«, sekundierte Pawel.

»Ich hoffe, der Cognac kommt nun aber bald zackzack«, sagte Heinz und drehte sich an den Tisch zurück. »Zuckerwasser?« fragte er. »Na und? Hier wird doch nun wirklich alles verfälscht«. In diesen Dingen war Heinz Experte. Das brachte sein Geschäft mit sich.

»Aber unseren Bienenhonig!« sagte Regina eindringlich. »Unseren Honig für unser Kind!«

Heinz lachte und legte beruhigend eine Hand in die Nähe von Reginas Knie, oberhalb. »Na und?« sagte er noch einmal. Seine Hand rieb die zwei Silben einmal auf und einmal ab. »Dann mußt du einfach Tachles mit ihm reden!«

»Tachles!« sagte Regina. Am Tag davor war dann doch nichts mehr daraus geworden. Oliver war zu Hannah auf die Schmetterlingswiese gelaufen, um ihr zuzuschauen und sich mit ihr zu streiten: »Du bist aber kein Schmetterling. Du bist ein Mädchen!«

»Bin doch ein Schmetterling!«

Manchmal passierte es auch jetzt noch, nach fünfeinhalb Jahren. Als Regina nach der Dusche vor dem Spiegel stand und sich abtrocknete, war Pawel ins Bad gekommen. »Die Kinder!« murmelte sie, nur halb protestierend, als er sie an sich heranzog und seine Händen den Apfel suchten.

»Die Kinder sind weg«.

»Aber mitten am Tag, Pawel!«

»Gina!« Es war eine unwiderstehliche Kombination. Dieses

Wort mit weichem G, das sich über sie legte wie eine Seidenmaske. Und Pawels warmer Atem in ihrem Ohr.

Das Scheppern der Milchkanne drang zwischendurch in ihr Bett. »Da ist er!« flüsterte Regina und wurde ein bißchen steif. Pawel hauchte ihr das Zauberwort ins Ohr und vertrieb damit Benito und die Milchkanne: »Oh Pawel!«

»Die Hälfte von dem Honig gehört ihm«, hörte sie Pawel sagen. Es brachte sie zurück an den Tisch, und sie griff ein: »Aber die andere Hälfte gehört uns! Er kann mit unserer Hälfte nicht machen, was er will«.

»Sie fälschen alles«, beharrte Heinz. »Den Most verdünnen sie erst mit Wasser. Dann versetzen sie ihn mit Zucker. Am Ende färben sie ihn rot mit Maulbeersaft«. Er lachte behäbig: »Typischer Wein!«

Hannah trinkt keinen Wein«, sagte Regina. »Und meinetwegen können sie die Hühner mit Kieselsteinen füttern, damit sie mehr wiegen. Und den Kohl in Wasser tunken, damit er schwerer wird. Aber meinen Honig, das lasse ich nicht zu! Bestell mir einen Kaffee, Pawel!«

»Ich muß dir mal erzählen, was sie mit dem Ziegenkäse machen«, sagte Heinz. »Weißt du, was sie mit dem Ziegenkäse machen?« Er legte eine fragende Hand auf die Schulter und beugte sich vor, um ihre Brüste zu sehen.

»Ich habe gehört, daß sie ihn mit Kuhmilch strecken«, sagte Pawel. »Weil es mehr Kuhmilch gibt als Ziegenmilch«.

»Kuhmilch ist gut!« sagte Heinz und lachte. »Sie nehmen Milchpulver und rühren es in Wasser an«.

Regina zuckte die Schultern, um dabei gleichzeitig die Hand abzuschütteln. »Na, immerhin Milchpulver«. Ziegenkäse war ihr außerdem gleichgültig. Niemand aß ihn in der Familie.

»Es ist eigentlich gar kein richtiges Milchpulver«, fuhr Heinz fort. »Na, endlich!« Der Kellner stellte den Cognac vor ihn hin. »Wurde Zeit! Ganz schön lentolangsam«. Die wenigen Worte, die er wußte, verband er gern mit dem dazugehörigen deutschen Wort. Sicherheitshalber. »Café!« rief Pawel dem Kellner nach. »Con leche!« ergänzte Regina.

Heinz trank einen großen Schluck von seinem Cognac und machte »Ahh!« Er wischte sich mit dem Handrücken die Lippen ab und begann noch einmal. »Es ist eigentlich gar kein richtiges Milchpulver. Es ist das Zeug, das sie für die Kälberaufzucht kaufen. Da sind wahrscheinlich mehr Hormone und sowas drin als in einer Apotheke«.

»Die Börners essen Ziegenkäse«, sagte Regina und spürte, daß sie blaß wurde, denn der Satz löste Gedankenlawinen aus: Sie brachte Hannah häufig zu Börners. Bei den Börners war Hannahs beste Freundin, Fromuth. Hannah schlief auch schon mal bei den Börners. Dann aß sie auch dort. »Ob sie Hannah dort Ziegenkäse geben!?«

»Wo?« fragten Heinz und Pawel zugleich. Reginas Frage war fast ein Schrei gewesen, sie hatte das Gespräch zerrissen.

»Hannah spielt mit Fromuth«, sagte Regina erregt. »Börners essen Ziegenkäse!«

»Beruhige dich!« sagte Heinz. Er versuchte, ihr eine Beruhigungshand sehr hoch oben am Schenkel anzusetzen, aber Regina schob sie weg. »Beruhige dich!« sagte er ein wenig gekränkt. »Was die mit anderen Dingen machen, ist ja noch viel schlimmer. Mit der Milch zum Beispiel...«

»Na, ich weiß ja nicht«, unterbrach ihn Pawel. »Wasser ist doch nicht das Schlimmste. Sie kippen Wasser rein und verlängern sie«.

Vom Brunnen her kam Gesang: »Maikäfer flieg! Dein Vater ist im Krieg. Deine Mutter ist in Bommelland...« Pommernland hatte Hannah nie richtig sagen können.

»Wasser!« sagte Heinz und machte ein abschätziges Geräusch durch die Nase. »Das läuft heute nicht mehr. Die Prüfer messen den Fettgehalt. Du weißt, wie man das macht?« Er machte eine Pause. »Weißt du, wie man das macht Regina?« Er klang jetzt beleidigt. »Ihr hört mir überhaupt nicht zu. Störe ich vielleicht?!«

«Ich höre dir zu«, bot Pawel ihm an.

»Ich auch«, sagte Regina. »Was macht man also wie?«

»Die Prüfer messen den Fettgehalt der Milch. Deshalb dürfen

sie die Milch nicht mit Wasser panschen, weil dann das spezfische Gewicht zu niedrig ist, verstehst du? Wasser ist leichter als Milch«.

»Ich verstehe. Dann kann man also die Milch nicht mehr panschen«. Regina klang erleichtert.

»Mammi!« rief Hannah vom Brunnen her. »Was ich hier habe!« Sie hielt eine Hand hoch, und hatte die andere als Körbchen darüber gelegt. Sie setzte sich eilig in Bewegung und lief auf Regina zu.

»Natürlich panschen sie weiterhin die Milch«, sagte Heinz. »Du wirst es nicht glauben, aber sie urinieren...«

»Mammi, ein Maikäfer!« sagte Hannah und hielt ihre Hand auf.

»Um Gotteswillen, hör auf, so zu kreischen, Regina!« sagte Heinz und sprang auf. »Kakerlaken sind doch nicht giftig!«

***

Benito stand in jener sonderbaren Haltung an der Tür des Schobers , als Pawel unbemerkt von hinten an ihn herantrat.

»Was jetzt noch kommt, lohnt nicht mehr«, sagte Celso. Er sagte es zu sich selbst, denn er stand vor dem Spiegel und starrte sich an. Was er sah, gefiel ihm nicht: Ein dickliches, feistes Gesicht von ungesunder, schafskäsiger Farbe. Stumpfes, ergrauendes Haar auf einer beginnenden Glatze. Rotumränderte Augen, die zur Hälfte in faltigen Tränensäcken staken. Er fletschte die

Freitod, juchhei

Zähne und sah, daß sie nikotinfleckig und schadhaft waren. Er wußte, daß er aus dem Mund roch. Er hatte schon immer aus dem Mund gerochen, solange er denken konnte. Früher hatte es ihm nichts ausgemacht. Heute gehörte es zum Inhalt dieses Paketes aus Ekel und Überdruß, das er mit sich herumtrug. »Was jetzt noch kommt, lohnt nicht mehr«, sagte Celso noch einmal und starrte angewidert auf sein Spiegelbild. Das Spiegelbild starrte zurück und zog mit einer Gebärde des Abscheus die Mundwinkel nach unten.

Er machte einen Schritt nach hinten und drehte sich dann um. Er ging zur Badezimmertür und öffnete sie. Jetzt quollen ihm die Geräusch der Küche entgegen, Tellerklappern, der schlürfende Schritt seiner Frau. Ein undefinierbarer, aber keineswegs angenehmer Geruch von Essen vermischte sich mit dem, den er im Bad hinterlassen hatte. »Scheiße« sagte er laut.

Er überlegte, wie er an der Küche vorbei kam, ohne seine Frau ansehen zu müssen. Sie war fett und unförmig. Seitdem sie in die Wechseljahren gekommen war, kleidete sie sich schwarz. Sie hatte für den Alltag zwei schwarze Kleider. Sie wechselte sie nur selten und erst, wenn sie voller Flecken waren und nach Küche, Hühnerstall und Schweiß rochen. Er unterdrückte die Übelkeit, die ihn bei dem Gedanken an seine Frau überfiel. »Was jetzt noch kommt, lohnt nicht mehr«, dachte er ein weiteres Mal.

Celso war seit einem Tag fünfzig Jahre alt. Als er mit den Kollegen vom Hafen aus diesem Anlaß ein paar Rum getrunken hatte, war einer auf die Idee gekommen zu sagen: »Ab fünfzig, wenn du morgens aufwachst, und es tut dir nichts weh, dann bist du tot«. Die anderen Kollegen hatten gelacht und zustimmend auf den Boden gespuckt. Celso war blaß geworden, weil er den Rest seines Lebens vor sich sah. Den Rest seines Lebens. Das Rheuma. Die Hämorrhoiden. Die Magensäure. Den Bauch, den Hodenbruch, die Glatze, die Zahnfäule. Die Frau.

Die Frau. Schön war sie nie gewesen, fett immer. Aber es hatte eine Zeit gegeben, in der er mit einer gewissen Erregung im pechdunklen Schlafzimmer ihre walzenförmigen Schenkel auseinander geschoben hatte und über sie gerutscht war. Am Anfang hatte es diese Zeit gegeben, und bis zum Dammriß nach dem ersten Kind hatte sie gedauert. Danach fühlte er sich in ihr verloren und mußte die Hand zu Hilfe nehmen. Noch ein paar Jahre später gab er die Mühe dran, auf sie zu klettern, es kam nichts mehr dabei heraus. Sie hatten auch aufgehört, über das Notwendigste hinaus miteinander zu reden.

Er griff sich unter seinen Bauch und lupfte ihn hoch. Seine Hände hoben den weichen Wabbel nach oben, und er sah dort, wo der Hemdknopf fehlte und die Haare begannen, einen Pickel in wütendem Rot auf der gelblichen Haut. Er ließ den Bauch wieder fallen.

Es wollte aus ihm heraus. Es wollte so dringend aus ihm heraus, daß er vergaß, wie sehr er gerade noch den Anblick seiner Frau hatte vermeiden wollen. Er machte einen Schritt auf die Küche zu und schrie: »Was jetzt noch kommt, lohnt nicht mehr, verdammte Scheiße!«

Der enorme Rücken seiner Frau hob sich ein wenig. Sie wischte, ohne sich nach ihm umzudrehen, die Hände am Rock überm Hintern ab und quetschte mit ihrer vom Fett zusammengepreßten Stimme: »Es hat noch nie gelohnt«.

Celso starrte auf ihren Rücken. »Mein Gott!« sagte er. »Mein Gott, ja, es ist wahr! Es hat noch nie gelohnt!« Er drückte sich an ihr vorbei zur Tür, die von der Küche in den kleinen Hof führte, auf dem der Kettenhund seinen Verschlag aus alten Öldosen hatte, und aus der ihm der Geruch von hundert Jahren Kot entgegenwallte. Es kostete ihn Beherrschung, nicht nach dem Fischmesser zu greifen, das auf dem Fensterbrett neben der Küchentür lag und sich durch schartiges Blinken anbot. Er verließ das Haus.

Er trat durch die Gartentür auf die Straße hinaus und merkte plötzlich, daß sich etwas verändert hatte. Ganz plötzlich hatte sich etwas verändert. Von einer Sekunde zur anderen. Eben noch hatte ihn alles angekotzt. Eben noch hatte alles keinen Sinn mehr gehabt. Jetzt merkte er, daß er ein Lied pfiff. Er wunderte sich so sehr darüber, daß er stehen blieb. Wann hatte er in den letzten Jahren ein Lied gepfiffen? Hatte er überhaupt je ein Lied gepfiffen? Konnte er überhaupt pfeifen? – Gleichzeitig merkte er, daß die Sonne schien. Und daß ein Vogel zwitscherte. Und daß eine warme, wohlige Fröhlichkeit durch seinen Körper zog. »Ja«, sagte er und vor Freude bekam er eine rauhe Stimme und mußte sich zusammennehmen, damit ihm keine Tränen in die Augen traten. »Ja«, sagte er. »Ich werde mir das Leben nehmen!«

Er spürte, wie sein Körper sich straffte und sein Schritt fester wurde. Er merkte, wie sein Gesicht sich rötete, und er war sicher, daß seine Augen glänzten. Er hob die rechte Hand vor Mund und Nase und atmete aus. Selbst der Mundgeruch kam ihm weniger faulig vor, und er hoffte, daß das keine Einbildung war, denn er hatte sich schon lange nicht mehr so wohl gefühlt in seiner Haut.

Der Selbstmord hat auf der Insel Papaya eine lange und erfolgreiche Tradition. Seit der Zeit, als die Eroberer auf die Insel gekommen waren, und die Ureinwohner sich, um ihnen zu entgehen, von den Felsen in die Schluchten gestürzt hatten, ist der Freitod eine fast normale Form des Abschieds geworden. Der Felsensturz, das Original also, ist bis heute die gebräuchlichste Form des Suizids geblieben, das hat sogar in der Sprache seinen Niederschlag gefunden: Man nennt diese Freitodvariante »sich entfelsen«.

Dennoch ist der Felsensprung nicht jedermanns Sache. Er ist so individuell wie Kiefernnadeln, und die Erde hat schon immer jene hervorgebracht, die sich mit dem Hervorgebrachten nicht zufrieden geben wollen. Tod macht überdies erfinderisch. Zum Felsensprung hatte sich daher als zweitliebste Freitodesart der Sprung ins Bewässerungsbecken gesellt. Er war naheliegend. Bewässerungsbecken finden sich überall dort auf der Insel, wo Bananen, Avocados oder auch Papayas gepflanzt und bewässert werden. Männer bevorzugen, und hier ist Stoff für den Psychoanalytiker, die kreisrunden Becken der Plantagen, Frauen die rustikaleren, quadratischen Becken alter Bauart, die aus den Zisternen der Höfe hervorgegangen sind.

Pflanzenschutzmittel wurden in den frühen siebziger Jahren ein Renner, wohl auch deshalb, weil es ein ziemlich teurer Freitod war, de luxe, für den Aufsteiger. Jäger bereiten recht gern mit der Schrotflinte ihrem Dasein ein Ende, während sich Angler vorzugsweise an der felsigen Küste von den Wellen weglecken lassen.

Ein Soziologe hat die Bevölkerung Papayas in Anspielung auf andere Gesellschaftsformen eine Freitodgesellschaft genannt. Er glaubte zu wissen, und er versuchte zu beweisen, daß ein großer Teil selbst der völlig unverdächtigen Todesfälle Selbstmorde sind, so die Fensterstürze, die Pilzmahlzeiten und der spektakuläre Unfall, bei dem die tonnenschwere Schaufel einer für die Nacht geparkten Planierraupe auf einen Mann fiel, der sich darunter schlafen gelegt hatte. Gerade im letzteren Fall spricht manches für die Hypothese des Soziologen, denn der Tote trug seinen besten Anzug und duftete noch im gewalzten Zustand nach Kölnisch Wasser.

Celso konnte daher auf eine reiche Tradition zurückgreifen. Auch auf ein vielfältiges Angebot. Das war es, was ihm durch den Kopf ging, während er, nun wieder pfeifend, die Straße entlang lief. »Freitod, juchhei!« jubilierte es in ihm. Er machte einen kleinen Hüpfer. Leute schauten sich nach ihm um: »Was ist mit Celso?! Sonst ist er doch immer so ein tieftrauriger Mensch?«

»Habt ihr den dicken, alten Celso gesehen?« fragte Francisco, der Schweiger, am Kiosk der Hafenarbeiter. »Er springt durch die Gegend wie ein Hase!« Noch nie hatte man Celso, der seit vielen Jahren hinter einem Schreibtisch aus drecksgrau lackiertem Blech im Zollschuppen des Hafens hockte, noch nie hatte man Celso wie einen Hasen durch die Gegend hüpfen sehen.

Die anderen Docker nickten träge. Hafenarbeiter sind auf der Insel eine maulfaule Gesellschaft, nicht nur eine maulfaule. Einer sagte »ja«. Die anderen grunzten gerade mal ein bißchen. Francisco nannte man den Schweiger, weil er geschwätzig war wie eine aufgeregte Dohle. Er war auch kein richtiger Docker, sondern einer von denen, die die Arbeit einteilten und aufpaßten, daß nicht zuviel gestohlen wurde.

»Man möchte meinen, er hat das große Los gewonnen«, schwatzte Francisco, der Schweiger, weiter. Die anderen zeigten, indem sie nicht einmal mehr nickten oder grunzten, daß genügend Worte gewechselt worden waren. Sie grunzten auch nicht, als ein paar Minuten später Celso beineschleifend und tiefgebeugt über den Hafenplatz stolperte und so unglücklich aussah wie eh und je.

***

»Für jemand der sterben will, und bei dem man es so gut verstehen kann wie bei Ihnen, sind Sie aber reichlich wählerisch«, sagte Olga tadelnd. Sie beugte sich aus ihrem Stuhl nach vorn zum Tisch hin und begann, irritiert, wie es schien, in einem Buch zu blättern. »Warum können Sie sich nicht einfach aufhängen?« fragte sie pragmatisch.

Celso saß ihr gegenüber. Er war in Olgas Haus gekommen, weil er den Gerüchten nachgehen wollte, die sich um sie rankten. Die Gerüchte besagten, daß Olga mehr vom Freitod verstand als jeder andere lebende Mensch auf der Insel. Olga war, wenn man so wollte, eine Expertin in Freitod-Angelegenheiten, und das kam daher, sagten die Leute, weil sie seit Jahren selber mit dieser Idee spielte. »Aufhängen«, sagte Celso müde. »Das ist ein blödsinniger Selbstmord. Entweder das Seil reißt, oder man traut sich nicht, vom Stuhl zu springen«.

»Pilze«, schlug Olga vor.

Celso verzog angewidert das Gesicht. »Weibertod«, sagte er. »Meine Kollegen würden mich auslachen. Ich könnte ihnen nicht mehr unter die Augen treten«.

»Ich glaube nicht, daß Sie im Angesicht des Todes in Sexismus machen sollten«, ärgerte sich Olga und preßte die Lippen zusammen. »Vor Gott sind alle Menschen gleich. Sie macht keine Unterschiede«.

»Trotzdem«, beharrte Celso störrisch. »Und überhaupt finde ich, daß man sich nicht irgend einen x-beliebigen Freitod aussuchen sollte. Es ist doch wahrscheinlich das letzte, was man tut. Man hat nur ein Ende. Ende gut, alles gut«. Er sagte das mit diesen erstaunlich gut gewählten Worten, denn seit er sich zum Suizid entschlossen hatte, war er ein nachdenklicher Mann geworden. Zunächst hatte ihn die Vorstellung von der Gewöhnlichkeit der meisten Freitodformen in tiefe Depressionen gestürzt. Tagelang war er noch trauriger und hoffnungsloser als sonst durch die Straßen geschlichen. Selbst seine Frau hatte ihn besorgt betrachtet: »Ist was?« hatte sie gefragt.

Langsam jedoch hatten Optimismus und Entschlossenheit von ihm Besitz ergriffen. »Ich will und werde den schönsten Freitod haben, den die Insel je erlebt hat. Den Schönsten und Ergreifendsten und Aufsehenerregendsten«. Das hatte er zu seinem Spiegelbild gesagt, und das Spiegelbild hatte glänzende Augen bekommen, und er hatte es für einen kurzen Augenblick fast ein wenig gemocht.

»Pilze kommen nicht in Frage«, sagte er noch einmal. »Erschießen, Ersaufen auch nicht. Ersaufen kann ein Unfall sein, Erschießen ein Versehen«.

»Mit dem Auto in die Schlucht«, schlug Olga vor.

Celso antwortete darauf nicht einmal. Er mochte ein Dutzendmensch sein, nicht jedoch ein Dutzendtoter. Er schaute auf Olgas Hände, die in dem Buch blätterten und fragte nach einiger Zeit: »Was steht denn da drin?«

»Nichts besonderes«, sagte Olga ausweichend. »Woher wissen Sie überhaupt...?«

»Man spricht darüber«, sagte Celso und versuchte, einschmeichelnd zu klingen. »Man sagt, die schöne Schwedin weiß alles über den Freitod. Man sagt, sie sucht ihn selbst«. Den letzten Satz sprach er fast flüsternd.

»Hm«, machte Olga. Es klang jetzt nicht unfreundlich. Eigentlich waren ihr alle anderen Selbstmordaspiranten von Herzen zuwider. Sie waren Konkurrenten und brachten die Gefahr mit sich, ihr die Schau zu stehlen. Sie war es, sie, Olga, die schöne Schwedin, die vorhatte, hier auf Papaya den ungewöhnlichen Freitod zu suchen.

Sie war weiter als Celso. Sie hatte bereits die Freitod-Offerten minderer Qualität ausgesondert, ähnlich wie Aschenputtels Tauben: Die schlechten ins Töpfchen, die guten ins Köpfchen. Sie besaß das Buch, in dem einer der aufregendsten Suizide der letzten 200 Jahre in Einzelheiten beschrieben war. Aufregend war dieser Freitod, weil ein Politiker ihn durch seine Inanspruchnahme geadelt hatte: Der große Marat. Aufregend war er, weil Zweifel und Geheimnisse, ja Kontroverse, diesen Tod umhüllten. Aufregend insbesondere, weil er in der Badewanne stattgefunden hatte. Aufregend, weil Olga die Absicht hatte, sich nackt in der Badewanne vorfinden zu lassen, nackt vor all den kleinen, scharfen Jungen, von denen sie hoffte, daß sie, mit ihren Müttern zusammen in ihr Haus stürzen würden. Nackt vor all den ausgehungerten Fischerburschen. Nackt vor all den Familienvätern, den Opas und dem Pfarrer. Nackt, wie Gott sie geschaffen hatte, und bei Gott, er hatte seine Sache gut gemacht und über fünfundsechzig Jahre halten lassen. Splitterfasernackt.

Olga schauderte bei dem Gedanken auf das Angenehmste. Sie malte sich ihren Freitod schon seit Jahren aus, denn sie wußte, daß Reisen wichtiger ist als Ankommen und Vorfreude die schönste Freude. Stets liefen ihr dabei Schauer über den Rücken. Sie fand es noch zu früh, zur Tat zu schreiten, zu früh, solange der Gedanke daran sie noch so sehr zu befriedigen vermochte. Sie merkte, daß die Finger zwischen den Seiten des zugeklappten Buches hin und hergingen und daß Celso sie verwundert beobachtete. »Ich weiß nicht«, sagte sie und zog die Finger aus dem Buch heraus. »Ich weiß nicht, ob ich Ihnen helfen kann«.

»In dem Buch sollten tausend Todesarten stehen«, beharrte Celso. »Genug für uns alle. Ich brauche nur eine, aber es muß eine sein, die mir angemessen ist«.

»Kehle durchschneiden«, schlug Olga vor. »Mit dem Rasiermesser«.

Celso schaute sie an. Er war bei ihren Worten blaß geworden. »Steht so etwas in dem Buch?« stammelte er. »Ich kann überhaupt kein Blut sehen. Wenn so etwas in dem Buch steht...«

»So etwas steht natürlich nicht in dem Buch«, sagte Olga herablassend. »In dem Buch stehen nur die vornehmsten und, wenn Sie so wollen, die optisch attraktivsten Todesarten. Beispielsweise Goldstaub schlucken«.

»Goldstaub?« fragte Celso.

»Oder sich mit Goldstaub anpinseln und warten, bis man erstickt«.

»Mit Goldstaub anpinseln?!«

»Sie natürlich nicht«, sagte Olga. »Das ist eine Todesart, die dem Adel vorbehalten ist. Die Azteken wendeten sie an, wenn schöne Jünglinge den Göttern zum Opfer gebracht wurden, Prinzen und Königskinder«. Sie blickte an ihm entlang und ließ ihre Augen ruhen. Es war ein Freitod, zu dem sie persönlich lange Zeit geneigt hatte. Sie hätte ihn als passend und sensationell zugleich gefunden. Nackt vor allem...

Sie brach ihre Gedanken ab und konzentrierte sich auf die Technik dieser Todesart. »Dadurch, daß der Goldstaub die Poren verschließt, tritt der Tod durch Ersticken ein«, erklärte sie, und unterstrich ihren Wissensvorsprung mit einer feinen Linie Herablassung. »Den Azteken erschien es wie ein Wunder«.

»Da wäre ein Tod für Sie«, sagte Celso unterwürfig. »Für eine schöne Frau wie Sie. Aber für unsereins...«

Olga fühlte für den Bruchteil einer Sekunde eine Sympathiewelle für den Mann durch sich hindurchgehen. Sie konnte nicht umhin festzustellen, daß er einen guten, unverbildeten Geschmack hatte, wie man das bisweilen bei einfachen Menschen antrifft. »Nicht jeder kann schön sein«, sagte sie nachsichtig und schaute ihn recht freundlich an. »Vielleicht wäre es in der Tat ein Freitod für mich. Leider aber gibt es keinen Goldstaub auf Papaya«. Sie seufzte und hob bedauernd die Schultern hoch.

»Das tut mit wirklich leid«, sagte Celso. »Das ist wirklich jammerschade. Eine schöne Frau wie Sie...« er brach ab, weil er sah, daß Olga die Lippen bewegte und den Satz selber beendete. »Hätten Sie denn nicht einen, der zu mir paßt?« hakte er noch einmal nach, als er sah, daß sie fertig war.

Olga blickte nachdenklich auf ihre Hände. »Ich fürchte, Sie sind zu anspruchsvoll«, sagte sie nach einer Weile. »In Wirklichkeit gibt es nur wenige Freitod-Kategorien. Blutig wollen Sie nicht sterben, in Schönheit können Sie nicht sterben, das sehen Sie ja wohl selbst ein. Da bleibt nur der überraschende Freitod, der Freitod jenseits von Gut und Böse, wenn Sie so wollen und verstehen, was ich meine. Der Freitod, der jedermann gut zu Gesicht steht, gleich ob er jung oder alt ist, schön oder häßlich...« sie machte eine Pause und fügte hinzu: »Wie Sie«.

»So einen suche ich«, sagte Celso eifrig. »Einen Freitod, wie Sie gerade so gütig waren, ihn aufzuführen und dann noch absolut ungewöhnlich«.

»Sie meinen, wie es ihn noch nie gab?« fragte Olga listig. Sie merkte, daß sie die Chance hatte, sich diesen lästigen, häßlichen Mann vom Hals zu schaffen, diesen Mann, der außerdem mit seinem Mundgeruch die Distanz überbrückte, die der Tisch zwischen ihnen aufrecht erhielt. Komplimente, fand sie, wogen das nicht auf.

»Ja«, antwortete Celso. »Unbedingt einen, den es noch nie gab...«

»Dann müssen Sie ihn selbst suchen«, unterbrach ihn Olga mit großer Bestimmtheit. Sie stand auf, wie jemand, der gerade »schachmatt!« gesagt hat. »In meinem Buch stehen logischerweise nur Freitode, die es bereits gegeben hat. Erprobt und für gut befunden«.

»Aber...« sagte Celso

»Kein Aber, auf Wiedersehen!« triumphierte Olga. »Und ich wünsche Ihnen viel Glück!«

»Wobei?« fragte Celso und stand selbst auf.

»Bei Ihrem einzigartigen Freitod«, sagte Olga. »Viel Glück und viel Vergnügen«. Celso kam es vor, als ob sie über ihn lächelte.

***

Die Insel Papaya hat zwei Flugplätze. Die Paperos nennen sie den »alten« und den »neuen« Flugplatz. Der Alte wurde aufgegeben und der Neue gebaut, als ein Flugzeug bei der Landung von der Landebahn abkam und seitlich in eine Böschung trudelte. Man hatte ein solches Ereignis seit geraumer Zeit erwartet, denn die Start- und Landebahn des alten Flugplatzes war deutlich zu kurz. Auch waren die Windverhältnisse so, daß der Flugverkehr häufig eingestellt werden mußte: Heftige Querböen fielen bei Westwind über die Piste her.

Der alte Flugplatz, das mußte man also schon zugeben, war am denkbar schlechtesten Platz aus dem Wald herausgehackt worden. Er war dort auch gewissermaßen durch einen unglücklichen Zufall entstanden: Zur Planung des Flughafens hatte die Inselverwaltung eine Gruppe englischer Experten angeheuert, denen man viel auf dem Gebiet der sich stürmisch ausweitenden Zivilluftfahrt zutraute. Diese Experten sollten auf der Insel und möglichst in der Nähe der Hauptstadt einen geeigneten Platz suchen. Er sollte nebelfrei sein, leicht zu erreichen, windgeschützt oder doch vorwiegend von den ungefährlichen, berechenbaren Passatwinden beblasen. Das war die Aufgabe, die man den englischen Experten gestellt hatte.

Die englischen Experten hatten sich an die Arbeit gemacht. Sie hatten ein System mitgebracht, das nach zwei Seiten wirkte: Eliminierend einerseits, befürwortend andererseits. Auf diese Art hofften sie, im Lauf der Zeit alle ebenen Orte in Hauptstadtnähe zu überprüfen, unter den geeigneten den ideal geeigneten zu finden und unter den ungeeigneten den absolut ungeeigneten.

Der Lauf der Zeit verlängerte sich. Die englischen Experten begannen auf Papaya Wurzeln zu schlagen. Schon war von einer Sechzehnjährigen die Rede, die ungetraut Mutterfreuden entgegensah. Zugleich begann, Glück im Unglück! möchte man fast ausrufen, das Geld für das Projekt knapp zu werden und bald darauf ganz zu versiegen. Den englischen Experten wurde wortreich aber bargeldlos gekündigt.

Die englischen Experten reisten ab. Sie reisten ab, ohne auch nur eine Spur von dem zu verraten, was sie entdeckt hatten. Sie hofften auf diese Art, ausstehende Zahlungen einzutreiben. Und es wäre für Nichts und wieder Nichts viel Geld verloren gegangen auf Papaya und außer einem Baby wenig dabei herausgekommen, wenn nicht die Hochschwangere eines Tages in einem verzweifelten Versuch der moralischen Wiedergutmachung dem Pfarrer einen zusammengerollten Bogen Papier gebracht hätte. Der Bogen Papier stellte sich in ausgerollter Form als Landkarte dar, als Karte von Papaya. Auf der Karte befanden sich eine Reihe von Kreuzen. Sie waren mit einem roten Fettstift eingezeichnet worden. An einer Stelle jedoch stand ein besonders großes und dickes Kreuz, ein riesiges Kreuz, ein Kreuz in leuchtendem Rot, und ein Ausrufungszeichen befand sich daneben, ein fettes.

Der Pfarrer wußte sofort, was er in der Hand hatte. Er schickte die Schwangere mit verzeihender Gebärde in die bevorstehenden Preßwehen, machte der Inselverwaltung seine respektvolle Aufwartung, wies in einem Vorwort auf die kritische finanzielle Situation seiner Kirche und Gemeinde hin und übergab sodann die Landkarte.

Der Flugplatz wurde an dem Ort gebaut, an dem die englischen Experten das große Kreuz in die Landkarte eingezeichnet hatten. Niemand hatte die Rückseite der Karte beachtet, noch hätte er lesen können, was dort geschrieben stand, Fremdsprachen sind nicht die Stärke der Paperos. Auf der Rückseite der

Landkarte stand in flüchtiger, hingehuschter Schrift: »Map of locations where air field under no circumstances should be built«.

Es war dieser alte und seit langem nicht mehr benutzte Flugplatz, dessen Startbahn Celsos Auto überqueren mußte, als er von seinem Freitodtreff mit Olga auf der Ostseite der Insel zurückkam. Die Startbahn wurde inzwischen von der örtlichen Fahrschule als Übungsplatz benutzt, und Celso wunderte sich nicht, daß am südlichen Ende trotz beginnender Dunkelheit viele Fahrschulautos Einparken und ähnliche Blechschäden übten.

Mit etwas mehr Verwunderung hingegen nahm er einen schwarzen Mercedes wahr, der sich aus dem Pulk der Fahrschulautos löste und mit zunehmender Geschwindigkeit die Startbahn herunterkam. »Was soll denn das?« fragte Celso sein Lenkrad. Das Lenkrad wußte keine Antwort.

Celso bremste ab, kurz bevor er die Startbahn erreichte. Der schwarze Mercedes kam mit aufgeblendeten Scheinwerfern die Piste heruntergefahren. Er fuhr jetzt schon sehr schnell, Celso schätzte seine Geschwindigkeit auf 120 Kilometer. »Der fährt ja wie ein Verrückter!« sagte er zu seinem Lenkrad.

Der schwarze Mercedes raste an Celso vorbei, und Celso sah für einen Augenblick die Menschen im Innern des Wagens. Vorn schienen ihm zwei Männern zu sitzen, junge Männer. Hinten saß, aber das ahnte er mehr als er es sah, neben einem weiteren jungen Mann ein junges Mädchen. Das junge Mädchen hatte die Hände vor den Augen. Der Mann, der am Steuer saß, brüllte etwas aus dem geöffneten Seitenfenster, als er an Celso vorbeiraste, aber Celso konnte ihn nicht recht verstehen? »Hat er avion gebrüllt«? fragte er sein Lenkrad.

Celso folgt dem Wagen mit seinen Blicken, und als ihm klar wurde, was er sehen würde, geschah es auch schon: Der schwarze Mercedes erreichte das Ende der Startbahn und schoß wie eine Rakete über sie hinaus. Er schien für eine lange Zeit – für Celso schien es eine lange Zeit – durch die Luft zu fliegen, sogar noch ein wenig an Höhe zu gewinnen. Dann stürzte er gute fünfzig Meter tief in eine Schlucht.

***

Noch bevor Celso am nächsten Morgen die Zeitung las, wußte er, daß er nun endlich seinen Freitod gefunden hatte. Die Zeitung berichtete in großer Ausführlichkeit, wußte auch, daß Drogen im Spiel gewesen waren, und daß das junge Mädchen im fünften Monat schwanger war. »5 Tote in grauenhaftem Drogenunglück!« Das Baby war ein kleiner Junge, die Schwangere ledig, der Vater Neger und die Droge LSD, so wußte der Journalist zu berichten.

Der Zufall wollte es, daß Celso den Koreaner auf der Straße traf. Der Koreaner hatte eine Zeitung in der Hand und befand sich auf dem Weg zur Cafeteria, wo er sie lesen und mit den anderen diskutieren wollte. »Was kostet es, fliegen zu lernen?« fragte Celso, indem er sich vor den Koreaner stellte und ihm den Weg versperrte.

»Die Stunde kostet sechstausend«, sagte der Koreaner. »Und du brauchst mindestens dreißig, bis du die Lizenz bekommst«. Der Koreaner war Fluglehrer des Aero-Clubs von Papaya. Eigentlich war es kein richtige Aero-Club. Eigentlich war es ein Tischtennis-Club, der sich eine Sportmaschine zugelegt hatte. Die Sportmaschine war sehr alt, und der Aero-Club versuchte, die laufenden Inspektions- und Reparaturkosten dadurch zu mildern, daß er Flugstunden anbot. Aber der Koreaner war dafür auch kein Koreaner, man nannte in nur so: El Coreano. Niemand wußte, warum, auch er selbst hatte keine Ahnung, nicht einmal Schlitzaugen.

»Meinst du, daß ich...«

Der Koreaner unterbrach Celso, indem er den Versuch machte, zwischen ihm und der Hauswand durchzurutschen. »Ich habe jetzt keine Zeit«, sagte der und schaute nervös in Richtung auf die Cafeteria, in der seine Freunde ihn zu Rum und Rumreden erwarten. »Laß uns ein anderes Mal...«

»Bitte!« bat Celso hartnäckig. »Sag mir, ob ich Flugstunden nehmen kann, und wann ich damit anfange«.

Der Koreaner schaute zweifelnd an Celso herab. Auch sein Blick blieb an Celsos Bauch hängen. Jedermanns Blick blieb an Celsos Bauch hängen. »Wenn du die ärztliche Untersuchung schaffst«, sagte er. »Bevor du Flugstunden nehmen kannst, mußt du eine ärztliche Untersuchung machen«. Er versuchte noch einmal, an Celso vorbeizukommen.

Celso hielt ihn am Ärmel fest. »Einen Augenblick noch«, bat er. »Wann kann ich die Untersuchung machen? Wann und wo?«

»Du mußt dafür nach Grancoco«, sagte der Koreaner ungeduldig. »Und jetzt muß ich gehen«.

»Welcher Arzt?« Celso ließ den Ärmel nicht los.

»Mordeno Cabezola«, antwortete der Koreaner. Er griff in seine Gesäßtasche und zog ein Portemonnaie heraus. Er suchte einen Augenblick lang darin herum und brachte dann eine zerfledderte Visitenkarte zum Vorschein. »Da«, sagte er und drückte sie Celso in die Hand. »Und jetzt laß mich gehen, verdammt noch mal. Ich hab noch nicht gefrühstückt«.

»Danke«, sagte Celso und ließ den Ärmel los. »Danke wirklich vielmals!« Mit einer Geschwindigkeit, die ihm niemand zugetraut hätte, nicht einmal er sich selbst, eilte er zum Zollschuppen im Hafen, wo auf seinem drecksgrau lackierten Blechschreibtisch ein Telefon stand, das er unentgeltlich benutzen konnte.

***

»Ich hätte nie gedacht, daß du die ärztliche Untersuchung schaffst«, wunderte sich der Koreaner. »Du bist halb blind, du bist körperlich ein Schrotthaufen. Und du hast jetzt schon die theoretische Prüfung hinter dir und elf Flugstunden«. Er schüttelte den Kopf und sein Whiskyglas. Im Whiskyglas klirrte das Eis. Der Kopf machte kein Geräusch.

Celso saß ihm gegenüber an einem Tisch neben der Bar in der Abflughalle des neuen Flughafens. Er trank ohne große Lust an einem Glas Mineralwasser herum. »Aber der Doktor ist doch selbst fast blind«, sagte er mit dem Versuch einer Erklärung. »Was ich an der Tafel nicht lesen konnte, das konnte er erst recht nicht lesen«.

»Und dein Schmerbauch? Deine Atemnot? Dein Blutdruck?« fragte der Koreaner gehässig. Celso war froh, daß er nichts von dem Hodenbruch wußte, denn auf dem wäre er sicherlich besonders schadenfroh herumgeritten. Sie waren inzwischen beinahe Freunde geworden, aber der Koreaner konnte sich diese Herabsetzungen nicht verkneifen. Sie gaben ihm ein Gefühl der Überlegenheit.

»Du müßtest erst man den Arzt sehen«, gab Celso zu bedenken.

Der Koreaner nickte. Er kannte den Arzt. Nicht nur die Flugkapitäne der Air Grancoco, auch Sportflieger müssen sich alle zwei Jahre untersuchen lasen. »Er ist schon fast tot«, räumte er ein. »Dagegen bist du Gold. Dagegen bist du alte Müllhalde noch Gold«.

»Na, siehst du«, sagte Celso dankbar für das Kompliment. »Und die theoretische Prüfung habe ich fehlerlos bestanden.«

Das stimmte. Celso hatte sich mit Energie und Enthusiasmus auf sein Freitodprogramm gestürzt. Er stellte zu seinem eigenen Erstaunen fest, daß ihm diese Todesart wie auf den Leib geschrieben war, ein Suizid nach Maß, der ihm schon in der Vorbereitungsphase Befriedigung verschaffte.

Der Koreaner war ebenfalls erstaunt. Es wäre ihm lieber gewesen, wenn Celso seinen schlechten Erwartungen entsprochen hätte. Die Erkenntnis, daß jeder Idiot fliegen lernen kann, stieß ihm bitter auf. »Aber deine Landungen sind Mist«, sagte er deshalb. »Deine Landungen sind der letzte Dreck. Wenn ich dich allein fliegen lasse, baust du eine Bruchlandung. Garantiert«.

Celso lächelte und ging nicht darauf ein. Warum sollte er sich gerade über diese Frage streiten? »Aber meine Starts sind gut«, sagte er stattdessen. »Ich kann Kurs und Höhe halten. Ich vergesse nie, die Flaps rein- und rauszunehmen. Das hast du auch ins Flugbuch geschrieben«.

»Aber deine Landungen sind der letzte Dreck«, sagte der Koreaner noch einmal. Es ging ihm darum, daß Celso ihm noch einen Whisky kaufte.

»Möchtest du noch einen Whisky?« fragte Celso feinfühlig.

»Einen noch, damit ich mich nicht so unsicher mit dir fühle«, sagte der Koreaner. »Danach fliegen wir«.

»Die zwölfte Stunde«, fügte Celso hinzu. »Und wann kriege ich meinen ersten Alleinflug?«

»Wir werden sehen«, nuschelte der Koreaner in sein Glas hinein. »Wenn du eine anständige Landung hinlegst«.

***

Der Koreaner war nur mäßig betrunken, als sie bei dem Flugzeug ankamen. »Außen-Check!« befahl er.

Celso ging um die alte Piper herum und durch die Routine hindurch: Reifendruck, Kraftstoff auf Kondenswasser überprüfen. Höhenruder, Seitenruder, Flaps. »In Ordnung!« rief er von hinten nach vorn, wo der Koreaner gerade gegen den Bremsklotz urinierte.

»Steig ein, und mach weiter!« befahl der Koreaner. Er schaute zu, wie Celso sich durch den engen Einstieg zwängte und lachte. Er ratschte sich die Kombination zu, spürte mißvergnügt und unbehaglich, wie ein paar Tropfen sich noch nachträglich lösten, verwünschte dafür Gott und die Welt und folgte Celso in die Kabine.

Celso startete den Motor und wartete, bis er warm war. Er ging auch hier durch die Checkliste: Kraftstofftanks, Öldruck, Umdrehungszahl, Magnete. Höhenruder, Seitenruder, Flaps. »Ok«, sagte er dann.

Der Koreaner sprach mit dem Kontrollturm. »Ok«, sagte dann auch er. »Sofortiger Start auf hundertneunzig, despegue inmediato«. Hundertneunzig bedeutete, daß Celso nach Norden raus starten mußte.

Celso kam gut in die Luft. Celso nahm die Umdrehungszahl zurück und schob die Flaps in Normalposition. Celso ging in eine elegante Linkskurve, verlor dabei nicht an Höhe, erreichte die vorgeschriebene Höhe von 700 Fuß und stellte die Umdrehungszahl des Propellers noch einmal auf Reisegeschwindigkeit nach.

»Süd!« befahl der Koreaner. »Kurs Süd!«

»Süd«, wiederholte Celso und beobachtete mit schnellen, kurzen Blicken den Kompaß. »Süd liegt an«, meldete er nach einer Weile. Aus den Augenwinkeln sah er, daß der Koreaner ihn verdrießlich beobachtete.

»Ich wette, du versaust die Landung, Fettsack!« schrie der Koreaner wütend durch den Lärm.

***

»Nun gib doch wenigstens zu, daß es eine gute Landung war«, sagte Celso. Er hatte eine ganze Flasche Whisky gekauft, und er war entschlossen, den Koreaner dazu zu bringen, Farbe zu bekennen.

»Ziemlich saumäßig«, knurrte der Koreaner. Er war noch nicht betrunken genug für eine Verbrüderung.

»Sie war perfekt«, beharrte Celso und schenkte ihm nach.

»Mittelmäßig«, pokerte der Koreaner um den Rest der Flasche. »Mehr als mittelmäßig«.

»Wann fliege ich allein?«

»Keine Ahnung. Irgendwann«.

»Beim nächsten Mal?«

»Nicht im Traum!«

»Warum nicht?«

Der Koreaner wußte außer der Flasche Whisky, die noch halb voll war, keine Antwort. Aber es war gerade dieser Whisky, der seine Bösartigkeit abzumildern begann. »Muß überlegen«, sagte er ins Glas hinein.

Celso ließ ihn bis zum letzten Viertel der Flasche überlegen. »Wann?« fragte er dann noch einmal.

»Nächste Woche«, sagte der Koreaner schwankend. Er schwankte auch mit dem Oberkörper.

»Morgen«, hielt Celso dagegen. »Warum nicht morgen?«

»Morgen«, antwortete der Koreaner nach längerem Nachdenken und mit schwerer Zunge, »morgen ist die Fünfzig-Stunden-Inspektion. Morgen kommt der Technokrat«.

»Der Techniker«, verbesserte ihn Celso.

»Meinetwegen auch der«, murmelte der Koreaner.

»Dann übermorgen, wenn die Inspektion vorüber ist. Übermorgen dann«.

»Übermorgen«, wiederholte der Koreaner schlurrend. Er hatte plötzlich ein unwiderstehliches Bedürfnis zu schlafen.

***

Übermorgen. Es war Freitag, es war der dreizehnte. Es war ebenfalls die dreizehnte Flugstunde. Celso war nicht abergläubisch. Er war sicher, daß alles gut gehen würde. Bald würde ihn der Tod ereilen. Freitod! Juchhei!

Er hatte in der Nacht kaum geschlafen. Neben sich hatte er den gurgelnden Atem seiner Frau gehört, und einmal hatte er sich im Bett aufgesetzt, um im Licht der Straßenlaterne ihren walzenförmigen Körper unter der dünnen Decke anzuschauen. Celso lächelte. Hatte er jemals gedacht, daß es freudigen Ekel gab?

Er stand früh auf. Er nahm ein Bad und spülte sich danach den Mund mit reichlich Vademecum. Er wußte, daß es nicht viel ändern würde, aber die Symbolik des Rituals bereitete ihm Vergnügen.

Er ging an den Kleiderschrank und durchsuchte ihn nach dem besten. Er fand eine kaum getragene Unterhose und ein Baumwollunterhemd in hellblau. Er fand ein weißes Synthetik-Hemd, das er auf paperische Art über der Hose zu tragen beschloß: Es kaschierte den Bauch. Er fand eine Hose, die er sonst nur sonntags anzog, die mit den eingeschweißten Bügelfalten.

Die Suche nach Socken brachte eine Enttäuschung. Nachdem er alle Schubfächer durchwühlt hatte, mußte er sich mit einem Paar zufriedengeben, das vom Schweiß seiner Füße nachhaltig verfärbt war. Zum Ausgleich fand er ein großes weißes Taschentuch, auf dem »Celso« stand. Seine Schwiegermutter hatte es ihm vor vielen Jahren geschenkt, selbst krakelig den Namen eingestickt. Er hatte es nie benutzt, denn er verabscheute seine Schwiegermutter. Sie erinnerte ihn an seine Frau. An diesem Tag sah er das Taschentuch mit neuen Augen: Er knüpfte es sich um den Hals und mußte unwillkürlich an den jungen Kamikazeflieger in: wie hieß der Film noch? denken.

Sein erster Alleinflug war für neun Uhr morgens angesetzt. Celso hatte sich einen genauen Plan gemacht: Er wollte, nachdem er abgehoben und Höhe gewonnen hatte, zu dem riesigen Krater fliegen, der den Mittelpunkt Papayas bildet. Er wollte über dem Krater kreisen und dann mit dem Sprechfunkgerät die Flugkontrolle anrufen. Er hatte sich einen Text zurechtgelegt und auswendig gelernt: »Hier spricht Celso vom Hafen auf seinem ersten und letzten Alleinflug. Ich werde mich jetzt mit meiner Maschine in den Krater bohren. Adieu Welt, denn was jetzt noch kommt, das lohnt nicht mehr!«

Danach wollte er, vom hysterischen Gebrüll der Fluglotsen begleitet, zum Sturzflug ansetzen.

***

»Tut mir leid«, sagte der Koreaner. »Die Maschine ist nicht flugfähig«.

Celso starrte ihn an, als ob er nichts verstanden hätte. Tatsächlich hatte er auch nichts verstanden. Die Worte ergaben keinen Sinn. Sie waren nicht bis zum verstehenden Teil seines Hirns vorgedrungen.

»Die Inspektion gestern«, sagte der Koreaner erklärend. »Die Maschine ist defekt. Die Lager des Propellers sind ausgeschlagen. Die Ölpumpe funktioniert nicht richtig«.

»Neun Uhr«, sagte Celso benommen. »Neun Uhr. Alleinflug. Mein erster«.

»Hör doch!« wiederholte der Koreaner ungeduldig. »Die Maschine ist gesperrt. Der Propeller ist im Eimer. Kein Alleinflug. Kein Flug. Die Lager müssen ausgetauscht werden«.

»Mein erster Alleinflug«, sagte Celso noch einmal. Dann begann sich etwas in seinem Gehirn zu bewegen, das ihm wie eine Idee vorkam. »Es sollte auch mein letzter sein«, sagte er, ohne zu wissen, warum er es sagte.

Der Koreaner zuckte zusammen. »Dein letzter?« fragte er mißtrauisch. »Was soll das heißen: Dein letzter?«

Celso riß sich zusammen. Alles war nun plötzlich ganz klar. »Komm«, sagte er und zog den Koreaner am Ärmel zur Bar in der Abflughalle hin. »Komm, ich will es dir erklären«.

***

»Er war wie ein Verrückter«, erzählte der Koreaner fast auf den Tag zwei Jahre später. »Er wollte mich dazu bringen, ihm die Maschine zu überlassen, damit er sich umbringen konnte. Er wollte in unseren Krater stürzen. Aus tausenddreihundertdreißig Metern Höhe«.

»Na und?« machte einer der Männer, die an der Bar herumstanden und ihren Frühstücksrum tranken, achselzuckend. »Es ist der größte Krater der Welt. Er ist groß genug für alle. War die Maschine denn nicht versichert?«

»Natürlich war sie versichert«, antwortete der Koreaner und lachte hochmütig. »Sie war sogar besser versichert als ihr Wert. Aber sie war nicht flugfähig. Die Propellerlager waren ausgeschlagen. Die Ölpumpe war im Eimer«.

»Für einen Selbstmord hätte es gereicht«, sagte ein zweiter Mann und lachte ebenfalls.

Der Koreaner schüttelte den Kopf. »Die Maschine war zu gefährlich«, sagte er. »Möglicherweise wäre sie schon beim Start abgestürzt«.

»Na und?« sagte der erste Mann noch einmal. »Es...«

»Du hast ja keine Ahnung vom Fliegen«, unterbrach ihn der Koreaner gereizt. »Nach den internationalen Normen und Bestimmungen darf eine Maschine nur fliegen, wenn sie in perfektem Zustand ist. Ganz gleich, was du damit vorhast. Aber ich merke schon, daß das nicht in deinen dummen Kopf hineingeht«.

»Eine Woche später hat dann trotzdem der Motor ausgesetzt, und sie hat eine Bruchlandung gemacht«, gab der Schuhputzer vom Boden her zu bedenken und erntete dafür Lachen, das ihn zu klatschendem Herumwienern an den Schuhen eines Süßweinvertreters anspornte.

»Und mußte auf den Schrott«, ergänzte der Kellner von der Bar her. Auch er wurde mit einem Lachen belohnt.

Der Koreaner trank seinen Rum aus und wischte sich mit dem Handrücken den Mund ab, bevor er antwortete. »Ja«, sagte er dann. »Aber in technisch einwandfreiem Zustand«. Er betonte jedes einzelne Wort und blickte dann um sich: »In technisch einwandfreiem Zustand«.

Respektvolles Schweigen füllte für eine Weile den Raum. Nur der Schuhputzer atmete heftig, denn das Polieren in gekrümmter Haltung strengte ihn an. Der Süßwarenvertreter genoß die Situation und spielte mit der Hand an seiner Krawatte. Zeit verging, und eine Fliege verbreitete summend Schläfrigkeit. Der Kellner schlug mit einem Lappen nach ihr, drehte dann ein Ohr dem Eingang zu und machte zur Straße hin ein Zeichen mit dem Lappen: »Da kommen sie«.

Die Männer erhoben sich von ihren Barhockern und stellten sich in den Eingang der Cafeteria. Einige nahmen ihren Hut ab, andere griffen zum Kopf, um festzustellen, ob sie einen aufhatten. Der Koreaner tat weder das eine noch das andere, er hatte noch nie einen Hut getragen. Von rechts, die enge Hauptstraße hinunter näherte sich langsam ein Leichenwagen, dem ein paar Leute folgten. »Viele sind es nicht«, murmelte der Koreaner.

»Na und?« sagte der, der das schon ein paarmal gesagt hatte. »Wer hätte auch schon gedacht, daß er auf diese Art so plötzlich sterben würde?«

»Ich wäre an Celsos Stelle auch vor Schreck tot umgefallen, wenn ich das große Los gewonnen hätte«, sagte der Koreaner nachdenklich und spuckte mit einer bei ihm ungewohnten Sanftheit aus.

Immer schon wurde Liebe auf Papaya groß geschrieben, aber auch immer nur kleinlaut genannt. Und ihre Stiefschwestern, Lust und Wollust, halten die Paperos in tiefen Verließen und dunklen Gedanken fest, wie es sich für Triebe gehört, die der Mensch mit dem Tier gemein hat, dem bedauernswerten. Hin und wieder jedoch brechen sie aus und treiben ihr Unwesen –

Lust & Liebe auf Papaya

der Not gehorchend, nicht den eigenen Trieben – auf Wald und Flur, in Hühnerhof und Ziegenstall.

Aus der inoffiziellen, nach Unzucht und Inzest duftenden Chronik der Insel muß der geschäftstüchtige Bauer herausgehoben werden, der, ein fernes Jahrhundert zurück und im Wilden Norden, seine Rinder in das Joch der Lust zwang und, wenn nicht das erste Freudenhaus, so doch den ersten Freudenstall auf der Insel etablierte. Der Stall und die Praktiken, so heißt es, florierten, bis ein neues Zeitalter hereinbrach, die Ära des Fremdenverkehrs, hier sieht man nun selber einmal, daß nomen omen ist: Fremden-Verkehr.

Der Fremdenverkehr begann, wie alles auf der Insel, zaghaft. Zunächst war es wohl nur ein abenteuerdurstiger Engländer, den es auf der Suche nach berauschendem Rum nach Papaya verschlug. Dem Abenteuerdurst folgte die Abenteuerlust. Eine der ersten Boten jener neu hereinbrechenden Zeit ist noch heute allerorts auf der Insel in Erinnerung: An einem Tag wie jeder andere, nur daß es, zum Ereignis passend, heißer war und schwüler als die Jahreszeit erwarten ließ, kam mit dem Postschiff eine Dame an. Moment! Nicht jeder hielt sie sofort für eine Dame. Sie rief in den meisten, die sie sahen, Erinnerungen wach. Erinnerungen an einen der frühen Helden des Comic

Strips: an Popeye, jenen also, der Spinat zwecks Muskelbildung zu sich nahm, und der mit einem Gesicht gesegnet war, das ihn unvergeßlich machte.

Dieses Gesicht, jedoch nicht die legendären Oberarmmuskeln Popeyes, brachte die Dame mit nach Papaya und wurde deshalb von vielen zunächst für einen Mann gehalten. Man hatte ja inzwischen so einiges über die Welt da draußen gehört, nicht ohne Schaudern: Daß Männer Frauenkleider tragen und sich etwas annähen oder aufkleben lassen, das man bis dahin nur auf Wandkritzeleien genauer gesehen oder im Pechdunkeln vage gefühlt hatte: Brüste.

Man schaute daher zweimal hin. War Popeye eine oder war sie keine? – Erst das erste Bad im Meer rund achtundvierzig Stunden später sollte Klärung bringen. Vor aller Augen am hellichten Tag, bei klarem Sonnenschein, mildester Luft und hitzigster Phantasie entkleidete sich Popeye am felsigen Strand einer kleinen, stadtnahen Bucht. Enthüllte Popeye sich und einen einteiligen, überaus geblümten Badeanzug. Legte Popeye Kleid, Unterhemd und Strumpfhose auf eine nahebei stehende Sardinenkiste, die dem Fischer Petronius gehörte und ihn im Verfolg zu einem der gesuchtesten Fetisch-Besitzer Papayas machte. Breitete sich Popeye auf einem sehr großen Handtuch liegend der Länge und der Breite über den schwarzen Strand aus.

Das Bild ließ allen Zweifel zerstieben, wie Laub, in das ein Windstoß fährt, so zerstoben die Zweifel, wie Flöhe, wenn der Hund sich kratzt. Dort am Strand lag eine Frau. Dort lag zusammen mit ihr ein wölbender, zugleich in die Breite fließender Bauch und ein paar massige, von Hügeln und Tälern durchklüftete Oberschenkel – später sollte man das Zellulitis nennen. Dort lagen, links und rechts vom Brustkorb und tapfer vom elastischen Material des Badekleides gehalten, jene Objekte, denen so viele Träume gelten und wogten hin und wieder lateral. Dort prägte schließlich ein gewaltiger Arsch eine Kuhle in den Strand.

Popeye war aus Dänemark gekommen, um der Insel den Fremdenverkehr und den Ausstieg aus der Sodomie zu bringen. Mutmaßlich war es ihr in ihrem eigenen Land zu eng geworden.

Auch Popeye ist schon lange her. Länger wabert und weilt sie nicht mehr unter den Lebenden, aber die Nachwelt auf Papaya flicht ihr Kränze. Ein schlichtes Kreuz aus Sardinenkistenholz erinnert noch heute an den Platz, wo sich Popeye das erste Mal legte. Sie, die einer ganzen Generation von jungen Menschen Freude brachte, sofern jene bereit waren, Weg und Wartezeit in Kauf zu nehmen, sie hat am Ende auch das Leben der Heutigen verändert. Popeye schnitt auf Papaya ein für alle Mal ein Denkmodell in jedes Männerherz hinein: Alles ist besser als Hühner.

Der Taxifahrer, der in den frühen 60ern den älteren touristischen Damen, die damals vorzüglich Papaya besuchten, seine Präservative zeigte, war, wie man es heute gerne nennt, ein Enkel: ein Enkel der Popeye-Epoche. Natürlich war er weiter als die Großväter, fast hätte man ihn »cool« nennen können. Es zeigte sich in vielem: Er fiel nicht etwa mit der Hosentür ins Haus. Er versuchte, auf Umwegen zum Ziel zu gelangen, sozusagen sich einzuschmeicheln, er bemühte sich um Weltläufigkeit: »Preservativo gut,« pflegte er mit einem Blick über den Spiegel in den Fond des Taxis zu sagen: »Deuts! Madé in Germany!« dergestalt zu Nationalstolz und Patriotismus ermunternd. Er hielt das Päckchen zum Beweis hoch: »Blausiegel«, lockte die Inschrift. In einer zweiten Beeinflussungsstufe wurden wirtschaftliche Vorteile ins Feld geführt: »Du fickificki, nix Geld Taxi«.

Manche Taxifahrten auf Papaya dauerten damals Stunden. Der Weg in den Wilden Norden insbesondere war lang und staubig. Bei einem Gläschen Wein an einem Halteplatz in der Einsamkeit schilderte dann der Taxifahrer die näheren Gründe seines Begehrens: »Frau nix gut«, klagte er und pochte mit einem symbolischen steifen Finger auf den Trauring an der rechten Hand. Zeitzeugen bestätigen jedoch, daß er nie zudringlich wurde, bestätigen auch, daß er nach dem dritten Halt sturzbetrunken war: Trinkitrinki obsiegte zumeist, Blausiegel hatte das Nachsehen.

Aliberto erging es schon besser. Aliberto gehörte zu den Männern der frühen 70er Jahre. Zu den Attraktiveren auch, alles in allem genommen. Er sprach auch schon deutlich mehr deutsch, Hoffnung und Erwartung hatten ihn zu einem ernsthaften Studium der Sprache Goethes und Beate Uhses bewegt.

Aliberto war Wanderführer. Seine Spezialität war der sagenumwobene Krater der Insel, der große Innenteller jenes längst erloschenen Vulkans, dessen Eruption vor undenkbaren Zeiten Papaya seine Existenz verdankt. Auf diesem Teller, so wollte es die Legende, geschah Wunderbares. Aliberto führte das so aus: »In die Mitte ist Quelle. Quelle ist Wunderquelle. Macht Frau jung. Macht Mann stark!« Dazu lachte er und zeigte pumpende Bewegungen mit dem Unterarm bei geballter Faust.

Die Touristinnen der frühen 70er waren schon aus entzündlicherem Brennholz geschnitzt als ihre Vorgängerinnen. Sie verbargen nicht mehr scheu ihr Gesicht oder wandten sich ab, wenn Offerten und anderes im Raum standen, die Touristinnen der frühen 70er schauten den Tatsachen ins Auge. Dabei kicherten sie. An der Quelle im Krater kam es zu ersten Versuchen auf dem Gebiet der sexuellen Revolution: Nackt wie Gott sie geschaffen hatte – der Herr möge ihm verzeihen! – sprangen die Frauen in die Quelle hinein und nackt lockten sie Aliberto, ihnen zu folgen. Nackt sprang er ihnen hinterher und nackt wurde: »Huch!« gerufen und festgestellt, daß Aliberto nicht von schlechten Eltern war.

»Er hatte ein fast schwarzes, mattglänzendes Glied«, erinnerte sich eine Reisleiterin, Hannili mit Namen, die ebenfalls auf einer Kraterwanderung befindlich, auf den dunklen, krausköpfigen Aliberto und das milchigweiße Mittelalter in der Quelle gestoßen war. »Die Frauen spritzten mit Wasser und kreischten, als ob sie den Raub der Sabinerinnen nachspielen wollten. Fast alle versuchten, ohne daß es allzu offensichtlich werden durfte, mit einem Spritzerchen seine Erektion zu treffen, die er ihnen lächelnd entgegenstreckte. Das Lächeln, charmant übrigens und mit strahlend weißen Zähnen dekoriert, sollte sagen: »Bitte, bedienen Sie sich! Ach bitte, bedienen

Sie sich nur!« – Hier endet die sexuelle Vorgeschichte Papayas.

Die Neuzeit beginnt an einem Oktobertag in den späten 80er Jahren: Der erste Direktflug war gleichzeitig mit einem Gewitter auf die Insel niedergegangen.

Der Ankunft des modernen Fremdenverkehrs war ein Jahr hektischer und nicht nur sexuell erregter Aktivität vorausgegangen: Hotels waren aus dem Boden gestampft worden und standen überall dort auf der Insel herum, wo sie bis dahin am schönsten gewesen war. Allenthalben war auch gestampft worden, um das Beiwerk zu schaffen, das dem Tourismus moderner Prägung unverzichtbar ist, die Fachleute nennen das Infrastruktur: Diskotheken und Autoverleihbetriebe waren entstanden, darunter jener Veranstaltungsort, dessen eine Wand ein gläsernes Schwimmbecken bildete, in dem, so hoffte man doch sehr, sich bald Deutschlands Mädchenblüte tummeln sollte. Nackt natürlich sollte sie sich tummeln und nachts und in Mengen, wie man es von einem Land erwarten darf, das das Wirtschafts- und Fräuleinwunder hervorgebracht hat, Geld und gute Torte.

Schnell schoß auch eine Schule für Tourismus und Artverwandtes aus dem Boden. In ihr wurden Hotelangestellte zunächst notdürftig geschult: Köche, ein Schnitzel zu braten, Kellner, sich die Hände zu waschen, Stubenmädchen, einen Knicks zu machen. Sonnenschirmvermieter und Tretbootverleiher wurden mit dem Nötigsten versehen: Sie sollten zunächst nur fließend den Preis dahersagen können, erst für später war vorgesehen, einen Lehrberuf daraus zu machen, der eine dreijährige Ausbildung erforderte und einen Onkel in der Verwaltung.

Von überragender Wichtigkeit war das sogenannte »Verboten-Seminar«. In ihm wurden paperische Eigenheiten, die dem Tourismus schlechterdings abträglich waren, unter die Lupe genommen und mit Tabu belegt. »Absolut verboten ist es«, erläuterte der Seminarleiter mit erhobenen Zeigefinger, »Bubble-Gum zu kauen, damit Blasen vor dem Mund zu produzieren und sie zerplatzen zu lassen«. Er wußte, wovon er sprach.

Bubble-Gum lieferte den Mädchen Papayas die wohl einzige ungehemmte, durch nichts gebremste Lust. Wo immer Mädchen auf der Insel leben, und das ist natürlich überall, so weit ist es mit der Gleichberechtigung doch schon gekommen, wird man der Bubble-Gum Manie mit geschlossenen Augen gewahr: Plipp! Plipp! Plitsch! Wird hier Tiefenpsychologisches demonstriert, Penetration und Hymenriß? Wer weiß?

Bubble-Gum zerplatzt mit leisem Ton in feine Fetzen und verteilt sich über Mund und Wangen. Das kannst du an den Abfertigungsschaltern der nationalen Luftlinie in Papaya City beobachten, die Stewardess macht es gern vor. Bubble-Gum begegnet dir aber auch beim Bäcker und beim Fleischer, in der Apotheke und im Bestattungsinstitut und im Krankenhaus schließlich im ansonsten recht sauberen Operationssaal. Bei Licht betrachtet ist eine Papera ohne Bubble-Gum keine Papera. Nicht einmal bei der Hochzeit vor dem Traualtar ist sie ohne platzendes Gummi vorstellbar und erst recht nicht danach: Und das sollte nun enden?! Sollte dem Tourismus hingeopfert werden, ein paar hergelaufenen oder -geflogenen Fremden?! Später wurde gesagt, daß hier der Zunder für den in den 90er Jahren aufflammenden Fremdenhaß gerieben wurde, für zerstochene Autoreifen und andere Stechereien.

Die Reaktion war daher heftiger als der Seminarleiter es erwartet hatte. »Wir sollen nicht mehr Bubble-Gum kauen dürfen, aber die Jungen können weiter spucken?!« Die Mädchen waren nicht nur empört. Sie revoltierten buchstäblich und schlugen zurück: Allein wollten sie jedenfalls nicht untergehen. Dann wollten sie doch schon das andere Geschlecht mit in den Abgrund der Moderne ziehen.

An sich protestieren Mädchen nur selten auf Papaya, über zu lange Zeit hatte man ihnen beigebracht, den Mund zu halten. Hier jedoch hatte der Seminarleiter in ein Wespennest gepiekt. »Selbstverständlich«, räumte er verstört und abwiegelnd ein, »selbstverständlich ist Spucken im Angesicht des aufblühenden Tourismus ebenfalls untersagt. Spucken jeglicher Art, ob mit vorher Hochziehen oder ohne, ob im Bogen oder direkt auf dem kürzesten Weg zum Boden, hat an jeglichem Ort von touristischem Interesse oder touristischer Präsenz sofortige und fristlose Kündigung zufolge«.

Zufriedenes Murmeln der Mädchen mischte sich mit knurrendem Jungmännerprotest: Mit dem Spucken bezeugt und unterstreicht ein Papero seine Männlichkeit. Vergleichsweise hat das Spucken dieselbe Beweiskraft, den nämlichen Symbolwert wie in anderen Ländern Trinken oder Rauchen. Mütter üben es mit ihren Söhnen im zartesten Alter: »So macht man das. So!« »Carlito spuckt schon wie ein Alter«, eine Bemerkung dieser Art löst Neid aus oder Bewunderung.

Die Straßen der Hauptstadt sind vom Ergebnis gekennzeichnet, sie baden sich darin. »Wie schade!« hatte einst ein stadtbekannter Trottel gerufen, »daß auf Papaya nicht auch die Hunde spucken und die Tauben! Wieviel Geld ließe sich sparen durch diese regelmäßige Reinigung der Straßen!« Im kulturellen Bereich liefert das Spucken auch so Resultate, den lebendigen Beweis, wenn man so will, folkloristischer Eigenständigkeit, vielleicht vergleichbar mit den Blumenkränzen auf Hawaii, mit den Tänzen auf Bali, mit den fremdartigen Klängen peruanischer Flöten.

Das »Verboten-Seminar« zeigte den Paperos, den männlichen vor allem, zum ersten Mal die Schattenseiten des Tourismus. Wo waren die Freuden, die die Überlieferung schilderte? Was bekam man im Gegenzug, wenn man sich des Zeichens seiner Männlichkeit entkleiden mußte? Was hatte man von Vokabeln wie: Guten Morgen, guten Abend, gute Nacht! Danke, bitte, die Toilette ist verstopft! Hilfe, ich habe eine Schlange im Zimmer! – Hatte man sich dafür den Tourismus gewünscht? –

In einer stillen Seitenstraße der Hauptstadt eröffnete vierzehn Tage vor der Landung des ersten Charterfluges ein heimliches Informationszentrum. Es lieferte Rat, Hilfe und Sprachunterricht für die wesentlicheren Dinge.

***

»Señorita, ich muß wissen, wo schöne Sand«. Emiliano hatte sich von seinem Formular getrennt, das er gerade mit Bleistift und Schweiß ausgefüllt hatte. Er saß hinter dem Lenkrad des Autos, für das er eine junge Frau als Kundin gefunden hatte. Emiliano war Mitarbeiter einer multinationalen Firma, die rechtzeitig zur Ankunft des Tourismus auf Papaya ein Büro am Flughafen eröffnet hatte. »Ich wissen, wo schöne Sand«, sagte Emiliano noch einmal. Er lächelte die junge Frau an und strich sich dabei über seine linke Hosentasche, als ob er den Sand dort aufbewahrte.

Die junge Frau war sehr blond, sehr zierlich und trug einen kleinen Zopf zur linken ihres Nackens. Sie war mit einem modischen hellgrünen Rucksack auf dem Rücken durch die Sperre und den Zoll gekommen, und auf die Frage Emilianos: »Noch mehr Gepacke?« hatte sie den Kopf geschüttelt. Auf diesem Kopf trug sie eine Mütze mit Schirm. Auf der Mütze stand vor einem roten Herz ein I und nach dem roten Herz das Wort: hiking. Sie war ganz offensichtlich eine Wandersfrau. Emiliano hatte nur das Herz gesehen.

»Sand?« fragte die junge Frau verständnislos. Wenn man ihr Truthahnkämme angeboten hätte oder Hufeisen von Seepferdchen, hätte sie nicht erstaunter sein können. Warum sollten der junge Mann, in dessen Gesicht Akne und Polken tiefe Spuren hinterlassen hatten, ihr Sand anbieten?!

Emiliano hatte seinen Unterricht nicht nur auf Papayas Schule für Tourismus bekommen. Er gehörte auch zu jenen, die sich abends in dem Haus in der stillen Seitenstraße zusammengefunden hatten, um sich mit der besseren Hälfte des Tourismus vertraut zu machen. Dort hatte er Vielversprechendes erfahren:

Nicht lange vor dem großen Paukenschlag, der Papaya von einem Tag zum anderen aus dem Nichts herauszuholen und in ein anderes besseres und tieferes stürzen sollte, war in einer großen deutschen Illustrierten ein Beitrag über die Insel mit folgendem vielversprechenden Titel erschienen: »Jetzt wird Papaya abgegrast!« Schöne Fotos schmückten den Artikel und zeigten Papayas Besonderheiten: Den Krater natürlich, aber auch die malerischen Häuschen der Hauptstadt und die jahrhundertealten Bräuche der Einheimischen, nicht alle, das wird nach dem Vorhergesagten klar.

Neben Lobendem und Freundlichem wurde aber auch eine Kardinalfrage gestellt: »Der Tourismus«, verkündete das Blatt, »steht und fällt mit den drei S, Sonne, Sand und Sex. Davon nun aber hat Papaya nur die Sonne. Sandstrände existieren so gut wie nicht, die Strände sind felsig, steinig, meistens voller Plastikflaschen, häufig voller Teer, immer aber schwarz. Sex, diese dritte Komponente in der heiligen Dreifaltigkeit einer perfekten Urlaubsinsel ist ebenfalls nicht im Angebot. Papaya wurde bis heute überwiegend von älteren Menschen gebucht. Wird«, so lautete die Abschlußfrage: »Wird Sonne allein reichen?«

»Diese Quadratköpfe!«, sagte der Veranstalter in der stillen Seitenstraße. Er spuckte durch das Fenster in den Innenhof des alten Hauses. »Diese Idioten!« Der Artikel war von der Frau des Rechtsanwaltes für das Lokalblatt übersetzt worden. Man hatte jedoch darauf verzichtet, ihn dort abzudrucken. Zu sehr hatten die Worte von Mangel, Teer und Plastikflaschen den Chefredakteur verletzt. Der Artikel kursierte nur unter der Hand. Unter der Hand war er in die stille Seitenstraße gekommen, wo man, wenn nicht auf Rache, so doch Gegenbeweise sann.

Emiliano nickte und brummelte gemeinsam mit den anderen Zustimmung. »Kein Sex!« sagten die Jungen und lachten nervös: »Kein Sex!«

Der Veranstalter lachte jetzt auch. Er war ein Mann in den Vierzigern. Das Haus in der stillen Seitenstraße gehörte ihm, und hier hatten sich schon immer die jungen Männer versammelt. Er schaute auf die engen Jeans der Jungen, die sich rechts oder links vom Reißverschluß beulten, nach Lust und Laune mal heftiger, mal weniger und lachte noch einmal. »Kein Sex!«

»Was soll denn das mit dem Sand heißen?« fragte Emiliano. Auch er machte sich in Sachen Sex keine Sorgen. Das würde er notfalls ganz allein übernehmen, das mit dem Sand begriff er nicht.

»Ihr müßt den Artikel genauer lesen«, erklärte der Mann. Die Jungen waren alle keine großen Leser. In der Subkultur der Kellner und Autoverleiher befinden sich auch heute noch auf Papaya überwiegend mit Buchstaben aus dem Schulfarbtopf übertünchte Analphabeten. So wie andere Länder den Sprung vom Lasttier zum Flugzeug ohne die Zwischenstufe der Eisenbahn getan haben, so hatte Papaya beim Sprung von der gesungenen und gesprochenen Legende zum Fernsehen auf den Zwischenschritt des geschriebenen Wortes weitgehend verzichtet. Man erinnert sich, daß Popeye ein Comic Strip war, ein steinzeitlicher Vorläufer der Television sozusagen, nie wäre er sonst bekannt geworden.

»Wenn ihr den Artikel genauer lest, werdet ihr sehen, was damit gemeint ist«. Der Besitzer des Hauses in der stillen Seitenstraße konnte sehr wohl lesen und schreiben. Er zählte sich zur Elite der Insel, obwohl ihn jene nicht dazuzählte, denn die Welt ist voller Vorurteile.

»Sag's uns!« forderten die Jungen, und einige kratzten sich ungeduldig an der Jeansbeule. Es war schon spät am Abend. Um die Ecke, dort, wo eine kleine Kellerbar mit Schallplatten, die aus einer Caritas-Sammlung zur Linderung der musikalischen Not in der Dritten Welt zu stammen schien, ihr Dasein fristete, wurden jetzt die ersten Joints gedreht. »Mach's nicht so spannend, Lucio!«

»Na, meinetwegen«, sagte Lucio. Er neigte zum Fetten und hatte Krampfadern. Er beugte sich von seinem Sessel herab und massierte die Waden. »Sand heißt, es fehlen die Strände. Der Tourist von heute sucht den einsamen, kilometerlangen Sandstrand«.

»Für den Sex!?«

»Für den Sex und für die Sonne«, ergänzte Lucio. »Die Sonne bringt es irgendwie aus ihnen heraus, ich weiß auch nicht, wie«. Er war seit Jahren nicht mehr in der Sonne gewesen, bei ihm brachte es die Dunkelheit heraus.

»Sand«, sagte Emiliano. Er wandte sich zum Gehen.

»Bleib doch noch!« rief ihm Lucio hinterher. »Wir lernen jetzt

Wörter!« Lucio war in der Welt herumgekommen. Als er sehr jung war, hatte ihn ein Schotte von Papaya mit nach Capri genommen. Auf Capri war der Schotte gestorben, niemand wußte so recht, woran, und Lucio war an einen Deutschen geraten, nachdem er mit einem Bulgaren große Verständigungsschwierigkeiten gehabt hatte. Immerhin war er auf diese Art in mehreren Sprachen kenntnisreich geworden.

»Morgen«, wich Emiliano aus, und auch die anderen bewegten sich jetzt auf die Tür zu.

»Ich sage dir, wie man auf Deutsch sagt: Tengo una polla enorme!« lockte Lucio.

»Mañana«, sagte Emiliano. Er hatte jetzt Lust auf einen Joint.

Lucio machte eine Bewegung mit der Hand. Sie sollte sagen: Na, dann hau ab! Die Geste fiel ihm nicht allzu schwer, denn er hatte gesehen, daß Yayo neben der Tür stehen geblieben war und ihn anschaute. Über die Hasenscharte ließ sich hinwegsehen, im Dunkeln zumal. »Chipipolla!« rief er hinter Emiliano her.

***

»He!« brüllte jemand. »Du noch einen Wagen haben?!«

Emiliano kam in die Gegenwart zurück. Er wurstelte sich hinter dem Lenkrad hervor und stieg aus. Er drückte der jungen Frau das ausgefüllte Formular in die Hand und machte eine einladende Bewegung zum Auto hin. »Ich komme visita machen«, versprach er. »Wissen, wo schöne Sand!« Er lächelte und machte gleichzeitig eine Handbewegung zu jenem hin, der noch einen Wagen haben wollte. »Haben Wagen!« rief er. »Kommen ganze snell, ok?«

Er nahm den modischen Rucksack der sehr blonden Frau und verstaute ihn auf dem Rücksitz. Er schaute zu, wie sie hinter dem Lenkrad Platz nahm und sich Rock, Rückspiegel und Sitz zurechtrückte. Er wartete, bis sie den Motor gestartet und den Gang eingelegt hatte. Bevor er die Tür zuwarf, zeigte er auf ihre Mütze und sagte auf das Herz bezogen: »Tengo una polla enorme«. Jetzt ärgerte er sich doch, daß er an jenem Abend nicht noch bei Lucio gelernt hatte.

***

Auch die Zollbeamten hatten ihren Unterricht in Sachen Tourismus erhalten. Sie waren sorgfältig vorbereitet und trainiert worden, sie waren zöllnerisch in Hochform. »Ganz Papaya schaut auf euch, Kameraden!« hatte der Leutnant gerufen, der der Generalprobe beigewohnt hatte. »Zeigt der Welt, die nun auf dem Wege zu uns ist, was Paperischer Zoll zu leisten vermag!« So wurde die Ankunft des ersten Charterfluges auch ein Tag, an dem der Zoll auf Papaya zum erstem Mal die Chance bekam, sich selbst ins rechte Licht zu rücken, Zwielicht, denn es war schon später Nachmittag.

Hinter einem Tisch, zu dem ein langer, durch hohe Holzgitter markierter Korridor führte, saßen zwei Polizisten. Sie trugen Pistole, Handschellen und Schlagstock am Gürtel und einen Ausdruck von Unerbittlichkeit auf den Gesichtern. Niemand hätte sich gewundert, wenn sie hin und wieder gegen die Decke geschossen hätten. Sie taten es nicht, aber immerhin tasteten sie von Zeit zu Zeit nach Pistole, Schlagstock oder Handschelle. Auch knurrte der eine dem anderen kurze, bedrohliche Wortfetzen aus dem rechten Mundwinkel zu und sein Partner antwortete aus dem linken.

Am Tisch vorbei schlängelten sich langsam die Angekommenen. Sie präsentierten beklommen ihre Pässe und bekamen dafür einen langen und prüfenden Blick aus zusammengekniffenen Augen. Nicht jeder hielt ihm stand. Von Ferne beobachteten die Zollbeamten das Geschehen und machten sich im Geiste Notizen.

Sie hatten sich auch ohne Notizen und Geist nichts vorzuwerfen: Kein Koffer kam, als das Gepäck ein Stündchen später den Ankunftsraum zu verstopfen begann, ungeöffnet an ihnen vorbei. Kein Nachthemd entging ihren kritischen, auf Heroin und Bomben abgerichteten Blick, kein lachsfarbenes Höschen den tastenden Fingern. Kein Päckchen Tampons wurde ungeprüft wieder ins Kosmetikköfferchen zurückgelegt, kein Intimspray ungeschnüffelt freigegeben. »Bitte zeigen Sie mir nun Ihre Brieftasche!« Der Aufforderung waren ungeduldige Gesten beigeordnet, und Geldscheine wurden gegen das Licht gehalten: Stimmt da auch das Wasserzeichen?!

Emiliano hatte den Mann abgefertigt, der für sich und seine Frau und seinen Hund einen Wagen erfragt hatte. Jetzt wartete er, ob noch ein weiterer Kunde das letzte Auto wollte.

Das letzte Auto war ein Panda und schon ziemlich alt. Für einen Panda war es wirklich keine tolle Kiste mehr: es hatte mehr als 30.000 Kilometer paperischer Straßen auf den Achsschenkeln. Die Firma hatte den Wagen für den Transport der Mitarbeiter behalten. Man hoffte aber, ihn in dieser besonderen Situation noch einmal einer gewinnbringenden Verwertung zuzuführen: »Wenn jemand damit einen Unfall hat, bekommen wir vielleicht einen neuen«, hatte der Chef des Unternehmens gesagt. Avarice, die Firma, hätte auf der ganzen Insel keinen besseren Autoverleiher finden können. Er brauchte sich die Firmenphilosophie nicht zu eigen zu machen, sie floß durch seine Adern. »Sieh zu, daß du ihn unversichert auf Risiko des Kunden vermietest«, hatte er hinzugefügt. »Die Versicherung würde bei einem Unfall den Rost abziehen, und dann bekommen wir so gut wie nichts«.

Zwei Frauen unbestimmbaren Alters kamen auf Emiliano zu und richteten ihren Blick auf das Schildchen, das er am Jacket trug: Avarice, Rent-a-Car. Eine der Frauen war klein. Der Oberkörper schien ihm, obzwar faßähnlich geformt, von normaler Länge, er nahm jedoch seinen Anfang nur wenig über dem Boden. In Kniehöhe, schätzte Emiliano.

Die andere Frau war zweieinhalb Köpfe größer, ihr Kopf allerdings war klein. Emiliano erinnerte sich nicht, je einen so kleinen Kopf gesehen zu haben. Auch in dieser Hinsicht schien der erwachende Tourismus nie Geschautes auf die Insel zu bringen.

Die Zwergin hatte ihre Gefährtin bei der Hand gefaßt und

schaute jetzt zu ihr hoch: »Vielleicht hat er noch eins, frag ihn doch mal«. Ihre Stimme dröhnte als kräftiger Baß.

»Du noch Auto?« fragte die andere, als sie vor Emiliano standen. Ihre Stimme war durchaus nicht so klein wie ihr Kopf, wohl aber heller.

»Ich noch Auto«, antwortete Emiliano stolz. »Ich Panda, billibilli!«

***

»Segundo, verdammt noch mal!« Emiliano schrie den Satz schon drei Schritte vor der Tür. Dann steckte er den Kopf in das Café hinein und schrie noch einmal: »Segundo, verdammt!«

Im dunklen Hintergrund erhob sich etwas Dünnes in einem weißen Jacket. Es machte: »Hm« und hustete wie ein Straßenhund, der etwas schlechtes gefressen hat und es wieder loswerden will.

»Der verdammte Panda ist kaputt!« sagte Emiliano atemlos. »Ich muß rüber zu den beiden Deutschen und ihn reparieren. Mit Strand ist heute abend nichts!« Es war fast fünf Uhr nachmittags.

Segundo nahm einen Zahnstocher aus dem Mund, leckte ihn ab und tat ihn in das kleine Gefäß auf der Theke zurück. »Ich habe mir frei genommen«, sagte er. »Du wolltest, daß ich dir helfe«.

»Sie wohnen auf der anderen Seite, die Deutschen. Bis ich da bin, ist es sechs. Bis ich zurück bin, vielleicht neun«.

Segundo kratzte sich unter dem Arm und blickte ziellos in dem leeren Raum umher. »Ich habe mir frei genommen«, wiederholte er. »Ich habe mich darauf vorbereitet. Ich habe gebadet«.

»Dann mußt du es alleine machen«, sagte Emiliano. »Hol du sie ab. Du mußt es allein machen«. Er schaute auf die Uhr an der Wand. »Ich muß weg«.

»Du mußt nachkommen«, forderte Segundo. »Kommst du nach, wenn du fertig bist?«

Emiliano hob unentschlossen die Schultern hoch. »Weiß nicht«, sagte er. »Und wenn ich erst um zehn fertig bin?«

»Du mußt nachkommen«, beharrte Segundo. »Wenn du nicht kommst, gehe ich auch nicht hin«.

»Geh!« befahl Emiliano. »Du bist mein Cousin. Wenn ich es nicht kann, dann mußt du es tun. Hol sie vom Hotel ab. Ich komme nach«.

»Du versprichst es?« fragte Segundo. Er fühlte sich unbehaglich. Er war jünger als Emiliano, sechzehn. Er war kleiner als Emiliano, zehn Zentimeter. Er war auch gerade erst in den Stimmbruch gekommen.

Emiliano nickte. Man sah ihm die Eile an. »Sie ist in Ordnung«, sagte er. »Sie hat ein Herz auf der Mütze. Da wird es keine Schwierigkeiten geben. Weißt du, was du sagen mußt?«

»Hm«, machte Segundo vage.

»Na, bis dann«, sagte Emiliano und winkte von der Tür her noch einmal zurück. »Bis dann!«

Der Chef hatte ihn am Flugplatz erwischt, als er schon Schluß machen wollte. »Nimm die Vespa und fahr zu den Frauen, die den Panda gemietet haben. Der Motor springt nicht mehr an«.

»Sie wohnen auf der anderen Seite«, wandte Emiliano ein. »Bis ich da bin...«

»Beeil dich«, unterbrach ihn der Chef. »Deinen Job wollen noch ein paar andere haben. Für weniger Geld,« fügte er nachdenklich hinzu.

***

Das Haus, in dem die beiden Frauen wohnten, schien verlassen, alle Fensterläden waren geschlossen. Es war sieben Uhr, aber die Sonne stand noch ziemlich hoch am Himmel, und eine lähmende Hitze preßte sich gegen die Westseite der Insel. Es war die Jahreszeit, in der erst gegen Mitternacht ein kühler Hauch von den Bergen kam. Hinter dem Tor stand der Panda, und irgend jemand hatte die Motorhaube geöffnet und dann nicht wieder geschlossen.

Emiliano trat an den Wagen heran und schnüffelte auf den Motor herab. Es roch nach verbranntem Öl und verschmortem Gummi. »Scheiße!« sagte Emiliano leise. Ihm war klar, daß an diesem Auto allenfalls noch der Zigarrenanzünder zu reparieren war. Er blickte sich um. Links neben der Haustür führte ein schmaler Weg durch dichte Hibiskusbüsche um das Haus herum nach hinten. Er zögerte einen Augenblick und begann dann, vorsichtig um das Haus herum zu gehen.

Sie sahen sich alle drei gleichzeitig. Emiliano sah die Blonde mit dem kleinen Kopf, der jetzt ein großes Loch zu haben schien, ihr aufgerissener Mund. Er sah, daß sie auf dem Rasen und auf einer Gummimatratze unter der Zwergin lag. Beide waren nackt und die Zwergin hatte ihren Torso zwischen die gespreizten Schenkel der Kleinköpfigen gedrückt.

Beide mußten ihn gehört haben, denn die Zwergin beendete abrupt ihre stoßenden Bewegungen und fuhr hoch. Ihre Gefährtin richtete sich auf und schrie erschrocken: »Grrr!«

Die Zwergin faßte sich zuerst. Sie löste sich von ihrer Freundin und wandte sich Emiliano zu. »Was willst du?« fragte sie unfreundlich. »Was wollen?!«

Emiliano wollte wegschauen, aber das konnte er nicht. Die Zwergin stand vor ihrer Freundin, sie schien sie vor seinen Blicken verbergen zu wollen, und sie hatte ihm ihre faßförmige Vorderseite wie ein Schutzschild zugewandt. Er sah zwei große gelbliche Brüste, an denen tief unten in Bodennähe zwei ebenfalls große, jedoch leberbraune Nippel hingen.

»Panda«, sagte er. »Panda kaputt«.

Die Zwergin machte einen Schritt auf ihn zu und blieb dann wieder stehen. Er sah, daß zwischen ihren Schenkeln aus einer buschigen, struppigen Erhebung ein weißlicher Gegenstand hervorwuchs und sich in einem schlappen Bogen nach unten krümmte. Es wunderte ihn. Der Gegenstand erinnerte ihn entfernt an das, was er selber in der Hose hatte. Was hatte er bei einer Frau zu suchen? Er spürte, daß sein Weltbild wankte.

»Du reparieren!« befahl die Zwergin und die Kleinköpfige nickte. »Und starr mich nicht so an, du kleines Schwein«, fügte sie unfreundlich hinzu.

Das Wort Schwein löste etwas in Emiliano aus. »Tengo una polla enorme«, sagte er und lächelte tapfer.

»Was sagt er?« fragte die Kleinköpfige, und die Zwergin übersetzte für sie: »Was du sagen?!«

»Tengo una polla enorme!« wiederholte Emiliano und lächelte immer noch. Die Verständigungsschwierigkeiten begannen ihm auf die Nerven zu gehen, und er beschloß, das Problem auf eine Art zu lösen, wie Kolumbus es dereinst mit jenem Ei getan hatte: Seine rechte Hand ritschte den Reißverschluß seiner Jeans herunter, während die linke Hand den Schlitz der Unterhose wegbuddelte. Mit beiden Händen zog er sodann sein Glied hervor: »Tengo una polla enorme!« rief er, und nun klang krähender Triumph in seiner Stimme mit.

Die Zwergin machte mehrere Schritte auf ihn zu. Mit ihren sehr kurzen und sehr emsigen Beinen erinnerte sie Emiliano an einen Tausendfüßler. Er hatte keine Zeit, lange darüber nachzudenken. Die Zwergin griff im Laufen zwischen ihre Beine und begann an dem weißlichen Gegenstand zu ziehen. Sie befreite ihn aus buschigem Dunkel und schwenkte ihn drohend über ihren Kopf. Völlig unerwartet für Emiliano stieß sie einen gellenden, langgezogenen Schrei aus und stürzte auf ihn zu: »Hiihiihiihiihiiiiiiii!«

Emiliano suchte das Weite. Er spürte mehr als er es sah, wie der lange weißliche Gegenstand an seinem Kopf vorbeiflog und dabei ein gefährliches, peitschendes Geräusch machte. Er beglückwünschte sich dazu, daß er die Vespa mit dem Vorderrad zum Ausgang hin geparkt hatte, denn der Weg vom Haus weg ging recht steil bergab, und die Vespa war in letzter Zeit nicht mehr angesprungen. Selbst, daß sie hinterher und außer Sicht des Hauses auch nicht ansprang, beunruhigte ihn nur noch am Rande. Zu diesem Zeitpunkt hat er seine Männlichkeit wieder hinter dem Reißverschluß in Sicherheit gebracht, und es störte ihn auch nicht, daß er bis gegen Mitternacht warten mußte und dann erst einen Lastwagen fand, der ihn und die Vespa zurück auf die andere Seite nahm.

***

»Wo hast du das denn her?!« Emiliano zeigte auf den Verband, den sein Cousin um den Kopf trug. In der Nähe der linken Schläfe war Blut durch den Mull gedrungen und schwarzrot getrocknet. Unter dem linken Auge schimmerte es violett.

»Du bist nicht gekommen«, sagte Segundo düster. »Du hast dein Versprechen nicht gehalten. Zu zweit hätten wir es vielleicht geschafft«.

»Die Blonde?«

»Die Blonde«, nickte sein Cousin.

»Nun erzähl schon«, sagte Emiliano. Sie befanden sich in dem kleinen Häuschen in der stillen Nebenstraße. Lucio saß in seinem Sessel und rieb sich die Unterschenkel. Ein paar der anderen Jungen waren auch noch da. Zwei spielten in einer Ecke Domino. Einer bohrte in der Nase. Der mit der Hasenscharte stand hinter Lucios Sessel und starrte feindselig auf die anderen. Er erinnerte an einen Hund, der seinen Knochen bewachte.

»Erzählen«, wiederholte Segundo lustlos. »Was soll ich erzählen? Wir waren in der Nacht am Strand. Ich habe ein Feuer angemacht. Wir haben am Feuer gesessen«. Er schwieg und starrte dräuend zu Boden.

»Und dann?« Emiliano war neugierig.

»Ich habe ihr Wein gegeben. Ich habe Wörter gesagt. Den Joint wollte sie nicht«.

»Aha!« mischte sich Lucio ein. »Ihr habt geredet, und sie wollte keinen Joint. Hast du dich an die Wörter erinnert, die ich dir beigebracht habe?«

»Schwein«, sagte Segundo. »Ich haben ein enorme Schwein«.

»Idiot«, sagte Lucio, und der Junge mit der Hasenscharte ließ ein zufriedenes Grinsen durch die Scharte blitzen. »Das heißt Schweif. Schwein ist cochino«.

»Sie hat gelacht«, sagte Segundo. Er schien nicht richtig hingehört zu haben. Er tastete nach seinem Kopfverband und sagte dann. »Wir haben Brennholz gesucht für das Feuer. Da, wo es dunkel war...« Er stockte.

»Was war, wo es dunkel war?« fragte Emiliano begierig. »Was?«

»Sie hat sich gebückt, und ich habe ihr zwischen die Beine gegriffen«.

»Ohne Worte?«

Segundo schüttelte den Kopf: »Ich lieben dich! Fickificki, por favor?«

Emiliano atmete scharf ein. Die anderen atmeten scharf ein. Lucio atmete scharf aus. »Und dann?!«

»Sie hat mir ein Stück Treibholz über den Kopf geknallt«, sagte Segundo. »Es war ein Nagel drin. Ich dachte, sie hat mir das Auge ausgeschlagen«.

Im Zimmer herrschte Schweigen. Die beiden Jungen, die Domino spielten, hatten aufgehört, die Dominosteine auf den Marmortisch zu knallen. Der Popler hatte seine Nase vergessen und hielt den leicht gekrümmten rechten Zeigefinger selbstvergessen in halber Höhe zum Gesicht.

Emiliano stülpte nachdenklich die Lippen vor. Er überlegte lange und warf zwischendurch einen hilfesuchenden Blick auf Lucio. Von Lucio kam nichts. »Vielleicht, weil keine Sonne war«, mutmaßte er schließlich.

Das Letzte, was Raimund vom Leben wollte, war eine Frau. Das Letzte. Das Allerletzte. »Lieber soll mein Leben lang keine Tasse Schnaps mehr über meine Lippen kommen, als noch einmal eine Frau«. So sagte er. So schlug er bekräftigend mit der Faust auf den Tisch und lachte grimmig. So hob er die Hand wie ein Indianer, wenn er »hugh!« sagte und fügte hinzu: »So wahr mir Gott helfe!«

Möchtest du mein Müsli teilen?

Er hatte seine Gründe. Als er an einem Augusttag mit seinem Segelboot in den Hafen von Papaya einlief und dort an der Mole festmachte, sprang einer der Gründe zuerst von Bord: Eine schlanke, blonde und ganz offenbar verärgerte Schwedin, die lauthals Gellendes in ihrer Sprache rief und nach Konsul, Polizei und Smœrrebrod verlangte. Es war auch ohne Übersetzung klar, daß die beiden einen schlechten Törn gehabt hatten. Aus der Übersetzung ergaben sich die Einzelheiten. »Erstens war er immer besoffen, und zweitens hat er sich immer aufgeregt, wenn ich nackt war«.

»Wie hat er sich aufgeregt?« fragte der Konsul und beugte sich vor. Die Schwedin schaute in seine blauen Augen, in denen sie ein Glitzern zu entdecken hoffte: »Er hat eine Erektion bekommen!« Ihre Hände modellierten unerhört Großes und Bananenhaftes.

Wenige Wörter klingen in Schwedisch hübscher als Erektion. Der Konsul war geneigt aufzustehen und um Verifizierung zu bitten: »So?« drängte es ihn zu sagen und zu zeigen. »So eine Erektion etwa?« Er unterließ es, denn er war Ehrenkonsul. Außerdem war das Fenster offen, und sein Büro lag im Erdgeschoß an der Hauptstraße. Außerdem hatte er sich erzählen lassen, wie die Schwedin von Bord gesprungen war: Blond, schlank und sehr laut. Er räusperte sich mit einem Ton des Bedauerns und stand auf. »Nun«, sagte er und versuchte, sich unauffällig die Hose zurechtzuschütteln. »Eine Erektion ist an und für sich noch nichts Strafbares. Es ist, wenn ich einmal so sagen darf«, wieder schüttelte er unauffällig, »eine durchaus natürliche Reaktion, ein – sagen wir – konditionierter Reflex. Schon Pavloff hat zum Anfang dieses Jahrhunderts bei seinen aufsehenerregenden Experimenten mit Hunden festgestellt...«

»Wie ein Hund«, unterbrach ihn die Schwedin. »Wie ein Hund ist er hinter mir hergelaufen und hat versucht seinen ... sein Ding bei mir reinzukriegen«.

»Bei den Pavloff'schen Hunden ist etwas anderes geschehen«, unterbrach der Konsul seinerseits und mit der gewissen Herablassung, die sich einstellt, wenn mehr Bildung auf weniger trifft, auch hier sind konditionierte Reflexe am Werk. »Ihnen ist das Wasser im Mund zusammengelaufen, wenn er mit der Glocke bimmelte, sie haben heftig gespeichelt«.

»Auch Raimund hat heftig gespeichelt!« sagte die Schwedin. »Obwohl ich nie mit der Glocke gebimmelt habe!«

Der Konsul bewegte zweifelnd den Kopf. »Glocke ist nicht immer Glocke«, murmelte er und schaute auf ihre Bluse. »Bimmeln ist nicht immer bimmeln. Pavloff hat seine Experimente mit Hunden gemacht. Sie hingegen haben mit Raimund...«

»Einen Dreck habe ich«, sagte die Schwedin und wurde mit jedem Wort lauter. »Wir haben von Anfang an vereinbart, daß mit Liebe nichts ist. No Sex. Nix Schmusimusi. Wenn er keine nackte Frau sehen kann, der Kacker, der geile, dann muß er eben ins Gefängnis!«

»Na, na«, machte der Konsul abwiegelnd. Manches, was er in diesem Augenblick spürte und fühlte, deutete darauf hin, daß nicht nur Raimund ins Gefängnis mußte, wenn es hart auf hart kam. »Wollen wir heute abend essen gehen?« fragte er vorsichtig. »Ich kenne da ein kleines Restaurant am Strand, wo der Mond scheint und Gitarren klingen«.

»Heute ist Neumond«, sagte die Schwedin prosaisch und fügte

genau so prosaisch hinzu: »Ich bin Seglerin. Ich weiß, wann der Mond scheint und wann nicht«. Dann wechselte sie vom Prosaischen ins Pragmatische: »Gibt's da was Gutes zu essen?«

»Smœrrebrod«, log der Konsul. »Und eine exquisite Sangria«. Auf die Sangria bezogen, wußte er, was er sagte. Miguel, in dem kleinen Restaurant, tat ihm auf Augenwink hin so viel Rum in diese Sangria, daß ein Elefant seine Widerstandskraft verloren hätte. Jene junge Schwedin hingegen, war alles andere als ein Elefant. Er schaute auf ihre Bluse und ließ dann sein inneres Auge einen Blick in seine Unterhose tun. Was er sah, erfüllte ihn mit Freude. »Also abgemacht«, sagte er. »Bis heute abend dann«.

»Und kommt der Kerl auch wirklich ins Gefängnis?!« fragte die Schwedin mißtrauisch.

»Wir werden sehen, was sich machen läßt«, murmelte der Konsul diplomatisch. »Vielleicht kriegen wir den Kerl schon heute abend ins Gefängnis. Wo er ja auch hingehört«, fügte er hinzu und ließ sein inneres Auge zwinkern.

***

Raimund entging dem Schlimmsten, denn die Schwedin verließ schon am nächsten Tag Papaya. Sie schimpfte noch, als sie ihre Boarding-Karte vor dem Einsteigen abgab, aber alles, was der Angestellte der Luftlinie verstehen konnte, war Sangria. Erektion klingt auf Schwedisch nicht nur nett und anheimelnd, es klingt auch ganz und gar unverständlich für paperische Ohren.

Anfangs wurde festgestellt, daß es noch mehr Gründe für Raimunds Frauenfeindlichkeit gab. Sie hatten alle Brüste. Daheim in Deutschland bekam ein gewisses Irmchen ständig Geld von ihm, und wenn sie es nicht bekam, pfändete der Gerichtsvollzieher; Raimund war geschieden. Daheim in Deutschland schmolz sein Konto auch unter den Ansprüchen von Lula dahin, die er dereinst unverhofft geschwängert, und die zur Strafe Zwillinge zur Welt gebracht hatte, zwei kleine Mädchen namens Lilo und Lola. Er fand die Namen erträglicher als die Alimente und war seither nie wieder zu zweit und nachts in eine einsame gelegene Telefonzelle gegangen.

Raimund war nicht reich, doch er war wohlhabend. Früh in seinem Leben war sein Vater gestorben und hatte ein gutgehendes Steuerberatungsbüro hinterlassen. Noch früher in Raimunds Leben war es zwischen den Eltern zu einer Gütertrennung gekommen, die gegenseitiges Mißtrauen diktiert, gegenseitige Abscheu leicht gemacht hatten. An jedem Monatsende, wenn der tüchtige Bürovorsteher Gehälter und fixe Kosten, wie es so schön heißt, aus der Portokasse entnommen hatte, ferner den Rücklagen und Steuerpflichten gerecht geworden war, floß eine hübsche Summe auf Raimunds Konto, von dem sich sodann alle berechtigten Parteien bedienten. Selbst nach Lula, Lilo und Lola, nach Ex-Ehefrau, Kranken-, Haftpflicht- und Lebensversicherung, nach der Mietüberweisung, den Mitgliederbeiträgen für Bücherbund, ADC und F.D.P., schließlich der Abbuchung für den Tierschutzverein, dem er beigetreten war, weil er dem jungen Mädchen nicht hatte widerstehen können, das so leidenschaftlich gegen den Mißbrauch unschuldiger Kätzchen eingetreten war, blieb ihm genug zum Leben. Mehr als genug, um an Bord eines Bootes zu leben, mehr als genug auch, um das Boot nach seiner Ankunft auf Papaya zu verkaufen und stattdessen ein Haus auf dem Lande zu erstehen. Das Haus kaufte er von einem bärtigen Mann mit dem Gesicht eines Hofhundes, denn er besaß eine zu kurze Oberlippe und schien daher immer die Zähne zu blecken, außerdem hatte er recht stumpfe Augen. Er kaufte das Haus also von diesem Mann, der zum Überfluß noch Köterheimer hieß, Papaya satt hatte, mit einem Segelboot in die Ferne zu segeln gedachte, vorsorglich jetzt schon mit Ahoi grüßte und beim Gehen schwankte, und gab ihm sein Boot in Zahlung, was ihm wie ein Wink des Schicksals vorkam, er wußte nur nicht, was für einer.

***

»Das Leben mit Frauen ist entsetzlich«, sagte Raimund ein Jahr später. »Es wird an Entsetzlichkeit nur noch übertroffen von einem Leben ohne Frauen«. Er saß vor seinem Haus, das neben der Küchentür eine alte Steinbank hatte. Vor der Steinbank stand ein Tisch. Hinter dem Tisch begann die Landschaft, für die Papaya berühmt geworden ist: Eine liebliche, zum Meer abfallende Ebene, mit Papayabäumen und Palmen bestreut und den roten Ziegeldächern malerischer, gleichwohl bescheidener Katen betupft. Hinter allem lag wie immer das Meer, und fern am Horizont ließ sich die Nachbarinsel ahnen.

Wenn es so etwas wie eine Disharmonie in diesem Bild gab, in diesem Grün und Blau und diesem folkloristisch hingetupften Ziegelrot, dann war es der Mann, der auf der anderen Seite des Tisches auf einem Stuhl saß. Er war fett und hieß Heinrich. Es saß auch nicht auf dem Stuhl, sondern schwappte über Sitz und Lehne. Er hatte ein blasses Gesicht, in dem alles zu klein war, weil das Fett es überwachsen hatte, der Mund, die Nase und die Augen. Den Pickel auf der rechten Wange hätte man unter diesen Umständen fast wohltuend nennen mögen, wenn schon keine Augenweide so doch eine willkommene Auflockerung der teigigen Weiße. Raimund hoffte, daß Heinrich den Pickel noch lange behalten würde, und hielt daher jedesmal den Atem an, wenn jener sich über das Gesicht strich und dabei den Pickel streifte: »Hoffentlich quetscht er ihn nicht aus!« Mehr als hoffen konnte er jedoch nicht. Ihm war klar, daß man keinem Menschen sagen konnte: »Laß den Pickel leben, lieber Freund. Er kleidet dich!«

Heinrich verdarb also das Bild des Friedens und der Schönheit und auch wieder nicht. Ein Jahr Frieden und Schönheit hatten bei Raimund einen Schleier über die Vergangenheit gelegt, und hinter dem Schleier sah manches recht verlockend aus, was er noch vor einem Jahr weit von sich gewiesen hätte: »Noch entsetzlicher als eine Frau, ist keine Frau«, sagte er noch einmal und schaute Heinrich an, der an einem Cognacglas nuckelte und auch schon eine ganze Menge getrunken hatte.

Heinrich seufzte. »Na ja«, sagte er ins Glas hinein. Er bemerkte, wie es unter seinem Atem beschlug und betrachtete die Feuchtigkeit mit Interesse. »Na ja«. Heinrich hatte eine Frau, und mit der Frau hatte er zwei Kinder, was ihm niemand glauben wollte. »Wie kann so ein fetter Mann überhaupt noch Kinder machen?« fragten die Leute mit zweifelnder Häme. Sie stellten sich dabei wohl allerhand vor, Akrobatisches, phantasierten sich auch ins Ziel geschleuderte Ejakulationen zusammen, gespreizte Schenkel, Bilder jedenfalls, die man besser für Toilettenwände reserviert.

Heinrich wußte es besser. »Ich war nicht immer dick«, sagte er. »Noch vor wenigen Jahren war ich schlank wie eine junge Eiche«. Zum Beweis legte er seinen Paß vor, aus dem ein fremdes Foto starrte. »So sah ich vor 8 Jahren aus«. Auf Papaya allerdings hatte man ihn nur fett gekannt.

»Na ja«, seufzte Heinrich ein drittes Mal. Es war eigentlich kein Thema für ihn. Der Haken, an dem er sein Entsetzen aufhängte, hatte nichts mit Frauen zu tun. Seinen Schrecken holte er aus sich selbst heraus, sein Grauen bezog sich auf den Spiegel und auf die Personenwaage, die in seinem Badezimmer stand, und die längst nichts Neues mehr zu ihm sagte: Sie hörte bei hundertzwanzig Kilo auf. Nur an seiner Kleidung merkte er, daß er immer fetter wurde, und er fürchtete, daran zu sterben. »Ich hätte niemals Kalbfleisch essen sollen«, murmelte er düster.

Raimund schaute befremdet zu ihm hinüber. »Was hat Kalbfleisch mit Frauen zu tun?« fragte er. Er sah nicht den Zusammenhang. »Ich brauche eine«, fügte er hinzu. Der Cognac hatte ihm inzwischen die Zunge gelöst, hatte den Schleier so dicht und freundlich gemacht, daß hinter ihm selbst die Erinnerung an die nackte Schwedin ihren zwangserigierenden Horror verloren hatte. »Manchmal habe ich das Gefühl, ich kann überhaupt nicht mehr, aber zur gleichen Zeit summt mir das Blut in den Ohren«.

»Blut in den Ohren«, murmelte Heinrich. Er assoziierte Bluthochdruck und Hirnschlag bei diesen Worten und saugte deprimiert einen Schwall aus seinem Glas heraus.

Raimund schenkte ihm nach. Er schenkte auch sich nach. Er hob sein Glas und forderte Heinrich dadurch auf, mit ihm anzustoßen.

Sie schluckten und machten beide jenes Geräusch zwischen Seufzen und Ekel, das harte Getränke begleitet, so will es die Tradition. »In der »Zeit« sind wieder wahnsinnig viele Heiratsanzeigen«, sagte Raimund dann und wischte sich den Mund ab.

***

»Attraktive Lausbübin, lebensbejahend mit Herz und Hirn, sucht ebensolchen Lausbub. Er soll das Lachen noch nicht verlernt haben«. Raimund blickte von der Zeitung hoch und für einen Augenblick in sich hinein. »Lachen?« fragte er sich. »Habe ich es noch nicht verlernt?« Er versuchte einen Lacher und verzog angewidert das Gesicht. Es hatte bitter geklungen.

An und für sich gefiel ihm die Idee. Lausbübin, das versprach Frohsinn und Unbeschwertheit und freche Streiche wie ... wie? Wie was? – Er dachte nach. War er selbst denn überhaupt kein Lausbub? Der Falsche also für diese frivole Offerte? »Auch in dir steckt ein Lausbub, Raimund!« hörte er eine Stimme in sich sagen. »Hast du früher denn niemals Stinkbomben ins Kino geworfen?! Dem Lehrer einen nassen Schwamm unter den...« »Nein«, unterbrach er die Stimme selbstgerecht. »Das habe ich nicht. Das habe ich nie getan«. Er tastete nach einem Rotstift, der neben der Zeitung auf dem Schreibtisch lag und strich die Anzeige durch. »Nichts für mich«, murmelte er. Aus den Augenwinkeln sah er die »St. Pauli Nachrichten«, die er sich ebenfalls hatte kommen lassen. »Ein Bock wie du findet in der »Zeit« nicht das Richtige«, hatte Heinrich noch gesagt, da war er schon sehr betrunken gewesen.

Bei nüchterner Betrachtung bezweifelte Raimund jenen Anwurf. Weder legte er Wert auf die in Leder gekleidete Domina, die versprach, ihren Zukünftigen mit Zuckerbrot und Peitsche zu verwöhnen, noch vermochte die üppige Brünette mit den Mansfield-Brüsten und dem Rubens-Hintern bei ihm mehr als ein Zucken hervorzurufen, selbst das nur in den Schultern. Was sollte er mit der tizianroten Stute anfangen, die sehnsüchtig ihres feurigen Hengstes harrte, und bereits über einen komfortabel eingerichteten Heuhaufen im Bayerischen Wald verfügte? Er wohnte auf Papaya. Hier war für ihn Rhodos. Hier wollte er springen.

Er ließ seine Augen mit einem Seufzer in die ordentliche Welt der »Zeit« zurückkehren: »Julia sucht ihren Romeo. Mit Dir will ich auf den Wogen der Liebe eine geistige Brandung entfachen, die uns hoch trägt, immer höher«. Raimund stülpte die Lippen vor und nickte. War er nicht Segler, wenigstens gewesen? Wußte er nicht mehr von Wogen als ein gewöhnlicher Sterblicher, als eine Landratte? – Die Formulierung mit der geistigen Brandung mundete ihm ebenfalls. Hinter ihm standen in einem Regal mehr als zweiundneunzig Bücher, gerade hatte er sie wieder gezählt. Selbst ein schmales Bändchen Lyrik war dabei, und Sachbezogenes erdrückte durchaus nicht die Literatur. Gewiß verhalf der eine oder andere Titel zu perfekten Kenntnissen im Schreinern und Brutkastenbauen, unterwies im Herstellen von Fliegenleim und Tauchsiedern, verriet die Geheimnisse der Herstellung von Fruchtweinen und Bier und Hornhautpflastern. Aber da waren auch Konsalik und Simmel vertreten, und sogar Morgenstern, den er jedoch mehr unverhofft erstanden hatte, als er sich seines Bootes halber für Astronomie interessiert hatte. »Geistige Brandung«, murmelte er. Er lehnte sich zurück, hörte sie rauschen und verharrte in lauschender Haltung: Geistige Brandung! Julia!

Nach einiger Zeit beugte er sich wieder vor und suchte noch einmal mit dem Finger die Spalte hinunter: Was wird denn da noch so entfacht? – »Im Anschluß daran werden wir bald Windeln waschen, das Auto, vielleicht die Hundepfoten unseres süßen Maltesers«.

Raimund kniff verwirrt die Augen zusammen. War das noch die Frau, die er in den ersten Zeilen kennen und lieben gelernt hatte? – Hundepfoten, Autowäsche? – Mit hastiger Hand ging er noch einmal die Spalte durch, auf einen Irrtum seines Zeigefingers hoffend. Der Finger hatte sich nicht geirrt. Julia war januskopfig: Poetisch und biologisch. Himmelhoch jauchzend und mit beiden Füßen auf dem Bürgersteig. Wie unter einem Zwang rutschte Raimunds Finger in die Männerabteilung: »Netter Rüde sucht liebes Frauchen! Im Raum Ingolstadt wartet auf dich ein schlanker, handzahmer Bursche, aufgeweckt, verspielt und treu. Gemütliche eigene Hütte vorhanden. Er würde sich gern von einem hübschen natürlichen Frauchen an die Leine legen lassen. Schreibst du mir, damit ich dir bald Pfötchen geben und dich ausgiebig beschnuppern kann?«

Raimund widerstand der Versuchung, die Pfötchen und die Pfotenwaschanlage zusammenzubringen, Schicksal zu spielen, Fäden zu knüpfen »Jeder ist sich selbst der Nächste«, murmelte er und legte die Schere, die ihm, er wußte nicht wie, in die Hand geraten war, wieder auf den Tisch zurück. »Ich werde meine eigene Anzeige aufgeben«, sagte er laut und entschlossen zu sich selbst.

***

»Es bringt überhaupt nichts! Nichts! Rein gar nichts!« Raimund und Heinrich saßen wieder vor dem Haus. Wenig hatte sich geändert. Der Sommer war geblieben und langweilte sie inzwischen mit ewigem Blau und sonnenüberflutetem Grün. Nur die Cognac-Marke hieß anders, und die Gläser waren neu, weil Raimund begonnen hatte, sich aus Mostrich-Behältern ein 12-teiliges Service zusammenzustellen. »Es ist selbst dann noch billiger, wenn man den Mostrich wegwirft«, hatte er missionierend in der Stadt unter den Ausländern verbreitet. Später hatte er den Wirtschaftlichkeitsbeweis auf die Spitze getrieben und die Senfsoße neu entdeckt: »Du mußt mal Kaninchen in Mostrich probieren, kann ich dir nur raten«.

Heinrich hatte einen neuen Pickel, der alte auf der linken Wange hatte sein Leben ausgehaucht, der neue auf der rechten befand sich noch in der Wachstumsphase und ließ das Gesicht in einer eigenartigen, immerhin spannungsgeladenen Kontrastlosigkeit: Man ahnte, daß bald etwas geschehen würde, aber es war noch nicht so weit. Raimund mußte an die letzten Minuten vor einem Sonnenaufgang denken. »Es bringt überhaupt nichts«, wiederholte er, nachdem er des Gleichnisses müde geworden war.

»Was hast du denn geschrieben?« fragte Heinrich. Dicker schien er in diesen Monaten nicht geworden zu sein, aber seine Stimme mutete Raimund gequetschter an, so als ob das Fett auf Lungen, Bronchien und Stimmband drückte.

Raimund stand auf und ging ins Wohnzimmer. Er suchte auf dem Schreibtisch herum und fand dort bei den Briefmarken und den Bleistiften, die er noch vom Boot her hatte, die ausgeschnittene Anzeige. »Allwettermann«, begann er noch im Zurückgehen, »sucht Allwetterfrau. Nicht nur die Sonne scheint im Leben. Auch stürmische und regnerische Zeiten gilt es zu durchschreiten, Hagelschlag und Graupelschnee. Mann, 38, von nachdenklicher Wesensart, sinnlich und 192 cm, sucht ebensolche Frau, jedoch schön, jünger und aus Paritätsgründen nicht unbemittelt. Laß uns gemeinsam den Schirm der Zweisamkeit aufspannen und unter seinem Schutz das Leben und die Liebe genießen! Hier, auf einer paradiesischen Insel, erwartet dich der ewige Lenz und ein Mann aus echtem Schrot und Korn!«

»Edelkorn«, kommentierte Heinrich schwerfällig. »Du hättest sagen sollen, daß du gerne Cognac trinkst. Die meisten Beziehungen gehen an solchen Kleinigkeiten kaputt«.

Raimund schien nicht hinzuhören. »Es hat nichts genützt«, sagte er und legte die Anzeige auf den Tisch neben die Cognac-Flasche. »Die Briefe, die ich bekommen habe, waren verheerend. Die meisten haben das Thema von der Allwetterfrau aufgenommen und von Thermo-Hosen und wattierten Jacken gesprochen. Eine Psychologin hat mir einen Brief geschrieben, der wie eine Analyse klang. Von Urängsten und von der Furcht vor der Nacktheit und Verletzlichsein war die Rede«. Raimund überlegte. »Eine ganze Reihe sinnlicher Riesinnen hat sich gemeldet, das muß die entsprechende Passage in meiner Anzeige ausgelöst haben«. Er machte eine Pause. »Keine war übrigens betucht«, sagte er dann.

»Geld macht nicht glücklich«, quetschte es aus Heinrich heraus. »Wenn ich die Wahl hätte zwischen Geld oder Cognac...«

»Darum ging es aber nicht«, unterbrach ihn Raimund. »Es ging um Geld oder kein Geld. Es ging um einen richtigen, bildschönen, wohlhabenden Kumpel, voller Sinnlichkeit und Lust, jedoch deutlich unter zwei Meter. Ohne Macken und Launen. Kurz eine Frau wie ein Mann. Eine Frau, wie du und ich«, fügte er hinzu, denn auf Papaya tut selbst der Cognac, der im Angebot ist, seine Wirkung wie es sich gehört, nur schneller.

»Eine Frau wie du und ich«, murmelte Heinrich nachdenklich. Er nuckelte an seinem Cognac-Glas als ob er alle seine Gedanken und Ideen daher bezog. »Dann mußt du eben weitersuchen«, sagte er nach einer Weile und trank das Glas mit einem Zug aus. Aus der Art, wie er es auf den Tisch zurückstellte, ließ sich eine stumme Bitte lesen: Mehr!

***

Gegen elf, darauf konnte Raimund bauen, waren in Pedros kleinem Café die deutschen Tische besetzt, und um halb zwölf würden auch die Engländer und die Holländer kommen und an den Tischen der anderen Reihe hinter dem Gully, der eine Markierungslinie bildete, Platz nehmen. Man grüßte sich, bewahrte jedoch nationale Distanz und Eigenart.

Raimund war in die Stadt gefahren, um unter Menschen zu kommen. »Ich halte es einfach nicht mehr aus«, hatte er am Morgen zu seinem Spiegelbild gesagt. Sein Spiegelbild gefiel ihm nicht, denn einige Tage zuvor hatte er zu später Nacht eines von jenen praktischen Mostrichgläsern in den Spiegel geworfen; nur noch ein geringer Teil des Spiegelglases war im Rahmen hängengeblieben, selbst dieses war von Rissen durchsetzt.

Schon von weitem sah Raimund, daß einer der deutschen Tische ziemlich voll war. Es freute ihn. »Heinrich«, murmelte er dankbar.

Auch Heinrich hatte ihn gesehen, und er winkte mit einem mächtigen Oberarm, der zum Überfluß in einem weiten grauen Blusenärmel steckte. Raimund mußte an einen Elefantenrüssel denken, der unter Wasser in einer unsichtbaren Strömung wabert.

»Komm her!« rief Heinrich schon aus einiger Entfernung. »Ich habe was für dich«. Noch bevor Raimund am Tisch den verbleibenden Platz eingenommen hatte, war es Heinrich gelungen, seine Hand unter sein Gesäß zu zwängen. Die Hand brachte ein zerknülltes Stück Papier zurück ans Tageslicht.

»Ich habe sie für dich aufgehoben«, japste Heinrich angestrengt und atemlos. »Ich habe genau das gefunden, was du suchst«. Er sah, daß Raimund die Hand ausstreckte und schüttelte den Kopf. »Warte«, quetschte er aus sich heraus. »Ich lese dir vor«.

Raimund wartete. Er wartete, bis Heinrich die Falten und Knitter der Gesäßtasche aus dem Stück Papier herausgeglättet und dann, bis er aus der linken Blusentasche eine Lesebrille gezerrt hatte. Er wartete sodann, bis sich Heinrich einen großen Schluck von seinem Cognac in den Mund geschwappt und bis der Kellner ihnen beiden neue gebracht hatte. »Nun mach doch endlich!« forderte er schließlich mit einer Spur von Ungeduld.

Heinrich setzte sich so gut wie möglich gerade hin. Er winkelte die Unterarme über seinem Bauch und hielt das Stück Papier zwischen den Daumen und Zeigefinger beider Hände auf Leseabstand: »Möchtest du mein Müsli teilen?« fragte er dann.

»Ich möchte, daß du endlich anfängst«, sagte Raimund, und die Ungeduld hinterließ nun doch schon eine sehr deutliche Spur in seiner Stimme. »Was interessiert mich deine Diät? – Ich will kein Müsli! Ich will nicht mehr allein sein!« Heinrich, das wußte er, hatte letzthin zu fasten begonnen. Er fütterte sich morgens mit gequetschtem Korn und Magermilch, aß mittags Gurkensalat und abends Tatar auf Ballast-Knäckebrot. Nur der Cognac hielt weiterhin Leib und Seele zusammen und sorgte dafür, daß er nicht abnahm. »Mach schon«, forderte Raimund noch einmal.

»Aber das ist es doch!« protestierte Heinrich. »Vielleicht habe ich sie gefunden, weil ich Diät mache, kann ja sein. Da steht der Mensch unter Suchspannung und entdeckt alles, was sich auf sein Problem bezieht. Aber das ist die Überschrift: Möchtest du mein Müsli teilen«. Er hob eine Hand, um Raimund Schweigen zu gebieten. »Ich bin zu haben für eine gleichwertige Partnerschaft mit geteilten Verantwortungen und viel Gefühl«, las er dann weiter. »Wenn Friedensliebe und Naturkost dir kein Fremdwort sind, wenn du der Einsamkeit müde bist und dich voll in eine Zweierbeziehung einbringen kannst, wenn du ferner aus Paritätsgründen nicht unvermögend bist, ortsungebunden, trauererfahren und wachsend, dann melde dich unter Chiffre 69 007«. Heinrich blickte hoch. »Na?!« sagte er triumphierend. »Ist das nun nicht genau das, was du gesucht hast?«

»Naturkost«, sagte Raimund mäkelig. »Das ist wahrscheinlich so eine makrobiotische Ziege, die den Samen besingt.«

»Na wenn schon«, machte Heinrich achselzuckend und versuchte etwas, das wie Lachen klingen sollte. »Deinem Samen passiert nichts, wenn sie ihn besingt. Du bist doch nicht abergläubisch. Außerdem«, er hob sein Cognacglas zum Mund hin und flippte den Inhalt mit einer sparsamen Bewegung hinein, »außerdem kannst du die Naturkost ja mit Cognac herunterspülen. Ich muß dir allerdings sagen, daß Müsli gar nicht so schlecht...«

»Friedensliebe«, murmelte Raimund nachdenklich. Das Wort gefiel ihm. Er dachte an die Schwedin und an Irma. Er dachte an Lula und an die Zwillinge Lilo und Lola. Viel Friedensliebe war ihm aus dieser Richtung nicht zuteil geworden. Wenn er es sich recht überlegte, waren alle seine Frauen kriegerisch gewesen. »Friedensliebe«.

»Trauererfahren und wachsend«, zitierte Heinrich, der noch einmal die Anzeige nach ihren Schlüsselworten absuchte. Er schaute zu Raimund hinüber und betrachtete ihn aufmerksam. »Hat es dir nicht wahnsinnig leid getan, als der Nachbar das kleine Böckchen geschlachtet hat? – Hast du mir nicht eine ganze Woche lang damit in den Ohren gelegen?«

»Ja«, sagte Raimund vage. »Falls das damit gemeint sein sollte...?« Er überlegte. »Wahrscheinlich ist das wieder so ein Riesenweib«, nörgelte er dann quenglerisch. »Warum sollte ich sonst wachsen?«

Ein Engländer kam an ihrem Tisch vorbei und sagte: »Hello Raymond, hello Henry!«

Sie hoben jeder einen Arm hoch: »Hello!«

»Nice weather, isn't it?«

»Very nice«, sagten beide. Die Gespräche mit den Engländern fingen alle so an und hörten dann auf. Die Holländer sagten schon mal: »Hoe is et met je?« Sie waren deutlich die inspirierteren Gesprächspartner.

Heinrich reichte Raimund nun endlich das Stück Papier. »Antworte drauf!« sagte er aufmunternd. »Wer weiß, vielleicht hast du dein Glück schon gefunden, und du weißt es nur noch nicht. Friedensliebe. Stell dir vor!«

»Müsli teilen«, hielt Raimund pessimistisch dagegen.

»Du kannst es ja ins Klo schütten«, tröstete Heinrich. »Sie wird es verstehen. Friedensliebe!«

***

»Liebe Friedensfreundin,
Ich schreibe auf Deine Anzeige, weil sie mich angerührt hat. Erlaube mir, daß ich mich vor Dir öffne. Ich heiße Raimund, bin 43 Jahre alt und 192 cm groß. Ich bin alles in allem ein sportlicher Mann, habe gesegelt und spiele gern Doppelkopf. Seit einiger Zeit lebe ich hier auf dieser Insel Papaya, die, wie man sagt, ein Paradies ist, jedoch habe ich das verdammte Alleinsein satt«.

Raimund hörte auf zu schreiben und betrachtete die letzte Zeile. »So sagt man das nicht«, murmelte er unzufrieden. Er strich die Zeile durch und schrieb stattdessen: »Doch bin ich des Alleinseins müde«.

Er warf einen Blick auf die Anzeige, die neben dem kleinen Kästchen mit den Briefmarken lag und durchforschte sie nach

Inspiration. »Lange schon«, schrieb er dann, zunächst zögernd, weiter, »suche ich nach einer Zweierbeziehung, in die ich mich voll einbringen kann. Bisher ist es mir jedoch nicht gelungen. Ortsungebunden bin ich, nicht unvermögend desgleichen, und wenn es – verzeih meine Ehrlichkeit, liebe Friedensfreundin – gewisse Unterschiede zwischen uns gibt, dann liegen sie in der Naturkost. Müsli, ehrlich gestanden, kotzt mich an«.

Wieder unterbrach sich Raimund. Er stützte das Kinn in die Hand und dachte nach. »So geht es nicht«, murmelte er dann. Er strich den Satz durch und begann von Neuem: »Müsli ist mir, obwohl ich es gern esse und oft Sehnsucht nach einer tüchtigen Portion verspüre, insbesondere jenes, aus handmühlengequetschten, ungespritzten Haferkörnern, vom Arzt zur Zeit untersagt. Noch jedoch ist ja nicht aller Tage Abend, und bald werde ich vielleicht auch das aus vollem Herzen tun können, was Deine Anzeige zu Recht an die erste Stelle setzt: Dein Müsli teilen!«

Er hielt an und stellte fest, daß fast eine Art von Enthusiasmus in ihm hochgequollen war. »Müsli«, murmelte er. »Müsli«. Vielleicht war es nur ein kleines Opfer, angesichts der großen, wirklich wichtigen Dinge. »Ich werde mich voll in diese Zweierbeziehung einbringen«, sagte er entschlossen, und vor seinem geistigen Auge entstand ein Müslitopf, der von zwei warmen, weichen Oberschenkeln gehalten wurde. Feucht und geheimnisvoll glitzerte eine kleine Kirsche obendrauf. Raimund lächelte.

***

Auf dem Tisch im Café Einstein lag unter einer roten langstieligen Rose die neueste Ausgabe der »Zeit«. Raimund konnte schon aus einiger Entfernung sehen, daß die Seite mit den Heiratsanzeigen aufgeschlagen worden war. Auf dem Tisch stand außerdem ein Cognacglas, dessen Anblick warme Freude durch Raimund fluten ließ, es hätte ja auch Fencheltee sein können. Es saß jedoch niemand am Tisch.

Raimund trat näher. Auch er trug die neueste Ausgabe der

»Zeit« bei sich, er hatte sie unter den Arm geschoben, auch er führte eine rote Rose mit sich, er hielt sie in der Hand. In dem Telegramm hatte er beides als Erkennungszeichen vorgeschlagen. In dem Telegramm, als alles sich so unvermutet überstürzte, hatte er auch gesagt: »Plötzliche Reise nach Deutschland vonnöten. Wink des Schicksals vermutet. Sei am 7. um 10 im Einstein. In friedlicher Liebe Dein R.« Raimund hatte er nicht drahten wollen. Der Name war schon oft belächelt worden. »Später«, hatte er gedacht. »Später, wenn sich die Liebe eingestellt hat, die bekanntlich alles verzeiht«.

Er zögerte einen Augenblick, bevor er den letzten Schritt auf den Tisch zu machte und sich setzte. Er legte sorgfältig die Zeitung auf den Tisch und dekorierte darauf die rote Rose derart, daß ein Double zu dem anderen Arrangement entstand. »Harmonie!« dachte Raimund.

Ein Kellner lief mit einem vollen Tablett vorbei und sagte im Vorüberhasten: »Der Tisch ist aber besetzt!«

»Ich weiß«, murmelte Raimund sanft. »Besetzt von mir und ihr«. Er hob die Rose noch einmal hoch, er schnupperte an ihr, schloß die Augen und lächelte. »Müsli«, murmelte er. Er hatte das Wort umfunktioniert.

Hinter ihm räusperte sich jemand. Er sah sich um blickte zu einem Mann hoch. »Der Tisch ist leider besetzt«, sagte Raimund und drehte sich wieder zurück.

»Von mir«, sagte der Mann.

***

Es war noch früh am Morgen. Sie saßen auf der Bank vor dem Haus und frühstückten in der Sonne. »Vielleicht solltest du dir den Bart abrasieren«, sagte Raimund liebevoll.

Maria hatte schon von klein an das gewisse Etwas, aus dem sich späterhin das Einmalige und Unerwartete entwickelt. Die guten Feen hatten ihr silberne Löffel, wenn schon nicht in den Mund, so doch zwischen die Beine gelegt. Kaum, daß Maria laufen konnte, wurde es offenkundig, und die anderen Kinder des Dorfes nutzten es zuerst. Heute noch, so viele Jahre danach, erin-

Marias Empfängnis

nern sie sich gern daran, daß die dreijährige Maria, die Füße eng aneinandergestellt, das Röckchen bis zum Nabel hoch, auf dem Platz vor der Kirche stand, und die Hunde sprangen durch sie hindurch.

»Selbst meiner«, erzählt Juan, der Trockenfischverkäufer, und reißt dabei, in der Erinnerung staunend, die Augen auf, »selbst dieser große Köter konnte, ohne sie zu berühren, durch Marias Beine springen«. O-Beine hatten die guten Feen der kleinen Maria in die Wiege gelegt.

Marias frühe Jugend war gefährdet, Kinder sind Kinder, insbesondere die kleinen Jungen kommen da auf allerhand Ideen. Albuan, der später ein weit über die Grenzen des Dorfes hinaus bekannter Versicherungsbetrüger werden sollte, Spezialität Schweinepest, Albuan also gebar die Idee, Marias Beine mit Teer zu bestreichen und die Hunde, Löwen gleich, durch den brennenden Ring springen zu lassen. Mehr als alles andere rettete Maria die Tatsache, daß die Mutter ihr gerade zu diesem Zeitpunkt verbot – und sie bei der Gelegenheit gehörig verdrosch, denn die Beschwerde kam vom Pfarrer – das Röckchen bis zum Nabel hochzuheben. Ein Höschen für Maria war erst zum Christfest vorgesehen, und der Pfarrer glaubte bei den kleinen Jungen geflüsterte Spekulationen vernommen zu haben, immerhin saß er auf der anderen Seite des Beichtstuhles und mußte es wissen.

Auch ohne gehobenen Rock blieben Marias Besonderheiten sichtbar, von den Knien zu den Füßen immerhin ein Halbkreis, besser als nichts ist man geneigt zu sagen, und so sahen es auch die kleinen Jungen, die weiterhin gern mit Maria spielten, und später, als sie größer wurden, selber an ihrer Hunde Stelle durch die Öffnung krochen, nicht nur Not macht erfinderisch, auch die Pubertät kann sich da durchaus sehen lassen.

Damals wußte es noch keiner von ihnen, und die Erwachsenen schon gar nicht, die ganz anderes im Kopf hatten, daß bereits zu diesem Zeitpunkt das Schicksal gesprochen hatte, denn unter den kleinen Kriechern befand sich ein Junge namens Jose-Otilio. der im Lauf der Zeit zwischen Marias Beinen eine Sonderstellung einzunehmen begann. Jose-Otilio war ein stämmiger kleiner Junge, ein Raufbold zudem und nicht zuletzt der Sohn des Dorfpolizisten Ugo, in dessen Angstschatten er prächtig gediehen war, wer prügelt sich schon mit dem Sohn des Dorfpolizisten und gewinnt dabei? Auch die Kinder auf Papaya sind Pragmatiker, sie fallen, Äpfel gleich, nicht weit vom Adam, denn der Mensch ist das Produkt seiner Umgebung. Die Umgebung aber war nicht nur Papaya, eigentlich schon beunruhigend genug, sondern enger gegriffen, das Dörfchen Fornica, im abgelegenen Nordosten, nicht weit vom Leuchtturm aber doch sehr weit von jeglicher Zivilisation entfernt. Von dem, was draußen geschah, in der weiten Welt also, berichtete zu jener Zeit noch nicht das Fernsehen, denn das gab es nicht, noch das Radio, denn das einzige was jemals bis Fornica gekommen war, auf Eselsrücken, war von eben diesem Rücken heruntergefallen, und konnte daher nur noch ornamental in der Kneipe eingesetzt werden. Es war dem Hufschmied nicht gelungen, den reparierenden Hammer an der richtigen Stelle niedergehen zu lassen.

Jose-Otilio also, um zum zentralen Thema zurück zu kommen, bemächtigte sich im Lauf der Zeit des Spielplatzes, den Maria darstellte, er baute gewissermaßen ein Unterhaltungsmonopol auf. Schwer, wie schon gesagt, fiel es ihm nicht, auch verbot er zunächst nicht die kindlichen Kriechereien durch Marias O hindurch, sondern rationierte und regulierte sie nur. Schnell gelangte er dadurch zu Reichtum und Macht, denn die Jungen boten, je älter sie wurden um so lieber, ihre Habseligkeiten an, warben um Jose-Otilios Gunst mit allerhand Angeboten, die von toten jungen Katzen bis zum Heiligenbildchen und zur gestohlenen Pesuche reichten. Jose-Otilio genoß zunächst die Gunst der Stunde und dankte einem Schicksal, das ausgerechnet ihn auserwählt hatte, Sohn des Dorfpolizisten zu werden. Erst später, als er merkte, daß manche der Jungens, und meist waren es die größeren unter ihnen, Jungen seines Alters also, vorzugsweise auf dem Rücken liegend durch Marias Beine krochen, auch ungebührlich lange gerade dann verharrten, wenn ihr Kopf unter dem Rock verschwunden war, anschließend geradewegs im nächsten Schober verschwanden, erst zu diesem Zeitpunkt also, stellte er den Betrieb ganz und gar ein, nur er noch wollte künftig der O-Beine Marias teilhaftig werden, der O-Beine mit allem, was dazu gehörte. So begab es sich, daß Jose-Otilio und Maria einander versprachen.

***

Die Geschichte wiederholt sich nicht, was immer man auch glauben mag. Als die Volkszählung stattfand, war jedenfalls Jose-Otilio nicht unter jenen, die am Bleistiftstummel kauten und sich fragten, wohin sie ihre Kreuze machen sollten. Ein knappes Jahr davor waren er und Maria in den Bund der Ehe eingetreten. Es war eine Hochzeit gewesen, über die es zunächst nichts besonderes zu berichten gab, außer, daß der Vater des Bräutigams, Ugo also, der Dorfpolizist, seine Uniform hatte waschen lassen, leider in kochendem Wasser, welches nicht so sehr des Dreckes halber geschah als einer jener modernen Ideen wegen, die das Waschen vom Waschhaus in die Küche und dort in den Kessel verlagert hatten. Ugo war auf der Hochzeit der erste Polizist, den das Dorf Fornica je in halblangen Hosen gesehen hatte, und nur die Autorität, die seine Position ausstrahlte, sowie die Blicke, die er hart und warnend umherstreifen ließ, verhinderten Heiterkeit.

Am Morgen nach der Hochzeit war Jose-Otilio verschwunden. Aus Maria war nichts herauszubekommen, sie zuckte mit den Achseln und machte ein verschlossenes Gesicht. Über ein eventuelles Verbrechen, eines aus Leidenschaft gar, dachte man nur kurz nach, verwarf dann den Gedanken, in Fornica war noch nie ein Mord geschehen, wenn man von den Messerstechereien absieht, die sich gern am Ende von religiösen Festtagen einstellten, die man jedoch nicht Mord nennen konnte, eher Wallungen heißen Blutes, das dann eben nicht nur in den Adern floß. Maria traute niemand so etwas zu. »Sie hat O-Beine«, sagte der Krämer und sprach damit aus, was eigentlich alle dachten: Ein Mensch mit O-Beinen mordet nicht, schon gar nicht eine Frau.

Auch schien es, als ob wenigstens einer mehr wußte: Ugo, der Dorfpolizist und Schwiegervater, stellte nur flüchtige Fragen, war mehr daran interessiert, baldmöglichst wieder in den Besitz einer langen Hose zu gelangen als an gründlicher Klärung der Angelegenheit. Die langen Hosen bekam er alsbald von Maria überreicht, die sie in nur einem Tag und einer Nacht vom Verschwinden ihres Gatten an gerechnet mit der Nadel handgefertigt hatte. Die zu kleine Hose behielt sie zurück, aus guten Gründen, wie man bald erfahren wird.

Zunächst einmal nahm, nachdem sich die Aufregung gelegt hatte, alles seinen gewohnten Verlauf. Der Schmied kastrierte nebenberuflich die kleinen Schweine, sofern sie männlichen Geschlechtes waren, und hatte dabei eine glücklichere Hand als bei der Reparatur des Radioapparates, man versteht das, sobald man sich den Vorgang vor Augen führt. Die alte Irenita, die in einer kleinen Hütte ganz am Ende des Dorfes lebte, wofür jeder Gott auf Knien dankte, denn sie hatte Blähungen, die an Vulkanausbrüche erinnerten, aber durchaus nicht so angenehm rochen, die alte Irenita ging ihrem Tagewerk nach, das darin bestand, in den Wäldern um das Dorf herum Holz zu sammeln und die Ladungen vor den Häusern abzulegen. Die Häuser waren, hart aber begreiflich will es uns erscheinen, bei ihrer Ankunft stets fest verschlossen, und der Entgelt lag auf der

Bank neben der Tür. Die alte Irenita legte, von Eruptionen begleitet, ihre Reisigladung auf der Bank nieder, bemächtigte sich, ebenfalls explosiv, des Lohnes und begab sich zurück zu ihrer Hütte am Dorfende, wobei sie, wie es den Kindern, die trotz allem auf dem Dorfplatz spielten, vorkam, bisweilen regelrecht zu schweben schien. Zu jenen Zeiten, lange, bevor sich die Nachricht von der bemannten Raumfahrt, ja von Raketenantrieb überhaupt, in Fornica verbreitet hatte, war man noch geneigt, darin Übernatürliches zu sehen. Ein Schäfer hatte Irenita sogar mit den Beinamen Stinkender Engel versehen, aber das war lange her, Jahrzehnte, als Irenita noch jung war und dadurch so manches ausglich.

Tutu, das Mäuschen, merkte es als erste. Tutu, das Mäuschen, merkte immer alles, was in Fornica geschah, als erste. Sie war, ihr Name sagte es, ein kleines, huschendes Sammelbecken für Nachrichten aller Art, optischen wie verbalen. »Sie bekommt ein Kind«, sagte Tutu, das Mäuschen, knapp vier Monate, nachdem Jose-Otilio verschwunden war. Sie hatte dafür eine ganze Reihe von Indizien gesammelt, denn wenn man Tutu, dem Mäuschen, etwas zugute halten mußte, dann, daß sie nie leichtfertig mit den Nachrichten umging. Ein bloßes Gerücht reichte ihr nie, daraus eine Meldung herzustellen. Deshalb hatte sie Maria unauffällig, fast unsichtbar um sie herumhuschend, beobachtet und hatte, an der Haustür lauschend, zunächst merkwürdige Geräusche vernommen und sie als Übelkeit ausgedeutet. Beim Kaufmann wurde sie Zeugin, wie Maria ein flüchtiges Interesse für rosa und blaue Wolle zeigte, sich dann jedoch sofort wieder tarnend dem Kauf eines halben Pfundes Schmierseife zugewandt hatte. Beim Kirchgang hatte sie schließlich gesehen, daß Maria die Beine übereinanderzukreuzen versuchte, wie in einem rührenden Versuch, sich ein schützendes X für ein O vorzumachen. Aber erst als Tutu, das Mäuschen, feststellte, daß Maria einen Bauch bekam, gab sie die Nachricht zur Verbreitung frei: »Sie bekommt ein Kind«.

Das wäre an und für sich keine besondere Nachricht gewesen. Frauen hatten in Fornica seit eh und je Kinder bekommen, dafür gab es sie. Auch daran, daß der Ehemann verschwunden war, ohne andere Spuren zu hinterlassen, war man in Fornica gewöhnt: Seit undenklichen Zeiten verschwanden dort und überall auf Papaya Männer und tauchten erst am anderen Ende des Ozeans wieder auf. Dort suchten sie das Glück oder doch wenigstens eine neue Frau, und nicht zuletzt deshalb hatte man dem Verschwinden Jose-Otilios keine überragende Bedeutung beigemessen. Nur, daß Jose-Otilio nach so wenigen Stunden Ehe das Weite gesucht, dessenungeachtet jedoch das Seine in fruchtbaren Boden hatte fallen lassen, erstaunte. »Es ist mein Sohn«, erklärte es am Ende Ugo, der Dorfpolizist. »Es ist mein Sohn. Und wo der einmal hinhaut, da wächst kein Gras mehr«. Es war vielleicht ein etwas ungelenkes Bild, das er da entworfen hatte, aber er faßte sich trotzdem mit den Fingern beider Hände an seinen ausladenden, lackschwarzen Schnurrbart und zwirbelte ihn. Eines Tages wird man darüber nachdenken müssen, warum gerade diese Geste besser als jede andere Stolz und Hochgefühl ausdrückt, und warum diese Tatsache nicht mehr Menschen, Männer insbesondere, anregt, einen Oberlippenbart zu tragen.

***

Der Name Jesus ist auf Papaya kein ungewöhnlicher Name. Nicht einmal in Verbindung mit Nazareno ruft er Verwunderung hervor, und so kam es, daß Maria keine Schwierigkeiten hatte, ihren kleinen Jungen auf diesen Namen taufen zu lassen: Jesus Nazareno Rodriguez Rodriguez. Zwar hatte der Pfarrer den einen oder anderen Namen vorzuschlagen versucht, Carlos zum Beispiel und Pedro, aber Maria hatte all diese Versuche im Keim erstickt: »Diesen Namen hat mein Gemahl mir aufgegeben, als er über mich kam und mich erkannte«, sagte sie, und ihr Gesicht hatte jenen verschlossenen Ausdruck, den er bereits nach der Hochzeitsnacht getragen hatte.

Dem Pfarrer war es letzten Endes gleich. Er hatte andere Sorgen, als sich mit seiner Gemeinde über Vornamen herumzustreiten: Seine Hühner legten schlecht, und die Sau hatte versucht, ihre Jungen zu fressen, er war gerade noch zur rechten Zeit dazu gekommen, und dankte Gott, daß sie erst zum Ende der Messe hin geferkelt hatte. Es lag ihm auch nichts daran, sich mit Ugo, dem Dorfpolizisten zu überwerfen, der zwar kein besonderes Interesse mehr an Maria zeigte, nachdem er erst einmal die Hose von ihr bekommen hatte, der aber immerhin ihr Schwiegervater war, und auch Halbblut ist noch dicker als Wasser. Marias merkwürdige Formulierungen schließlich bereiteten ihm auch kein Kopfzerbrechen, fast alle Frauen von Fornica erhielten zu jener Zeit ihre Sexual-Aufklärung aus der Bibel.

»Nun«, hatte er nachgegeben. »Der HERR wird keine Einwände haben, wobei wir jedoch davon ausgehen, daß du Deinen kleinen Jesus Nazareno als Christenmenschen erziehst und acht gibst, daß er nie vom Pfad der Tugend abweicht«.

»So wahr der HERR mir helfe!« antwortete Maria.

Die Geburt war ohne Schwierigkeiten vonstatten gegangen, Nachbarinnen hatten geholfen, und alle hatten festgestellt, daß Maria ein recht hübsches Kind hervorgebracht hatte. »Jedenfalls hat es keine O-Beine«, kontastierte Carmela, die für das heiße Wasser zuständig gewesen war, befriedigend. »Es kommt wohl eher nach dem Vater«.

»Es kommt nach dem VATER!« bestätigte Maria mit Betonung, und sie fragte sich, warum die anderen Frauen nicht sahen, was sie ganz klar über dem Kopf des Kindes zu erkennen glaubte.

***

Jesus Nazareno wuchs heran wie jeder andere kleine Junge in Fornica: Mit drei Jahren lernte er junge Katzen ertränken und als er geschickt genug war, ein Messerchen zu führen, übte er sich im Zerschneiden von Eidechsen. Er wußte früh im Leben, was geschah, wenn man einem Esel eine Pfefferschote in den Hintern steckte, und daß man sie zuvor anritzen mußte, damit sie ihre hitzig brennenden Säfte preisgab. Von Carmela, die anläßlich seiner Geburt das heiße Wasser bereitet hatte, lernte er, daß man Tauben tötet, indem man sie am Kopf packt und wie eine Kinderklapper herumwirbelt. Er trug inzwischen Teile der von Ugo abgelegten blauen Hose, seine Mutter hatte sie auf das richtige Maß zugeschnitten, und einige Leute sagten, daß er dem Großvater ähnelte, das waren die, die sich bei Ugo einschmeicheln wollten.

Erst kurz nach seinem fünften Geburtstag begannen sich die Dinge zu ändern. Maria wachte eines Nachts auf und sah im Mondlicht, das durch das Hoffenster in ihr Schlafzimmer drang, daß ihr Sohn vor ihrem Bett stand. Noch bevor sie ihn dafür tadeln konnte, bemerkte sie, daß er seinen Blick auf das Christusbild über ihrem Bett gerichtet hatte, und sie sah, wie er langsam die Arme seitlich emporhob und den Kopf dabei ein wenig nach links neigte. So verharrte ihr Sohn für eine Zeit, die ihr eine Ewigkeit erschien, und erst als der Hahn des Nachbarn zu krähen begann, brachte sie es über sich aufzustehen und ihn auf seinen Strohsack neben dem Küchenherd zurückzuführen. Sie legte vorsichtig seine Arme wieder an seinen Körper heran und streichelte ihn ebenfalls vorsichtig über den Kopf. Gerade hier war Behutsamkeit angeraten, denn sie wollte, was nur sie sah, nicht zerstören: Den leuchtenden und durchscheinenden, tellerähnlichen Gegenstand, der wenige Zentimeter über dem Haar von Jesus Nazareno schwebte.

***

»Es war mit Sicherheit Jungfernzeugung«, sagte der Arzt. Er betreute, seit die Krankenversicherung auf Papaya das Licht der Welt erblickt hatte, Fornica und einige andere Dörfer im Nordosten der Insel.

»Die spirituellen Dinge sollten sie lieber mir überlassen«, gab der Pfarrer zurück. Man konnte ihm anhören, daß er ärgerlich war. Maria hatte ihm den Arzt auf den Hals geschickt und ihn auch so in den letzten Monaten kaum noch in Ruhe gelassen.

»Woher wollen Sie das überhaupt wissen?« fragt er griesgrämig. »Soweit ich weiß, war Maria nie versichert«.

»Sie war es«, sagte der Arzt. Ein wenig Triumph klang in seiner Stimme mit und straffte seinen dünnen Körper. »Sie war es dadurch, daß Ugos Sohn sie geheiratet hat. Familienangehörige von Polizisten sind automatisch mitversichert«.

»Trotzdem«, sagte der Pfarrer. »Wie wollen sie das überhaupt wissen?« Es war keine Neugier, die ihn das noch einmal fragen ließ sondern Rethorik. Er hoffte, den Arzt durch Fragen in die Enge zu drängen.

»Das Hymen«, verkündete der Arzt mit Nachdruck. »Es war intakt. Die Ehe ist gewissermaßen nie vollzogen worden«.

Der Pfarrer lachte unbehaglich. Die beiden Männer saßen sich in seinem Garten gegenüber. Zwischen ihnen befand sich ein Tisch. Auf dem Tisch lag die Bibel des Pfarrers und ein Büschel frischer Petersilie, zum Mittag hatte es Omeletts geben sollen, aber noch waren keine Eier gelegt. »Woher wollen sie das wissen?« fragte er noch einmal. Er spürte dunkel, daß diese Frage ihn selbst in die Ecke zu drängen begann, und er rieb sich deshalb verlegen die knollige Nase.

»Das ist«, sagte der Arzt und legte die Fingerkuppen in einer Geste der Professionalität zusammen, die dem Pfarrer ziemlich überheblich vorkam, »das ist dadurch festzustellen, daß man die Patientin untersucht. Das Hymen ist ohne große Mühe für den Vorgebildeten erfühlbar«.

»Erfühlbar?!«

»Der Arzt schwieg und schaute den Pfarrer an. Zu seinem dünnen Körper gehörten dünne Lippen. Er preßte sie aufeinander, er saugte sie ein, daß sie fast im Mund verschwanden.

»Erfühlbar?!!!«

»Mit dem Finger«, sagte der Arzt und streckte demonstrierend einen Zeigefinger vor.

Der Pfarrer setzte sich zurück. Er schloß die Augen und sagte lange Zeit nichts. Als er die Augen wieder öffnete, hatte sich seine Stimme verändert. Sie klang jetzt, als ob sie jemandem gehörte, der eine andere Sprache sprach und deshalb gar nicht verstand, was er sagte:» Soll, das heißen, daß sie mit dem Finger in Maria hineingefaßt haben, um zu sehen, ob das...«

»...Hymen...«, half der Arzt.

»...intakt ist?«

»Es gibt keine andere Art, das festzustellen«, sagte der Arzt. Er zuckte bedauernd die Achseln.

»Die Beichte!«

Der Arzt lachte. Er beugte sich vor, und versuchte, die Hand des Pfarrers zu ergreifen. Der Pfarrer zog sie hastig zurück. Alles an ihm zog sich zurück. Er drückte sich in die Lehne des Gartenstuhls hinein und starrte angewidert auf die Hand, deren Finger es fertiggebracht hatten...

»Würden Sie eine Beichte akzeptieren, wenn es um Jungfernzeugung geht?« fragte der Arzt und lachte noch einmal. »Da würde es aber eine Menge Jungfernzeugungen auf dieser Welt geben«.

»Nicht in Fornica!« gab der Pfarrer heftig zurück, und er hatte jetzt wieder seine alte, etwas polternde Stimme. »Wir reden nicht von der Welt, es geht hier um Fornica und um Maria«. Von der Welt verstand er nicht viel, von Fornica alles.

»Nun«, sagte der Arzt. »Was Maria angeht, so war es Jungfernzeugung«.

Der Pfarrer schüttelte den Kopf. »Sie hat O-Beine«, sagte er. O-Beine und diese besondere Art der Empfängnis waren für ihn nicht zusammenzubringen. Vor seinem geistigen Auge tauchten Marienbilder auf. War dort je auch nur die Spur eines O-Beines angedeutet worden? Er stand auf und ergriff hastig, um den Händen des Arztes zuvorzukommen, Bibel und Petersilienbüschel. »Nein«, sagte er mit Nachdruck. »Ich kann mich Ihrer Ansicht nicht anschließen. Maria hat einen ganz normalen Mann geheiratet. Sie hat die Nacht mit ihm verbracht. Nach meiner Erfahrung in Fornica sind in jener Nacht all jene Dinge geschehen, die«, er seufzte, »in solchen Nächten zu geschehen pflegen. Der kleine Jesus Nazareno ist ein Kind wie jedes andere auch. Von irgend einer wie auch immer gearteten besonderen Form der Zeugung kann nicht die Rede sein«.

»Mein Finger...« hob der Arzt noch einmal an.

»Ihr Finger!« schnaufte der Pfarrer verachtungsvoll durch die Nase. Er wandte sich ab, um damit zu erkennen zu geben, daß das Gespräch beendet sei. Er lauschte in den Garten hinein und vernahm, daß weiter hinten bei den Ställen ein Huhn gackerte. »Ein Ei!« dachte er und langsam legte sich ein Omelett mit frischer Petersilie über das häßliche Bild, das der Arzt in diesen Tag hineingetragen hatte.

***

»Er hat der Ziege mit dem Knüppel aufs Bein geschlagen, und bevor ich noch brüllen konnte: Mach, daß du wegkommst, du Satansbraten! ist die Ziege aufgestanden und hat nicht mehr gelahmt!« Der uralte Mann, der seit undenklichen Zeiten Fornicas Ziegen durch die Wälder führte, zog für sein Alter erstaunlich kräftig hoch und spuckte aus. Er klopfte mit dem langen Stab, den er in der rechten Hand hielt, auf den Boden und schaute die Männer in der Kneipe herausfordernd an.

Es war Nachmittag. Draußen war es hell und heiß. In der Kneipe war es kühl und dunkel. Auch der Wein war kühl und dunkel. An sehr heißen Tagen gab man ihm in Fornica den Vorzug vor dem Zuckerrohrschnaps. Der Zuckerrohrschnaps konnte warten, bis es kühler und Abend wurde.

»Vielleicht war es eine übergesprungene Sehne«, sagte David mit dem einen Arm. Man nannte ihn so, weil es noch einen anderen David in Fornica gab, der über beide Arme verfügte. David mit dem einen Arm trug ein Jackett aus braunem Drillich, das im linken Ärmel in Höhe des Ellenbogens einen Knoten hatte. Mit dem Stummel des Armes konnte er den Ärmel bewegen, und der Knoten verlieh ihm zusätzlichen Schwung. »Es könnte eine übergesprungene Sehne gewesen sein«, sagte er noch einmal.

Die anderen Männer wiegten bedächtig die Köpfe. »Oder ein Wunder«, sagte einer von ihnen leise in sein Weinglas hinein. »Er machte die Lahmen gehen und die Blinden wieder sehend«.

»Blind war sie nicht«, widersprach der uralte Ziegenhirt und klopfte mehrmals mit dem Stab auf den Boden. »Aber gelahmt hat sie schon seit Wochen. Wenn sie nicht trächtig gewesen wäre, hätte ich sie schon geschlachtet«.

»Es hat ja auch geregnet«, sagte ein anderer, und er nickte so lange, bis es ihm alle nachmachten. Wie in jedem Jahr hatte Fornica auch in diesem Herbst die große Trockenheit erlebt. Wie in jedem Jahr hatte der Pfarrer auch in diesem Jahr einen Bittgottesdienst abgehalten. Anders als in jedem Jahr hatte es am nächsten Tag zu regnen begonnen und drei Tage lang nicht mehr aufgehört. »Ich habe mit eigenen Augen gesehen, wie er das Gesicht nach oben zum Himmel erhoben hat«.

»Alle haben das Gesicht nach oben zum Himmel erhoben«, gab David mit dem einen Arm skeptisch zu bedenken.

»Und nur er hat vermocht, daß es regnet!« intonierte der Mann fast singend und nickte danach ein weiteres Mal, dieses Mal aber allein, weil die anderen ihm nicht so schnell folgen konnten. »Er tut Wunder, er vermehret auf wundersame Weise den Wein!«

»Amen!« brummelte der uralte Ziegenhirt.

»Die Karaffe hat den ganzen Regen über vor dem Haus auf der Bank gestanden. Deshalb war sie vorher halb voll und hinterher voll«. David mit dem einen Arm schüttelte heftig den leeren Ärmel. »Außerdem hat er wässerig geschmeckt, der Wein. Das reine Wasser!« Man nannte ihn den Zweifler in Fornica. Er hielt nichts von den Wundern und Gerüchten, die sich letzthin wie Staub über das Dorf gelegt hatten.

»Nachher wirst du noch sagen, daß die alte Irenita sich ihre Blähungen allein kuriert hat«, hielt ihm der nickende Mann entgegen. Seine Stimme klang fast ein bißchen höhnisch, denn die Geschichte mit der alten Irenita hatte sogar über das Dorf hinaus bis auf die andere Seite des Ozeans für Aufsehen gesorgt: Jesus Nazareno, so hatten Zeugen gesehen, und unter ihnen hatte sich Maria, seine Mutter befunden, Jesus Nazareno hatte aus dem Fenster geschaut, als die alte Irenita voller Blähungen eine Kopfladung Reisig vor dem Haus ablegte. Er hatte die Hand erhoben, und augenblicklich war Stille in ihr eingekehrt.

»Es hat nur einen Tag gehalten«, gab David mit dem einen Arm nicht weniger höhnisch zurück. »Und dann war sie tot«.

»Ihre Tage in diesem irdischen Jammertal waren zu Ende«, vermutete der uralte Ziegenhirt. »Da mußte er doch vorher etwas tun! Sollte sie etwa furzend vor das Angesicht Go...« Er unterbrach sich, weil er merkte, daß er zu weit gegangen war.

»Nun«, sagte David mit dem einen Arm. »Der Pfarrer glaubt jedenfalls auch nicht daran. Wenn er wirklich Wunder tun kann, dann soll er uns doch die Zahlen für die nächste Lotterie sagen. Dann soll er uns doch«, er lachte bitter auf, »den dicken Gewinn nach Fornica bringen. Das wäre ein Wunder!« Er stutzte und drehte sich zur Tür hin, weil er dort ein Räuspern vernommen hatte: »Vierviereinsfünfsechssieben«, sagte Jesus Nazareno und erhob die Hand auf eine Art, die alle in der Kneipe ehrfürchtig schaudernd wiedererkannten.

***

»Wir hätten beinahe nicht gewußt, daß du es bist!« sagte Ugo. Er drückte Jose-Otilio so sehr an die Brust, daß jener »nicht so feste!« brüllte. »Wo warst du denn die ganze Zeit?«

Jose-Otilio machte eine vage Bewegung mit der Hand nach Westen. »Drüben«, sagte er. »Und jetzt bin ich gekommen, um mit dem Unsinn Schluß zu machen. Das Kind ist von mir und von keinem anderen. Ich habe es ihr schon gesagt«. Er hob die Hand, um zu zeigen, wie er es ihr gesagt hatte.

Seine Mutter hob vorsichtig einen Finger. »Versündige dich nicht, mein Sohn! Jesus Nazareno tut Wunder, und Maria sagt, daß es der Heilige Geist...«

»Ich war es, verdammt noch mal!« unterbrach Jose-Otilio sie ungeduldig. »Er hat von mir die Nase, und er hat von mir die Ohren. Und wenn es überhaupt noch einen Zweifel gäbe«, er ließ sich auf einen Stuhl fallen und begann an einem seiner Stiefel zu zerren, bis der mit einem dumpfen Geräusch auf den Boden fiel. Er trug keine Socken, und er deutete auf seine Zehen. »Wie viele Zehen hat das Kind?« fragte er.

»Sechs«, sagte seine Mutter. »Und das ist ein Wunder«. Dann folgte sie dem Befehl seiner Hand und beugte sich naserümpfend über den Fuß ihres Sohnes. »Eins«, begann sie zu zählen. »Zwei, drei...« Sie richtete sich auf und schaute ihn an. »Ich kann nur bis drei«, sagte sie hilflos.

»Vier, fünf, sechs!« vollendete Jose-Otilio triumphierend und faßte einen Zeh nach dem anderen an. »Eins, zwei, drei, vier, fünf, sechs!« Er blickte auf seinen Vater. »Du hast auch sechs Zehen«, sagte er. »Ich habe schon in der Schule Prügel bekommen, als ich sagten mußte, wie viele Zehen der Mensch hat«.

»Sechs Zehen«, sagte seine Mutter und bekreuzigte sich. »Ein Wunder ist das! Und der HERR gab ihm sechs Zehen...«

»Es ist kein Wunder«, unterbrach Jose-Otilio grob. Er begann in seiner Hosentasche herumzukramen und fummelte einen zerbröselten Zettel heraus. »Es ist eine Mu-ta-ti-on. Ich weiß es vom Arzt, als ich drüben zum Militär mußte«. Der Arzt hatte ihn auch noch gefragt, ob es in seiner Familie Fälle von Geisteskrankheit gab.

»Sechs Zehen«, wiederholte seine Mutter. Sie hatte ihren Blick in eine unbestimmte Ferne gerichtet. »Vielleicht bist du auch...«

»Und ich«, warf Ugo ein. Der Gedanke gefiel ihm.

»Jose-Otilio riß sie aus ihren Spekulationen. »Ich bin gekommen, um meinen Sohn zu holen«, sagte er. »Jesus Nazareno ist mein Sohn, und ich kann es beweisen«.

»Er hat beinahe die Lotterienummer richtig gesagt«, murmelte seine Mutter. »Er hatte, sagen sie, fast alles richtig, nur durcheinander«.

»Ugo ging auf seinen Sohn zu und stellte sich neben den Stuhl. »Geh raus!« befahl er seiner Frau und machte die dazugehörige Handbewegung. Er wartete, bis sie das Zimmer verlassen hatte und beugte sich dann zu seinem Sohn hinab. »Sie hat gesagt, daß du sie nie...« er suchte nach einem passenden Wort, »daß du es nie mit ihr gemacht hast. Der Arzt sagt, es war Jungfernzeugung. Das habe ich vom Totengräber, der es vom Küster weiß, und dem hat es der Pfarrer erzählt«.

»Jungfernzeugung!« machte Jose-Otilio verächtlich. »Und was soll das nun wieder sein? Ich habe einen Jungen gezeugt und keine Jungfrau«.

»Das ist, wenn das Ding nicht kaputt ist, die Hymne oder so«, sagte der Vater. »Also verdammt noch mal, du hast ihn nicht bei ihr drin gehabt!«

»Muß man das denn?!« fragte Jose-Otilio und riß erstaunt die Augen auf.

***

»Vorzeitiger Samenerguß«, sagte der Arzt und blickte unbehaglich zur Seite, denn er merkte, daß der Pfarrer ihn hämisch fixierte. »Doch, also ich muß zugeben, daß das aus medizinischer Sicht eine Möglichkeit ist. Immerhin werden mit jeder Ejakulation Millionen Spermatozoen freigesetzt, von denen sodann durchaus das eine oder andere ungeachtet des Hymen die Matrix erreichen kann«. Es war klar, daß er sich durch Fachwissen und Wortschwall aus der Peinlichkeit der Situation befreien wollte.

»Nun, ich bin jedenfalls froh, daß Jose-Otilio die beiden mit übers Meer genommen hat«, sagte der Pfarrer versöhnlich. »Fornica war im Begriff ein Wallfahrtsort zu werden. Und es wäre mir nicht in den Kopf hineingegangen, wirklich nicht, wenn der HERR in seiner unendlichen Güte und obwohl zugegebenermaßen seine Wege unergründlich sind, sich ausgerechnet eine Frau mit O-Beinen...« Seine Stimme verlor sich, und er wendete Kopf und Ohr zum Hintergrund des Gartens hin. Doch ja, die Hühner legten dieses Jahr um die Wette. Das war noch am ehesten, was man bei diesen alten Hennen ein Wunder nennen konnte.

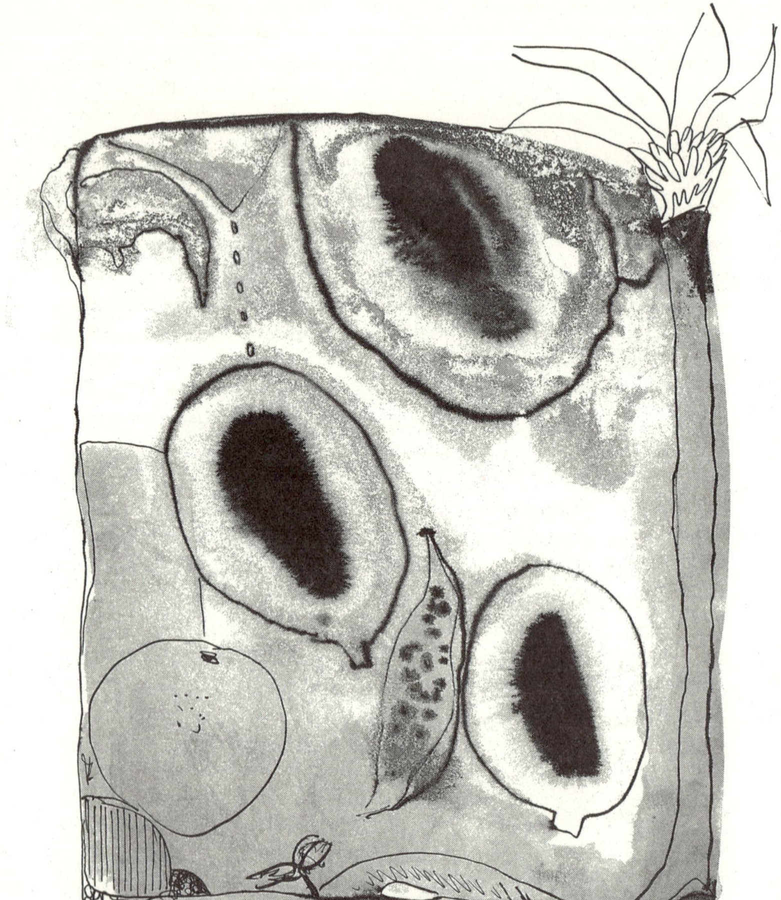

Man hätte ihn für einen ganz gewöhnlichen Touristen halten können, jedenfalls vom ersten Eindruck her. Er war aufgekratzt, aufgeregt und ein bißchen betrunken, denn es hatte einen Plastikbecher Rotwein und ein Fläschen Söhnlein gegeben und beides umsonst. Das war die Art der Chartergesellschaft, sich ihre Fluggäste zu Dank zu verpflichten und sie das

Der Käufer

später folgende Plastiktablett mit der Plastiknahrung durch eine alkoholbeschlagene, gleichwohl rosarote Promillebrille sehen zu lassen. Die Chartergesellschaft ersparte sich dabei viel Ärger, zu Zeiten, als der Schaumwein noch selbst gekauft werden mußte, drei Mark das Fläschen, war viel über das Essen an Bord gemurrt worden. Nur Leute, die ihr Leben lang in Kantinen gegessen hatten, hatten Gutes an der Putenbrust auf Reis oder dem Rollbraten mit Rösti gefunden: »Na, ist doch mal was anderes«. Jetzt war das Essen für alle erträglich geworden.

Man hätte ihn für einen ganz gewöhnlichen Touristen halten können, aber der erste Eindruck täuschte. Gewöhnliche Touristen trugen gewöhnliche Reisetaschen bei sich, dieser hier verfügte über ein schwarzes Köfferchen, das mit einem Zifferncode zu verschließen war, und das er nur mit einem Blick über die Schulter zum Gang hin und hinter vorgehaltener Hand öffnete. Auch trug er keine Freizeitkleidung, hatte auf das geblümte Hemd und die sportliche, sandalengeeignete Hose verzichtet und stattdessen ein weißes Hemd mit einer gestreiften, in Blau gehaltenen Krawatte geschmückt. An den Hosen trug er einen Umschlag, an den Füßen hellgraue Socken, darüber braune Halbschuhe mit Senkeln. Der Mann selbst neigte zur Fülle insbesondere in der Leibesmitte und im Gesicht. Letzterem verlieh eine knorpelige Nase, aus deren Löchern schwarze Haare wuchsen, zusätzliche Masse und ein gestutzter Lippenbart eine ungewisse Eleganz. »Kommen Sie«, sagte er zu Bernhard. »Setzen Sie sich ruhig zu mir, bis die Stewardessen mit den Wagen vorbei sind. Hier ist noch Platz«.

»Ich möchte, ich hätte eigentlich ... ich meine, ich muß...« sagte Bernhard. Er wollte zur Toilette. Die Wagen, mit denen die Stewardessen durch den Mittelgang fuhrwerkten und versuchten, den Passagieren zollfreie Waren zu überhöhten Preisen und mit durchaus verlogenen Begründungen zu verkaufen, vereitelten sein Vorhaben, und obwohl er, als er von seinem Sitz aufgestanden war, noch nicht besonders dringlich mußte, ließen die Wagenbarrikaden eine leichte Panik in ihm aufsteigen. Der Druck in der Blase kam ihm mit jedem Augenblick bedrohlicher vor, und er ertappte sich dabei, daß er die Oberschenkel aneinanderdrückte und dabei versuchte, auch die Harnröhre ein wenig zusammenzupressen.

Bernhard war auf dem Weg zurück nach Papaya. Er hatte sich in Papaya City eine Wohnung gekauft und lebte dort seit drei Jahren. In der Wohnung lebte auch noch seine Gefährtin, die Kunstgewerbliches und Schlimmeres herstellte und es auf der Straße verkaufte. Die Gefährtin war noch jung, und Bernhard erwartete deshalb nicht, daß sie für alle Zeiten Gips, Sägespäne und Vulkansand in der Wohnung verteilen würde, denn er gehörte mit seinen zweiundvierzig Jahren deutlich zu einer anderen Altersklasse, zur Vor-McDonald-Generation. Das jedoch beunruhigte ihn nicht, eher im Gegenteil, und wenn er jetzt in diesem Augenblick darüber nachdachte, bereitete ihm der Gedanke an Giselles möglichen Exodus weniger Verdruß als die Tatsache, daß sich auf der anderen Seite der Wagenbarrikade eine fette Frau aus ihrem Sitz herausstemmte und zufrieden seufzend der Toilette zustrebte, dabei mit energischem Handgriff ihren Faltenrock über mächtigen Backen glättete und sich dann mit derselben Hand tiefschürfend durch die Dauerwelle harkte. Er hätte viel dafür gegeben, zwar nicht jene Frau, doch aber an ihrer Stelle zu sein, und er stellte sich neiderfüllt vor, wie sie sich überwallend auf den ungewohnten Klositz herabsenkte, vermutlich noch einmal seufzte, erleichtert dieses Mal, loslassend.

»Kommen Sie, kommen Sie!« verharrte der Mann. »Setzen Sie sich zu mir«. Bernhard schätzte ihn auf Mitte fünfzig und argwöhnte, daß Haar und Bart gefärbt waren, denn auf der linken Seite, wo ein Scheitel eine Schneise geritzt hatte, schien es ihm an den Wurzeln grau zu schimmern.

Der Mann merkte seinen Blick und wischte sich über den Scheitel. Danach faßte er sich an die Krawatte und rückte sie zurecht. »Gleich wird er sich räuspern«, dachte Bernhard.

Der Mann räusperte sich und setzte dann eine Art breites Millowitsch-Lächeln auf. »Sie brauchen keine Angst vor mir zu haben. Ich beiße nicht«. Er bleckte die Zähne und fuhr mit der Zunge über die oberen. »Ich beiße nicht«, sagte er noch einmal.

Bernhard nickte und setzte sich vorsichtig auf den freien Platz. Zu seiner Erleichterung merkte er, daß der Druck augenblicklich nachließ, und es machte ihm nichts, daß der Mann das Lächeln, das deswegen über sein Gesicht ging, auf sich bezog, und er ihm die Hand über den Mittelsitz hinweg entgegenstreckte: »Ich heiße Manfred, aber Sie können mich ruhig Manni nennen, so nennen mich alle«.

Zehn Minuten später wußte er schon so manches über Manni, und Manni nannte ihn Berni, noch bevor die Stewardessen ihre Wagen an ihrer Sitzreihe vorbeigerollt hatten und kurz nachdem ein Kind aus der Toilette herauskam, und sie mit dem Ruf freigab: »Mammi, mir ist die Schmusepuppe ins Klo gefallen!«

Nach seinem Gang zur Toilette, die nach Sandelholz-Parfum und modernen Geruchsvertilgungsmethoden duftete, hatte Manfred ihn mit einer Flasche Sekt empfangen, und er fragte, indem er eine Hand vertraulich auf Bernhards Knie legte: »Wo ist denn dort das beste Hotel?«

Die Frage machte Bernhard verlegen. »Sie sind eigentlich alle gleich...«. Er zögerte und sagte dann: »Gut«.

Manni hob die Hand, als ob er damit Halt sagen wollte: »Auch gleich teuer?«

Das nun wieder nicht«, sagte Bernhard. »Das teuerste ist das

Papaya Plaza, aber es ist sehr laut, weil da nachts die Halbstarken mit ihren Motorrädern vorbeifahren, und wenn Wind ist, dann schlagen auch die Wellen...«

»Das Teuerste ist immer das Beste«, entschied Manni und lachte. »Für mein Geschäft ist das Teuerste immer das Beste. Das Papaya Plaza also, ja?«

»Die Küche taugt nichts« wandte Bernhard ein. »Aber die Preise sind horrende«.

Manni nickte. »Hört sich gut an«, sagte er. »Die Preise sind horrende«. Er wiederholte die Wörter und ließ sie sich auf der Zunge zergehen: »Horrende Preise«.

»Was wollen Sie denn auf Papaya?« fragte Bernhard. »Ein Haus kaufen? Ein Grundstück?«

»Alles«, sagte Manni. Er hob seinen Plastikbecher gegen Bernhard hin. »Wir sollten Brüderschaft trinken. Ich heiße Manni, wie du weißt«. Er beugte sich zu Bernhard hinüber und machte mit dem Arm einen Henkel. »Prost Berni, mein Junge!« Er schluckte und hielt dann den Becher gegen das Leselicht über sich. »Feinperlig«, sagte er. »Es geht eben doch nichts über Champagner. Aber die geben dir natürlich nur die billige Rülpsbrause umsonst. Ich finde das sehr nobel, daß du mich eingeladen hast, mein Junge«.

Bernhard versuchte zu protestieren: »Ich...«, aber Manni unterbrach ihn wieder mit einer Handbewegung. »Alles«, wiederholte er. »Ich kaufe alles. Land für Golfplätze und für Hotels. Küstenstücke für Yachthäfen. Areale für Tennisplätze und für Go-Kart-Bahnen. Papaya-Farmen. Manni kauft alles«. Er lehnte sich zurück und gab etwas von sich, das Bernhard wie ein befreiendes Lachen vorkam, denn es war mit einem Rülpser kombiniert. »Manni kauft alles. Manni kauft nichts«. Er sah, daß Bernhard ein verblüfftes Gesicht machte und fügte hinzu: »Ich bin Käufer, mein Junge. Das heißt, ich lebe davon, Käufer zu sein. Verstehst du mich? Davon lebe ich. Und zwar gut!«

***

Papaya City hat die Hauptstraße und die Avenida am Meer entlang, und das ist eigentlich schon alles. Die anderen Straßen sind ohne Bedeutung, und der einzige Unterschied zwischen Hauptstraße und Avenida liegt in der Bewertung: Touristen sehen die Avenida als Hauptstraße an und die Hauptstraße als eines jener romantischen Gäßchen, in dem überaus auffälllig eigentlich nur das barocke Rathaus und die drei oder vier Geistesschwachen hervorstechen, die mit bettelnd offener Hand oder offenen Mäulern dort den Tag verbringen und sich unter die Passanten mischen. Sie lächeln nervös über den kleinen Kretin mit der Baskenmütze, der zigarettenheischend die Cafés durchstreift, sie erschrecken ein wenig vor seinem Bruder, der größer aber durchaus nicht weniger debil geraten ist und mit lauter Stimme auf jene einredet, die seinen Weg kreuzen oder sich nach ihm umschauen, wenn er mit einem Radio am Ohr dem Krachen und Pfeifen geheime Botschaften zu entnehmen versucht.

Sie betrachten mit einer Kleinigkeit Wehmut und mit mehr als einer Kleinigkeit Herablassung die schläfrigen Tagediebe, die überall dort sitzen, wo ein Stein oder ein Schaufenstersims es möglich macht und lenken den Sandalenschritt dann wieder zur Avenida zurück. Zur Avenida mit ihrem Leben und Treiben, ihren kaugummiverklebten Bürgersteigen, ihrem unverhüllten Drogenhandel und den Autos, die noch aus einer anderen, heilen Welt zu kommen scheinen, in der Abgase Abgase waren und Lebensqualität ein Wort, bei dem man an Deo-Spray und Nordseescholle dachte, wenn überhaupt.

Zwei Straßen bleiben jedoch, wie immer man es betrachtet und sie bewertet, immer nur zwei Straßen, und so war es fast unvermeidlich, daß Bernhard schon am nächsten Nachmittag wieder auf Manni treffen mußte. Manni befand sich in Begleitung eines Mannes und zweier Frauen, den Mann kannte Bernhard und wußte, daß man ihn Paco, den Konsul, nannte, weil er auf Papaya die Interessen einer Bananenrepublik nicht fern von Panama vertrat. Ehrenhalber hieß es, was immer das heißt. Er kannte ihn auch als den dringenden Verkäufer eines großen

Strand-Areals sowie einer ausgedehnten Papaya-Plantage im Hinterland, deren Kernstück ein heruntergekommenes, schloßartiges altes Haus bildete.

Die Frauen kannte Bernhard nicht, er vermutete, daß sie eingeflogen worden waren. Sie waren schön, eine schlank, die andere üppig, eine blond, die andere schwarz, bei der Blonden glaubte er einen Tropfen afrikanisches Blut zu erspähen. Keine von ihnen war älter als zwanzig Jahre, beide hatten sich bei Manni eingehakt und kamen zwitschernd und kichernd mit ihm die Avenida entlang.

Paco, der Konsul, lief in geringem Abstand hinterher, betrachtete den Erfolg seiner Beschaffung und die Hinterteile – jedenfalls der Mädchen – und leckte sich die Lippen, während er mit den Fingern unwillkürlich reibend-zählende Bewegungen vollführte. Er sah zufrieden aus.

Manni sah Bernhard und grüßte ihn im Vorbeigehen. «Tag, mein Junge!« Er zwinkerte mit den Augen und sagte dann: »Ich ruf dich an, ja, tue ich, wie versprochen, aber jetzt bin ich beschäftigt, vielleicht habe ich morgen Zeit, aber ich weiß natürlich noch nicht, ob mein Geschäftsfreund, der Konsul, und seine beiden Schwestern... weißt du, daß sie aus einer Klosterschule kommen? Aus der Teuersten?« All das sagte er sehr schnell, halb aus dem Mundwinkel heraus, raunend auch, und er war vorbei, bevor Bernhard antworten konnte. Stattdessen kam Paco, der Konsul, zu ihm herüber und ergriff ihn beim Arm: »Sie kennen ihn? Sie kennen diesen Herrn?«

Bernhard nickte. Zwischen ihm und Paco bestand keine Freundschaft, sie waren sich bislang aus dem Weg gegangen. Für Paco war Bernhard ein Ausländer, der nichts kaufen wollte, ein unerwünschter Fremder daher. »Ich kenne ihn, ja«.

»Ist er ... hat er ... will er kaufen?« In den Augen Pacos glitzerte Silber und Gold, auch Papiergeld schien in ihnen zu knittern, und er starrte angespannt auf Bernhards Lippen, wie ein Hund, der auf einen Tennisball stiert, von dem er hofft, daß er zum Apportieren weggestoßen wird.

»Er sagt, daß er Käufer ist«, antwortete Berhard, und es

freute ihn, daß er Paco, dem Konsul, eine wahrheitsgemäße und zugleich sehr kostspielige Antwort geben konnte. »Er sagt, daß er alles kauft«, stieß er noch einmal hinterher.

Paco raste dem Ball nach. Bernhard hatte ihn sehr nach seinem Geschmack getreten. »Vielleicht sollten Sie heute abend ... er spricht nicht sehr gut unsere Sprache«.

Bernhard dachte an die Blonde mit dem Tropfen Afrika in den Adern, dem Tropfen, der zu genügen schien, um sie immer noch schreiten zu lassen, als ob sie einen Wasserkrug auf dem Kopf trug oder ein Bündel schwarzer, raschelnder Seide. »Gern«, sagte er. »Wann denn und wo?«

***

»Der Einstieg ist ein Kinderspiel«, sagte Manni und knöpfte sich dabei den Hosenschlitz zu. Es schien ihm Schwierigkeiten zu bereiten, denn Bernhard hörte, daß er leise »Scheiße!« murmelte, und er sah sich in seiner Vermutung bestätigt, als Manni hinzufügte: »Mir haben Reißverschlüsse besser gefallen. Die Leute sagen immer, man klemmt sich dabei was ein. Ich habe mir nie was dabei eingeklemmt«.

»Aber Knöpfe sind jetzt wieder modern«, gab Bernhard zu bedenken. Insgeheim hatte er Manni um die Knöpfe beneidet. Seine Hosen hatten immer noch einen Reißverschluß, denn er hatte sie auf Papaya gekauft, wo es länger dauerte, bis Neues aus der weiten Welt Einzug hielt.

»Jaja,« machte Manni zerstreut. Er drehte sich um und ging zu einem Spiegel, der sich über dem Waschbecken befand. »Der Einstieg ist immer wieder derselbe: Wenn ich im Hotel ankomme, dann frage ich den Portier schon beim Einchecken, ob das ein Platz ist, an dem ein Investor sein Geld lohnend anlegen kann«. Er betrachtete sein Gesicht im Spiegel und schnitt eine Grimasse, indem er die Augenbrauen hochzog und die Stirn in Falten legte. »Jedenfalls hat das noch immer geklappt. Am nächsten Morgen beim Frühstück streicht schon der erste um deinen Tisch herum«.

»Hatte er auch schon die Mädchen dabei?« Bernhard hatte der Blonden gegenübergesessen, und einmal hatten sich ihre Füße unter dem Tisch berührt.

»Die Weiber hat er erst am Nachmittag eingeflogen. Ich wohne übrigens nicht mehr im Hotel. Er hat mir ein Haus zur Verfügung gestellt an dem Strand, na, wie heißt er noch?«

»Carajos?« fragte Bernhard.

»So ähnlich. Ich habe es ihm auch überlassen, die Hotelrechnung zu bezahlen, weil er darauf bestanden hat. Ihm geht es natürlich darum, mich aus dem Verkehr zu ziehen und unter Kontrolle zu haben. Er weiß, daß man einen Käufer niemals aus den Augen lassen darf. Warum gibt es hier kein heißes Wasser?«

»Es gibt auf der ganzen Insel keinen Waschraum, der heißes Wasser hat«, sagte Bernhard. »Das Wasser ist doch sowieso schon lauwarm«.

»Und die Seife stinkt«, fügte Manni übellaunig hinzu.

»Wie geht es denn nun weiter?« Bernhard hatte sich neben Manni gestellt, und während er sich die Hände wusch, begegneten sich ihre Blicke im Spiegel.

»Die Weiber werden bei mir bleiben. Morgen fährt er mich zu seiner Papaya-Farm. Das Strandgrundstück habe ich schon gesehen. Es ist Mist. Zu viele Wellen und zu wenig Sand. Schwarzer außerdem. Ich habe es sehr interessant gefunden. Mucho interessanto!« sagte er und lachte. »Mittags wollen wir in den Club. Er hat mich gefragt, was ich gern esse«.

»Es gibt guten Fisch dort«.

»Kaviar«, sagte Manni. »Ich möchte bezweifeln, daß der hier auf der Insel produziert wird. Jedenfalls ist er blaß geworden. Den Schampus muß er auch einfliegen lassen: Roederer gibt's erst wieder auf dem Festland«.

»Ich glaube, wir sollten zurückgehen, oder?« schlug Bernhard vor. »Er wollte noch ins Kasino mit uns«.

»Du willst doch nur die Blonde pudern«, sagte Manni statt einer Antwort. »Aber sie gehört mir, mein Junge. Hättest du eventuell Lust, sie mir abzukaufen?« Er sah Bernhards erstauntes Gesicht und lachte. »Überleg's dir«, schlug er vor. »Ich habe gemerkt, wie sie dir mit dem Fuß das Hosenbein hochgegangen ist. Außerdem hattest du noch beim Pinkeln einen Steifen«.

»Ich...« stammelte Bernhard. Er wußte nicht weiter.

»Für'n Hunderter kannst du sie haben«, sagte Manni. »Freundschaftspreis«.

»Pesuchen?« fragte Bernhard und seine Stimme klang gegen seinen Willen erfreut.

»Quatsch«, knurrte Manni und schnaufte verächtlich. »Richtiges Geld. Dollars«. Er ging zur Tür und wartete, bis Bernhard sie öffnete. »Im Kasino werde ich beim Pokern gewinnen«, sagte er. »Es läuft immer nach demselben Schema ab. Anfüttern, anbeißen, absahnen. Mit einem Unterschied: Wer hier anfüttert, das bin ich. Wer hier absahnt, das ist Manni«. Er ging an Bernhard vorbei und setzte sein großes und breites Millowitsch-Lächeln auf. Die Zähne bleckten weißer und länger denn je: »Wie sagt man 50 Millionen auf paperisch?«

»Cincuenta millones«.

»Ok. Sie heißt übrigens Vivian«.

***

»Wieviel hat er von dir verlangt?« fragte Vivian.

Bernhard hob sein Gesicht langsam aus der Mulde heraus, in deren Mitte seine Zunge ihren Bauchnabel entdeckt hatte. »Hundert Dollar«.

»Die mußt du mir auch noch mal geben«, sagte Vivian. »Obwohl ich froh bin«.

Bernhard versuchte, in der Dunkelheit ihr Gesicht zu erkennen, aber alles, was er sah, war eine Ahnung ihrer Zähne, und dann führten ihre Hände seinen Kopf wieder zum Bauchnabel zurück.

***

»Am Ende des dritten Tages wollen sie im allgemeinen wissen, ob es zu einem Abschluß kommt«. Manni lag in einem Liegestuhl auf einer Zementplattform dicht über dem Meer. Bernhard saß auf einem Stuhl neben ihm. Die Dunkle machte sich weiter hinten unter einem Sonnenschirm mit der Herstellung von Cocktails zu schaffen. Inzwischen wußte Bernhard, daß sie Carla hieß. Vivian schwamm im Meer.

»Und wenn sie das wissen wollen, geht es zu Ende, ja?«

Manni lachte überlegen. »Heute ist der vierte Tag«, sagte er. »Es ist noch nicht zu Ende. Er bezahlt noch immer das ganze Theater. Die Weiber sind auch noch da«. Er unterbrach sich, um einem anderen Gedanken zu folgen. »Warum hast du mir noch nicht die hundert Dollar gegeben? Bei Manni zahlt man vor dem Essen«.

»Nimmst du einen Scheck?« fragte Bernhard. »Ich bringe dir morgen einen Scheck, wenn du willst«. Vivian im Meer streckte einen Arm aus dem Wasser und winkte. Sie rief auch etwas, was wie Huhu! klang. »Huhu!« rief Bernhard gehorsam zurück. Sie hatten es das erste Mal im Auto mineinander gemacht, in einem von diesen geräumigen japanischen Geländewagen, aber in der Nacht danach hatte er seine Gefährtin überredet, auf die Nachbarinsel zu fahren und dort nach Material für ihr Kunstgewerbliches zu suchen.

Er merkte, daß Manni sich aufgerichtet hatte und ihn nachdenklich betrachtete. »Ich habe manchmal das Gefühl, daß du fast so wie ich denkst, mein Junge«, sagte er. Dann langte er mit dem Arm zu ihm hinüber und berührte seine Schulter. »Aber ich kriege das Geld. Du wirst sehen. Wir können wetten, wenn du willst«.

»Also was passiert nach dem dritten Tag?« fragte Bernhard, während er im Geist durchrechnete, wie lange es mit Vivian noch gutgehen würde.

»Also nach dem dritten Tag, da sagst du: Klar kommt es zum Abschluß, mein Amigo! Warum sollte es nicht zum Abschluß kommen! Die Plantage ist Zucker! Das Haus ist ein Juwel. Das Strandgrundstück hat ein Ramada-Hotel verdient. Ich muß nur noch mit meinem Partner sprechen. Ist ja schließlich kein Pappenstiel, kein Appel und 'n Ei, was wir da einsetzen wollen.

Appel heißt Manzana, nebenbei gesagt, ich hab da so ein kleines Wörterbuch. Also, Paco, mein Amigo, mit meinem Partner habe ich verabredet, daß ich ihn morgen abend anrufe und ihn informiere. Kannst du von hier aus wirklich automatisch nach San Francisco telefonieren? Aus dem Kaff hier?« Manni sprang in seinen Rollen hin und her wie ein Stimmenimitator.

Bernhard nickte: »Automatisch. Aber warum San Francisco?«

»Da lebt meine Exfrau mit den Blagen. Ich weiß seit Wochen nicht, wie es den Kindern geht. Wir haben auch einen gemeinsamen Hund, den sie übernommen hat. Er ist noch in Quartäne. Ich mache mir große Sorgen um das Tier. Er liebt mich mehr als meine Tochter. Ein Cocker übrigens und mit Stammbaum bis Maria Theresa.«

»Paco kann so lala englisch«, sagte Bernhard. »Ein paar Brocken, aber immerhin«.

»Schönen Dank«. Manni machte ein erfreutes Gesicht. »Für den Tip, meine ich. Ich werde dann lieber deutsch sprechen und sagen, daß mein Partner eine deutsche Jüdin ist. Eine reiche, versteht sich. Hier glauben sie, daß alle Deutschen stinkreich sind, weil sie hundert Pesuchen für eine Mark kriegen und dann erst deutsche Juden, was?«

»Wann rufst du an?« frage Bernhard. »Wie spät ist es denn jetzt da?«

»Acht«, antwortete Manni mit einem Blick auf die Uhr. »Aber meine Ex ist Frühaufsteherin. Wenn er kommt, rufe ich an. Er soll hören, daß ich für die Sache tätig bin. Rastlos. Was heißt noch 50 Millionen auf paperisch?«

Vivian kam aus dem Wasser und schüttelte im Vorbeigehen ihr nasses Haar über Bernhards Oberkörper aus. Er schaute ihr nach, und ihr Gang erregte ihn. »Ich muß auch mal telefonieren«, sagte er und stand auf. Seine kunstgewerbliche Gefährtin war inzwischen mit dutzenden von Sandsäckchen von der Hauptinsel zurückgekommen. Er hoffte, daß er sie dazu bringen konnte, die Nacht auf der Südseite bei einer Freundin zu verbringen, die dort mit Kieseln, erstarrter Lava und Muschelresten Kunsthandwerk betrieb.

***

»Es kommt mir vor, als ob Sand in deinem Bett ist«, sagte Vivian flüsternd in die große tropische Dunkelheit hinein.

Bernhard schüttelte den Kopf. »Kann gar nicht sein. Höchstens Krümel von den englischen Frühstückskeksen«. Er fegte mit der Hand über das Laken, bis sie wieder zwischen ihren Schenkeln zur Unruhe kam.

»Ohh!« machte Vivian.

»Piekt es noch?«

»Jetzt kribbelt es«, murmelte Vivian und zeigte seiner Hand den Weg durch die große tropische Dunkelheit.

***

Zwei Tage später konnte er nicht schnell genug zum Flugplatz kommen. »Fast zu spät! Fast zu spät!« rief Paco, der Konsul, und flatterte mit nervösen Händen. Durch die Glastür hindurch sah Bernhard, daß Manni gerade dabei war, sein Gepäck auf die Waage zu stellen. Ein Träger half ihm dabei. Am Nebenschalter, an dem die Fluggäste nach Conejo abgefertigt wurde, standen Vivian und Carla. Auch die beiden Frauen hielten Flugkarten in der Hand.

Bernhard machte eine entschuldigende Handbewegung. »Ich habe mich beeilt«.

»Er reist ab«, sagte Paco, der Konsul, und in seiner Stimme klang Panik und Hilflosigkeit. »Er reist nach San Francisco. Glauben Sie, daß er wiederkommt?« Seine Finger machten verzweifelt ihre reibenden Bewegungen.

»Ich will ihn fragen«. Bernhard ging ein paar Schritte ins Flughafengebäude hinein. Er sah, daß Manni gerade seine Bordkarte in Empfang nahm und sich umdrehte. »Hallo!« sagte Manni. Er schien weder erfreut noch verwundert. »Willst du auch irgendwo hin, mein Junge?«

»Er hat Angst, daß du nicht wiederkommst«, sagte Bernhard

und machte eine Bewegung mit dem Kopf nach hinten. »Er hat Angst, daß er sein Geld für nichts ausgegeben hat«.

Manni schüttelte heftig den Kopf und ließ das dazu passende Wort fallen: »Quatsch!« Er überlegte einen Augenblick und fuhr dann fort: »Sag ihm, daß ich meinem Partner die Fotos zeigen muß. Sag ihm, daß ich ihm die Videofilme zeigen muß. Sag ihm, daß es immerhin um ... wie sagt man 50 Millionen auf paperisch?«

»Dein Partner«, sagte Bernhard. »Wie geht es ihr? Wie geht's dem Hund? Liebt er dich immer noch mehr als deine Tochter?«

»Sag ihm, was ich dir gesagt habe«, wiederholte Manni schroff.

Paco mischte sich ein. »Ich brauche die Videokamera nicht. Aber sagen Sie ihm, daß es auf Grancoco nichts zu filmen gibt. Alles, was schön ist, befindet sich auf Papaya. Grancoco ist ein parfümierter Misthaufen. Alle anderen Inseln sind Misthaufen. Voller Touristen. Drogen. Banditen. Viel zu teuer außerdem. Nur Papaya ist billig. Er soll die paar Stunden Wartezeit auf dem Flughafen bleiben. Ich könnte auch noch ein bißchen runter mit dem Preis«.

»Das brauchen Sie nicht«, beruhigte in Bernhard. »Am Preis wird es nicht liegen, das können Sie mir glauben«.

In Pacos Gesicht stahl sich ein kleiner, häßlicher Schimmer von Hoffnung. Seine Lippen spitzten sich, als ob er die Worte, die Bernhard gerade von sich gegeben hatte, in sich hineinschlürfen wollte. »Wirklich?« sagte er. »Und er kommt wieder zurück?«

»Hat er einen Rückflug gebucht?«

»Ich habe ihm einen Rückflug gebucht«.

»Na sehen Sie«, sagte Bernhard und tat einen Spritzer Optimismus in seine Stimme. »Warum soll er dann nicht zurückkommen?«

»Sagen Sie ihm, er soll die reiche Jüdin ruhig mitbringen«, schlug Paco vor. Bernhard konnte hören, daß er Schwierigkeiten hatte, das Wort auszusprechen. »Auf Papaya sind wir immer schon tolerant gewesen in diesen Dingen. Außerdem ist Geld Geld. Es stinkt nicht«. Er lachte nervös.

»Du sollst deine Frau mitbringen«, übersetzte Bernhard, und als er merkte, daß sich Mannis Augen zu Schlitzen verkleinerten, fügte er hinzu: »Die reiche deutsche Jüdin, du erinnerst dich?«

Manni machte die Augen weit und lächelte freundlich. »Geht in Ordnung«, sagte er. Er streckte die Hand nach Paco aus und stubste ihn in den Bauch. »No Problemo, mein Amigo!« Beide lachten.

***

Vivian hatte Bernhard einen Wink mit den Augen gegeben, und er war ihr in die hintere Ecke des Flughafengebäudes gefolgt. Sie erwartete ihn hinter den tropischen und subtropischen Pflanzen, in die man dort in Erwartung der Touristen investiert hatte. »Ich wollte dich noch einmal fühlen«, sagte Vivian.

Mannis Flugzeug nach Grancoco war abgeflogen. Der Flug, der Vivian und die Schwarzhaarige nach Conejo bringen sollte, war gerade zum ersten Mal aufgerufen worden. Vivian umarmte Bernhard. Ihre Hände glitten unter seine Jacke. Er spürte, wie ihre Fingernägel über seinen Rücken strichen, und er glaubte, ihr Bordeauxrot auf seiner Haut zu fühlen. »Vivian!« murmelte er. Er schloß die Augen und suchte ihren Mund.

Vivian machte einen Schritt zurück. »Ich muß weg. Sie kramte in ihrer Handtasche und holte etwas heraus. »Hier«, sagte sie. »Deine Schecks«.

»Behalte sie doch«, sagte Bernhard, »Du brauchst sie mir nicht zurückzugeben. Ich brauche sie nicht.« Trotzdem regte sich so etwas wie Stolz in ihm. Am Ende hatte sie es doch um seiner selbst willen getan. Der Gedanke spiegelte sich in seinem Gesicht wieder: Freude. Ein wenig Eitelkeit.

Vivian holte ihn zurück. »Ich brauche sie auch nicht«, sagte sie. »Sie sind nicht gedeckt«.

Er schaute ihr nach, wie sie sich von ihm entfernte und auf

die Tür zuschritt, hinter der die Männer mit den braunen Uniformen die Passagiere überprüften. Er wußte, daß er ihren Gang nie vergessen würde, und daß er niemals wieder schwarze Seide rascheln hören konnte, ohne an sie zu denken. »Vivian«, murmelte er und ging hinter ihr her. »Vivian«.

Hinter den Polizeikontrollen und hinter den Barrieren, die die Passagiere noch für ein weiteres Mal gefangennahmen, bevor sich die Tür zum Flugfeld öffnete, drehte sie sich noch einmal um. Sie winkte ihm zu und schien etwas zu sagen, was ihm wie Huhu vorkam. In der einen Hand hielt sie einen dunkelbraunen Gegenstand, und sie deutete mit der anderen Hand darauf, als ob sie ihm etwas mitteilen wollte.

»Huhu!« machte Bernhard mechanisch. Dann öffnete der Steward die Tür zum Flugfeld.

***

Paco, der Konsul, hatte gewartet, und als Bernhard sich umwandte, um den Flugplatz zu verlassen, stand er hinter ihm. »Ich hoffe, daß er bald wieder hier ist und kauft«, sagte er. »Don Manfredo ist doch ein Ehrenmann, oder?«

Bernhard gab keine Antwort. Er wußte nicht, was sein Gegenüber darunter verstand.

»Es soll Ihr Schade nicht sein, wenn es klappt«, lockte Paco. »Wenn es klappt, bekommen Sie tausend Dollar für Ihre Arbeit. Haben Sie die Telefonnummer in San Francisco?«

»Ich glaube«, sagte Bernhard unverbindlich. »Vielleicht habe ich sie. Es könnte sein«.

»Sie können mein Telefon benutzen«, sagte Paco und begann noch einmal von vorn: »Es soll Ihr Schade nicht sein...«

»Zweitausend Dollar«, unterbrach in Bernhard. Er überlegte, ob er sie Vivian schicken würde.

»Eh ich es vergesse«, sagte Paco, der Konsul. »Don Manfredo hat mir einen Scheck von Ihnen gegeben«. Er zog, ohne zu suchen, ein längliches Stück Papier aus der Tasche und hielt es ihm hin. »Er hat sich dafür von mir hundert Dollar geben lassen.

Und Sie geben mir das Geld wieder, hat er gesagt. Soll ich ihn bei der Bank einlösen?«

»Er ist...« Bernhard unterbrach sich und nahm Paco den Scheck aus der Hand. »Ich gebe Ihnen das Geld in bar«. Er steckte den Scheck in die Jackentasche und griff dann in die Brusttasche. »Einen Augenblick«, sagte er und begann auch die andere Tasche abzusuchen. »Ich glaube, ich habe...«

»Ja?« fragte Paco, der Konsul. Seine Hand begann fingerreibend den Scheck zurückzufordern.

Bernhard nahm die Hand aus der Brusttasche. »Ich habe eine bessere Idee«, sagte er. »Ich verzichte auf die zweitausend Dollar und behalte die hundert, ok?«

Bernhard sah, spürte und roch, wie bei Paco, dem Konsul, eine Veränderung vorging. Die Veränderung nahm tief in seinem Inneren ihren Anfang und drückte langsam nach außen, bis sie aus allen seinen Poren drang, wie bei jemandem, der von einem unerwarteten Schweißausbruch überfallen wird. »Wirklich?!« fragte Paco glücklich.

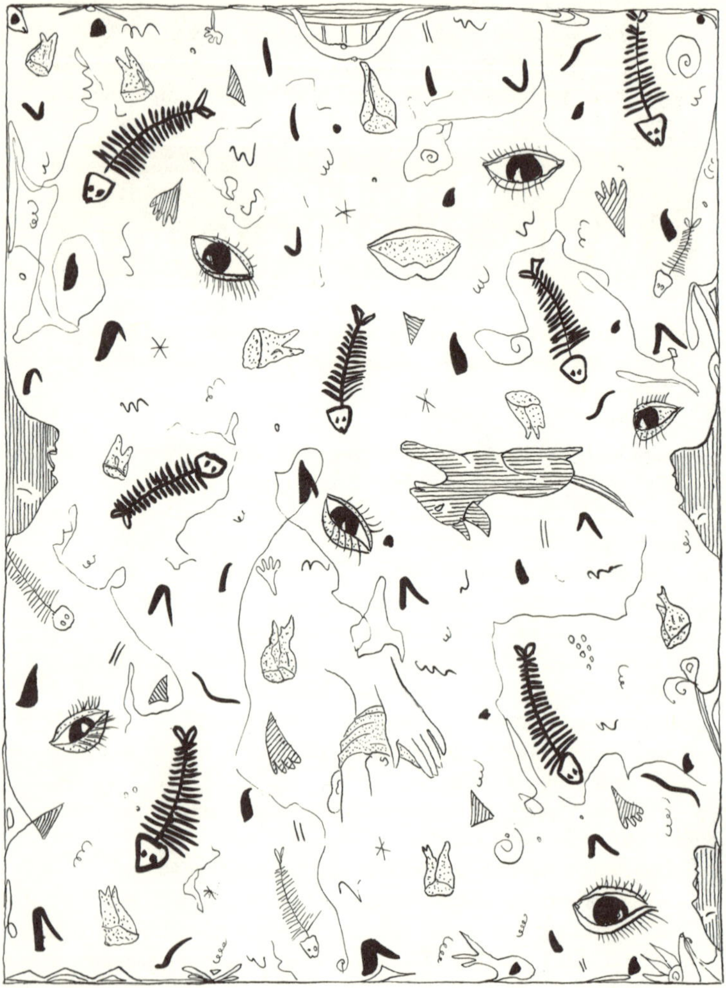

»Tut's weh?« fragte das Kind. Es stand neben ihm und spielte mit dem Armband seiner Uhr. »Du sollst mir sagen, ob's weh tut!« sagte es noch einmal, als er nicht antwortete und ließ das elastische Armband gegen sein Handgelenk schnappen.

»Grrr!« machte Klaas Westmann. »Grrr!« In seinem Mund sabberte und schlabberte ein Speichelabsauger. Eine Lampe

Der Tag, als die Brücke brach

schien ihm direkt in die Augen, und der sirrende Sadismus des Bohrers übertrug sich vom Zahn in den hintersten Winkel seines Hirns.

»Laß den Onkel zufrieden, Pepito«, sagte die Zahnärztin. »Der Onkel ist Ausländer und versteht dich nicht«.

»Aber mit dir hat er doch vorhin geredet«, sagte Pepito. »Dir hat er doch vorhin gesagt, daß die Brücke gebrochen ist«.

Die Zahnärztin lächelte ihn an. Die Art, wie sie die Oberlippe hochzog und dabei die Zähne freilegte hatte etwas Mütterliches. »Mich versteht er. Und ich verstehe ihn«.

Pepito zeigte und pochte mit einem schmuddeligen kleinen Zeigefinger auf seine Brust: »Ich habe ihn auch verstanden. Welche Brücke ist denn gebrochen? – Die über die Schlucht?«

»Ist er nicht süß?« gluckste die Zahnärztin. »Er ist erst vier Jahre und schon so süß«.

»Bin nicht süß«, protestierte Pepito und stampfte mit dem Fuß auf. »Bin frech Dreck.«

Die Zahnärztin lachte, daß ihr der Bohrer abrutschte.

»Grrrrrr!« machte Klaas Westmann.

»Entschuldigung,« sagte die Zahnärztin und schaltete den Bohrer ab. Sie legte ihn beiseite und wischte sich die Tränen aus den Augen. »Er ist so komisch, unser Pepito! Zum Totlachen«.

Sie nahm ihm das gurgelnde Speichelgerät aus dem Mund und sagte: »Es ist gleich vorbei. Hat's wehgetan?«

»Ja«, sagte Klaas Westmann. Der Bohrer ist ins Zahnfleisch gerutscht. Es hat höllisch wehgetan. Es tut noch immer weh«.

»Es ist gleich vorbei«, versprach ihm die Zahnärztin. Ein wenig Ärger klang mit, so, als ob sie die Bemerkung ziemlich unhöflich gefunden hätte. Sie schob ihm die Schlürf- und Sabbermaschine wieder in den Mund und stellte den Bohrer an. Sie setzte ihn auf den Zahn und begann zu bohren. »Wie ist es denn überhaupt passiert?« fragte sie.

»Grrr«, sagte Klaas Westmann.

»Wie bitte?« fragte die Zahnärztin.

»Grrr!«

»Ich kann Sie nicht verstehen«, sagte sie. Sie drehte sich zu Pepito hin und sagte: »Siehst du, Pepito, ich kann den Onkel auch nicht verstehen. Er ist Ausländer«.

»Ja«, sagte Pepito. »Verdammter Ausländer. Aber er brüllt genau wie Papi, als er bei dir war. Grrrrrr!«

»Wie ist es passiert?« dachte Klaas Westmann. Bei dem Gedanken wurde ihm fast übel. Er hatte in der Cafeteria gestanden und mit ein paar Freunden einen Aperitiv getrunken. »Nehmen Sie doch eine Olive«, hatte die Frau gesagt, die Frau, die Michael mitgebracht hatte. Sie hatte ihn angelächelt, als ob sie ihm mit der Olive mehr als nur eine Olive anbieten wollte. Zwischen ihnen war vom ersten Augenblick etwas gewesen, Spannung, Übereinstimmung, etwas schien sie aufeinander zuzuschieben.

Er hatte die Olive zwischen die Zähne genommen. Er hatte damit nachmachen wollen, was die Frau am Abend zuvor mit der Maraschinokirsche getan hatte. Jemand schlug ihm auf den Rücken: »Klaas, schön, dich mal wieder zu sehen!« Es machte einen kleinen hellen Knack, bevor er antworten konnte.

»Ich werde ohnmächtig!« dachte er. Er war sicher, daß er hier, jetzt das Bewußtsein verlieren würde, noch bevor sein Verstand ihn präzise wissen ließ, was geschehen war. Sein Unterbewußtsein wußte Bescheid, sein Bewußtsein weigerte sich, es zu glauben.

Knack, machte es noch einmal, als er prüfend nachbiß. Dann spürte er, daß die Brücke in seinem Mund lag. Er spürte, daß es zwei Teile waren. Er spürte, daß er kalkig und grün im Gesicht wurde und daß ihm der Schweiß ausbrach. Er spürte, daß sich sein Gesicht verzerrte und den Versuch machte, ein glaubwürdiges Grinsen hervorzubringen. Er spürte, daß sein Grinsen eine Fratze war. Er spürte, daß seine Knie nachgaben.

»Was ist denn?« fragte die Frau. »Um Gotteswillen, was ist?!«

Er starrte sie voller Panik an und stürzte an ihr vorbei zu den Toiletten.

***

»Wenn ich hier rauftrete, geht dann der Stuhl runter?« fragte Pepito.

»Pepito!« schrie die Zahnärztin mit einem klirrenden Nebengeräusch der Stimme. »Nimm sofort den Fuß da runter!«

»Erst mal rauftreten«, sagte Pepito. Der Behandlungsstuhl, auf dem Klaas Westmann lag, sackte mit einem Ruck zu Boden. Pepito machte erschreckt einen Schritt zur Seite. Er griff hinter sich, um das Gleichgewicht zu behalten und faßte in die Bohrer, die aufgereiht unter der grellen Lampe hingen. »Aihiiii!!« machte Pepito sehr laut.

Die Zahnärztin schrie auf. Sie ließ den Bohrer, wo er sich gerade befand. Er befand sich im Mund von Klaas Westmann. Sie stürzte sich auf das Kind. »Hast du dir wehgetan, Heiligemaria, mein kleiner Engel?!«

Pepito hielt ihr einen blutenden Handteller ins Gesicht.»Jaaauh!« brüllte er. »Wehgetan!«

»Hol den Verbandskasten!« befahl die Zahnärztin tonlos und zeigte auf ihre Assistentin. Von draußen her drängten sich durch die geöffnete Praxistür die wartenden Patienten. Sie starrten auf das Kind und auf die Zahnärztin. Sie sagten nichts, sondern warfen einander kopfnickend Blicke zu. Die Assistentin kam mit dem Verbandskasten. Die Zahnärztin riß eine Flasche mit Jod heraus und schüttete den größeren Teil davon über Pepitos Hand. Pepito hob buchstäblich ab. Ein dumpfes Dröhnen kam aus seiner kleinen Kehle: »Oiiiii!!!«

Klaas Westmann fragte sich, ob er nicht gerade Zeuge einer gewaltigen Entdeckung geworden war. War Jod vielleicht der Stoff, mit dem man Raketen auf eine Umlaufbahn schicken konnte? Wenn schon ein kleines und durchaus flugunfähiges Kind davon fast in die Höhe getrieben wurde? Hatte er hier das Pendant zur Kalten Kernfusion gefunden?

Er merkte, daß er immer noch die Sabberpumpe im Mund hatte und nahm sie heraus. Er nahm ebenfalls den Bohrer aus dem Mund und richtete sich auf. »Bin ich fertig?« fragte er. Er sah die Menschen, die sich durch die Tür drängten. Jetzt starrten sie ihn an und schüttelten die Köpfe wie ein einziges Wesen. »Nein, noch nicht fertig«, erklärte ihre Gestik. »Wenn das Kind wieder dem Leben zurückgegeben ist, geht es weiter«.

Pepito hing in den Armen der Zahnärztin. Er wischte Blut und Jod an ihrem weißen Kittel ab und blubberte Schaum.

»Bin ich fertig?« fragte Klaas Westmann noch einmal und vermied es, auf die Menge in der Tür zu schauen.

Die Zahnärztin blickte ihn an, als ob sie ihn zum ersten Mal sähe. »Fertig? Womit?«

»Mit dem Bohren«.

»Haben Sie gebohrt?« fragte sie zerstreut. »Das dürfen Sie aber eigentlich nicht«. Sie schaute auf das Kind in ihrem Arm. »Pepito ist verletzt. Er hat Schmerzen. Ich muß mit ihm zum Arzt«.

»Wollten Sie nicht noch einen Abdruck machen?« fragte Klaas Westmann unsicher. »Wollten Sie nicht die neue Halterung schleifen und dann einen Abdruck machen?«

Die Zahnärztin schaute ihn verständnislos an. »Das Kind ist verletzt«, sagte sie. »Wie kann ich da einen Abdruck machen?!« Irgend jemand mußte die Ambulanz verständigt haben, denn in diesem Augenblick begann das Geheul einer Sirene die enge

Straße bis zum Rand zu füllen. Wenige Sekunden später stürzten zwei Krankenträger mit einer Bahre in die Praxis.

***

Zwei Tage später kam die Assistentin zu Klaas Westmann ins Haus. Es war noch früh am Morgen. Er saß in seinem Wohnzimmer. Seit dem Tag, als die Brücke brach, hatte er sich kaum noch unter Menschen begeben. »Sie können jetzt wieder kommen«, sagte die Assistentin. »Es ist alles bereit für den Abdruck«.

»Das Kind?« fragte Klaas Westmann nuschelnd. »Ist das Kind wieder in Ordnung? Hat man sein Pfötchen retten können?« Er fragte sich, ob Nuscheln ironisch klingen konnte.

Die Assistentin lachte. »Pepito? Dem passiert so etwas doch jeden Tag!«

***

Im Wartezimmer saßen vier Frauen, vier Männer und ein Hund. »Wer ist zuerst dran?« fragte Klaas Westmann, als er sich durch den engen Raum gedrückt hatte und einen Stehplatz an der Wand gefunden hatte.

Ein alter Mann zeigte auf den Hund.

»Der Hund?!« fragte Klaas Westmann mit nuschelnd erhobener Stimme. »Wollen Sie mir etwa erzählen, daß der Köter zur Zahnbehandlung kommt?!«

»Daß er gebohrt wird?« fragte der alte Mann zurück.

Klaas Westmann nickte.

»Daß er Füllungen bekommt?« fragte der alte Mann.

Klaas Westmann nickte noch einmal.

Der alte Mann schüttelte den Kopf. »Natürlich nicht. Wer hat schon mal von einem Hund gehört, der zum Zahnarzt geht?« Er wandte sich mit keckerndem Altmännerlachen an die anderen Wartenden: »Der Fremde sagt, daß bei ihm die Hunde zum

Zahnarzt gehen«. Die Wartenden lachten ebenfalls. Der Hund zog die Oberlippe hoch und griente.

»Habe ich überhaupt nicht gesagt«, verteidigte sich Klaas Westmann so gut er nuscheln konnte. »Sie haben gesagt, daß der Hund zuerst dran ist«.

»Er soll doch nur die Zahnärztin begrüßen«, sagte der alte Mann und tippte sich an die Stirn. »Es ist der Hund ihrer Tante, deren Mann gerade in Venezuela verschieden ist, er ruhe in Frieden! Er hat sich totgesoffen«.

»Was hat der Hund damit zu tun?« fragte Klaas Westmann.

»Nichts,« antwortete der alte Mann. »Was soll denn der Hund damit zu tun haben? Was, um Gotteswillen?!« Er blickte zu den anderen hinüber und zog die Augenbrauen hoch. Die anderen Patienten schüttelten die Köpfe. Und schnauften durch die Nasen. Die Assistentin kam ins Wartezimmer und holte den Hund. »Wahrscheinlich denkt er, der Hund hat auch gesoffen«, flüsterte der alte Mann zu den anderen Wartenden hin. »Ausländer!« lieferte er nach und tippte sich noch einmal keckernd an die Stirn.

Aus dem Behandlungszimmer drang heftiges Quietschen und Winseln. »Du sollst mich nicht ablecken, Chucho!« lachte jemand, dessen Stimme wie die der Zahnärztin klang.

»Sie ist trotzdem eine gute Zahnärztin«, meldete sich der alte Mann wieder zu Wort. »Nur, daß sie eben ihre Tante liebt. Besser als der Borrachito ist sie jedenfalls, der einem immer gleich drei Zähne mehr rausreißt als nötig ist«. Der Borrachito war ein Zahnarzt, der in der Kassenklinik arbeitete. Klaas Westmann hatte von ihm gehört. Er hatte seine eigene Praxis aufgegeben, weil freiwillig niemand mehr zu ihm kam. Borrachito heißt Trunkenböldchen. Es hieß aber auch, daß der Borrachito seit geraumer Zeit schon nicht mehr trank. Er hatte alles ausgetrunken. Jetzt hieß es, daß er den Bohrer nicht mehr richtig halten konnte.

»Sie sind dran«, sagte die Assistentin. Sie war ohne den Hund wieder ins Wartezimmer zurückgekommen und zeigte auf Klaas Westmann.

»Und die anderen?« fragte er unsicher. »Waren sie nicht zuerst hier?«

Die Assistentin schüttelte den Kopf. Die Wartenden schüttelten ebenfalls den Kopf. »Sie wollen sehen, wie die Zahnärztin Ihnen den Abdruck macht«, sagte sie.

Die Wartenden nickten feierlich und faltenden fromm die Hände wie erwartungsvolle Kirchenbesucher.

Klaas Westmann schob sich durch den kleinen Raum hindurch ins Behandlungszimmer. Hinter ihm erhoben sich die Wartenden. Sie folgten ihm und blieben in der Tür zum Behandlungszimmer stehen. Zum ersten Mal wurde Klaas Westmann klar, welch tiefe Spuren die Araber auf Papaya hinterlassen hatten. »Eigentlich könnte die Praxis auch auf der Straße sein«, dachte er. »In Marrakesch oder Agadir«.

Die Zahnärztin hielt den Hund im Arm. Der Hund knabberte an ihren Fingern. »Na, dann wollen wir mal den Abdruck machen«, sagte sie und lächelte ihm zu. Sie setzte den Hund auf den Boden zurück und machte Klaas Westmann ein Zeichen, im Behandlungsstuhl Platz zu nehmen. Der Hund begann sich heftig zu kratzen. »Soll ich ihn rausbringen?« fragte die Assistentin. »Vielleicht hat er Flöhe.

Die Zahnärztin schüttelte den Kopf. »Meine Tante will, daß er hierbleibt, bis sie vom Friseur zurück ist«. Sie schaute Klaas Westmann an. »Meine Lieblingstante Georgina«, fügte sie erklärend hinzu. »Sie hat mir den Teddybären geschenkt«. Ihr Finger deutete auf einen rosaroten Teddybären, der oben auf dem Medikamentenschrank saß. Klaas Westmann nahm zum ersten Mal wahr, daß der ganze Behandlungsraum voller Stofftiere war. Wo immer er hinschaute, hingen, saßen, standen oder lagen Bären, Affen, Eulen, Giraffen, Seehunde. Auch modisches Getier, das die gesegneten Hände Walt Disneys geschaffen hatten, war zugegen. Einigen dieser Geschöpfe fehlten Glieder, Fell und Augen. Die Zahnärztin hatte ganz offensichtlich ihr Kinderzimmer mit in die Praxis hinübergerettet. Hatte sie zunächst Chirurgin werden wollen?

»Los!« befahl der alte Mann in der Tür. »Wir können nicht den ganzen Tag warten«. Gleichzeitig wurde ihm klar, daß sein Verhalten respektlos gewesen war, und er murmelte: »Verzeihung!«

Eine Frau bekreuzigte sich erschrocken und murmelte die erste Zeile vom Vaterunser.

Die Zahnärztin sah den alten Mann strafend an. »Ich bestimme hier«, sagte sie. »Auch, wenn Sie älter sind als ich«. Dann trat sie aber doch auf den Hebel, und der Behandlungsstuhl beförderte Klaas Westmann mit leisem Zischen ihrem runden, sanften und durchaus mondartigen Gesicht entgegen. Die Zuschauer in der Tür machten: »Ah!«

Zehn Minuten später war der Abdruck beim dritten Versuch gelungen. Die Zuschauer zogen sich, schwer atmend, satt vom Sehen, mit glänzenden Augen und roten Wangen von der Tür zurück, wahrscheinlich hätte man jetzt einen Hut oder den Klingelbeutel herumgehen lassen können. Klaas Westmann verließ mit einem neuen Termin in der Tasche das Behandlungszimmer. Erst auf der Straße wurde ihm klar, daß der merkwürdige Geschmack, der von den Händen der Zahnärztin ausgegangen war, nur aus dem Besitz des Hundes stammen konnte: Speichel, Flohpulver und feuchtes Fell.

***

»Ich habe gehört, Ihnen ist mitten in der Cafeteria das Gebiß zerbrochen, und Sie bekommen ein neues«, rief der Postbeamte von hinter seinem Schalterfenster, als er Klaas Westmann sah. Er sah ihn, als er sich ans Ende der Schlange stellte, um einen Eilbrief aufzugeben. Der Eilbrief hatte ihn aus seinem Exil der Scham ins Freie getrieben.

Die Leute in der Schlange drehten sich nach ihm um. Sie betrachteten forschend sein Gesicht, seinen Mund und suchten ihn nach Zeichen der Zahnlosigkeit ab.

Klaas Westmann spürte, daß er dunkelrot geworden war. »Es ist eine Brücke, sonst nichts«, wollte er sagen. »Mir ist die Brücke zerbrochen«. Aber dann fiel ihm ein, daß er nur noch schlorrend und undeutlich sprechen konnte, und er versuchte über die Schlange hinweg, dem Postbeamten zuzulächeln. »Er hat ein zahnloses Grinsen«, stellte jemand mit Bestimmtheit fest. Die Schlange nickte zustimmend.

»Ich würde aufpassen«, warnte der Postbeamte und hob zur gleichen Zeit bedeutungsschwer die linke Hand. Er gab mit der anderen einer Frau eine Briefmarke und zeige ihr mit einer Bewegung seines Kinns, wie und an welcher Stelle man sie aufklebt. Er beobachtete den Vorgang, zog die Augenbrauen ob ihrer dicken, weißbelegten Zunge tadelnd hoch, nickte schließlich mäßig zufrieden. »Ich würde aufpassen«, sagte er dann noch einmal und schaute den nächsten Kunden in der Schlange an, der »drei zu achtundzwanzig« sagte. »Manchmal ist sie gut, manchmal ist sie schlecht. Man sagt, sie hat dem alten Jorge ein Gebiß verpaßt, daß er aussah, wie ein blauer Hai«. Der Postbeamte versuchte darzustellen, wie das Gebiß eines blauen Hais im Mund eines Menschen aussieht. Er riß sich mit den Fingern den Mund auseinander, grinste und steckte die Zunge zwischen die Zähne. Einige der Leute in der Schlange lachten. Andere ärgerten sich. »Meite ist die Tochter von Clara«, murrte einer, der sich ärgerte. »Clara ist die Frau von Facundo, dem Heiler. Facundo war so gut wie ein Arzt. Wird seine Frau eine schlechte Zahnärztin ans Licht dieser Welt bringen können?«

Die Genealogie beeindruckte und überzeugte. Auch die Lacher machten jetzt respektvolle Gesichter, und der Postbeamte zog sich aus seiner unhaltbar gewordenen Position zurück. »Ich wollte ja auch nur sagen«, murmelte er, »daß man aufpa...«.

»Man muß lieber aufpassen, was man sagt«, unterbrach ihn der Ahnenforscher strafend. »Ein rasches Urteil ist ein schlechtes Urteil«.

»Vielleicht war der Zahntechniker schuld«, versuchte es der Postbeamte noch einmal. Man spürte, daß er seinen Kopf aus der Schlinge ziehen wollte.

»Mein Sohn!?« rief drohend eine Stimme vom Telegrammschalter her. »Mein Sohn soll ein schlechter Zahntechniker sein?!« Ein magerer Mann mit dicker Brille kam aus der Telegrammecke gehumpelt und baute sich vor Klaas Westmann auf.

»Ausländer sollten aufpassen, was sie reden«, sagte er erregt. »Mein Sohn hat nur deutsche Maschinen, und das ist nun der Dank!«

»Er war es nicht«, zischte es vom Kopf der Schlange. »Das hat Mulo gesagt«. Mulo war der Postbeamte.

»Mulo«, machte der magere Mann geringschätzig, als ob er eine Kippe wegwarf. »Was kann ein kleiner Postbeamter wie Mulo schon sagen? Es kommt auf den an, der diese Verleumdung veranlaßt hat«. Er maß Klaas Westmann mit einem vernichtenden Blick. »Mein Sohn sollte Ihnen ein Gebiß machen, das Sie Ihr Leben nicht mehr vergessen«, sagte er. »Aber leider kann mein Sohn so etwas gar nicht. Er würde selbst mit geschlossenen Augen noch ein Gebiß machen, auf das sogar...«, er suchte nach einem passenden Gebißträger und verkündete dann mit einem patriotischen Beben in der Stimme: »...seine Majestät, der König, stolz wäre«. Die Schlange nahm in fast allen ihren Gliedern Haltung an. Das Glied hinter Klaas Westmann begann die Nationalhymne zu summen.

»Das Telegramm kostet tausendachthundertzweiundzwanzig!« rief der Beamte aus der Telegrammecke.

Der magere Mann drehte sich mit einem Ruck um. »Tausendachthundertzweiundzwanzig?!« fragte er streitsüchtig. »Dann lassen Sie gefälligst die Hälfte weg!«

»Welche Hälfte?« fragte der Beamte.

Der magere Mann machte eine Bewegung mit der linken Hand. »Das ist mir völlig egal«.

Klaas Westmann nutzte die Gunst des Augenblicks, um unbemerkt aus dem Postamt zu verschwinden.

***

Am Abend, nachdem es dunkel geworden war, und Klaas Westmann hinter verschlossenen Vorhängen in seinem Wohnzimmer saß, klingelte das Telefon. »Sie müssen aufpassen«, sagte eine Stimme, von der er annahm, daß sie durch ein Taschentuch in die Sprechermuschel kam.

»Aufpassen?« nuschelte er verwirrt zurück. »Worauf muß ich aufpassen?«

»Daß sie richtiges Gold nimmt«, sagte die Stimme.

»Richtiges Gold? Wofür? Wer? Warum?« Klaas Westmann fragte alles zurück, was ihm in den Sinn kam.

»Meite«, sagte die Stimme. »Die Zahnärztin. Manchmal nimmt sie vergoldetes Blech. Oder Blei«.

»Wofür?« fragte Klaas Westmann noch einmal. Der Gedanke schoß ihm durch den Kopf, daß der Anrufer sagen wollte, die Zahnärztin verlangte Blech als Bezahlung. Blech oder Blei. »Als Bezahlung?« fragte er deshalb hinterher.

Die Stimme am anderen Ende lachte hohl und herablassend. »Für die Plomben«, sagte sie. »Für die Füllungen. Vorsicht, sage ich nur, äußerste Vorsicht!« Es machte klick in der Leitung, und obwohl Klaas Westmann noch ein paar »hallohallo!« in den Apparat nuschelte, bekam er keine Antwort mehr.

Stattdessen klopfte es. Klaas Westmann bekam einen Schreck. Die Frau, die Michael mitgebracht hatte? Ein Freund? – Bekannte? Ein schrecklicher Gedanke schoß ihm durch den Kopf: »Sie kommen, um mich in diesem Zustand zu sehen! Sie kommen, um mich auszulachen«. Er beschloß, so zu tun, als ob er das Klopfen an der Tür nicht gehört hatte.

Das Klopfen wurde energischer. Klaas Westmann beschloß zu warten, bis mit Fäusten gegen die Tür getrommelt wurde.

Der Unbekannte mußte seine Gedanken erraten haben. Er hämmerte mit den Fäusten gegen die Tür.

Klaas Westmann ging auf den Flur. Auf dem Weg zur Tür holte er aus dem Badezimmer ein Handtuch heraus und legte es sich über den Kopf. Das eine Ende des Handtuchs wickelte er sich um die linke Wange und führte es am Mund vorbei. Er ging zur Tür und öffnete.

Seine Putzfrau prallte zurück. »Heilige Jungfrau!« sagte sie. »Ich dachte, da ist ein Araber in Ihrem Haus!«

»Was wollen Sie?« mummelte Klaas Westmann. »Es ist mitten in der Nacht.«

»Tut's weh?« fragte die Putzfrau.

Klaas Westmann mußte an den kleinen Jungen vom ersten Mal bei der Zahnärztin denken. Instinktiv steckte er die Hand, an der er die Armbanduhr trug, in die Hosentasche.

»Tut's weh?« fragte die Putzfrau noch einmal. »Man sagt, daß es Ihnen nicht gut geht. Man meint, Sie brauchen vielleicht Hilfe«.

»Wer sagt? Wer meint?«

Die Putzfrau machte eine weitausholende Bewegung mit dem rechten Arm. »Alle. Ich habe es im Supermarkt gehört. Der, in dem Sie nicht kaufen«, fügte sie hinzu.

»Mir tut nichts weh«, mummelte Klaas Westmann. »Es ist alles in Ordnung. Sie brauchen sich keine Sorgen zu machen«.

Die Putzfrau trat einen Schritt vor. »Machen Sie mal das Tuch ab!« befahl sie. Um die Angelegenheit zu beschleunigen, ergriff sie das Ende des Handtuchs und zog es ihm mit einer raschen Bewegung vom Mund.

»Nein!« protestierte Klaas Westmann.

»Doch«, sagte die Putzfrau. »Machen Sie den Mund auf«.

»Nein!!« Sein Nuscheln klang flehentlich.

Die Putzfrau lachte. »Los«, sagte sie. »Sie brauchen sich vor mir nicht zu schämen. Ich weiß doch alles von Ihnen«.

»Was?« fragte Klaas Westmann. »Was wissen Sie alles von mir?« Entsetzen breitete sich in ihm aus. Hatte sie die Pornohefte gefunden? Wußte sie, daß er nachts bisweilen...? Hatte er die Kleenex nicht immer durch die Toilette gespült?

Die Putzfrau gab ihm darauf keine Antwort. »Mund auf!« befahl sie. Sie machte eine Bewegung mit den Händen, als ob sie ihm dabei helfen wollte. Klaas Westmann mußte an die Hundehände der Zahnärztin denken. Er mußte daran denken, daß seine Putzfrau wohl noch ganz andere Dinge anfaßte. Putzte sie nicht auch die Praxis des Urologen? Er wich einen Schritt zurück und machte, um ihr zuvorzukommen, den Mund auf.

»Weiter!« befahl die Putzfrau, »Machen Sie ihn weiter auf!« Sie folgte dem Schritt, den Klaas Westmann zurückgemacht hatte und stellte sich auf die Zehenspitzen. Sie schaute mit schiefgelegtem Kopf in seinen Mund. »»Aha!« machte sie schließlich und ließ von ihm ab.

Klaas Westmann klappte den Mund wieder zu. »Aha?« fragte er. »Was aha?«

»Es ist ja nur eine Brücke«, sagte die Putzfrau. »Alle Welt sagt, Sie haben überhaupt keine Zähne mehr. Es wird Zeit, daß ich das richtigstelle«.

»Wie soll ich das verstehen?« fragte Klaas Westmann so gut es ging. »Woher will alle Welt wissen, was ich für Zähne habe? Und ob? Und überhaupt?«

Die Putzfrau lächelte ihn nachsichtig an. »Das ist nun mal so«, sagte sie. »Sie leben auf Papaya. Wußten Sie eigentlich, daß der Hund der Tante der Zahnärztin Würmer hat?«

***

Nachdem die Putzfrau wieder gegangen war, betrank sich Klaas Westmann. Sie hatte ihn mit der Versicherung verlassen, daß nun das Ende der Gerüchte gekommen war: »Jetzt kommt die Wahrheit ans Licht!« Sie hatte auch empfohlen, gegen Würmer Mohrrüben zu essen. »Aber passen Sie auf«, hatte sie hinzugefügt und warnend einen Finger hochgehoben. »Passen Sie auf, daß Ihnen nicht auch noch die andere Brücke kaputtgeht«. Bei der Inspektion seines Mundes war ihr nichts entgangen.

Am nächsten Morgen fand er vor seiner Haustür neben den Brötchen einen Zettel, der um einen Stein gewickelt war. »Achtung!« stand darauf in Druckbuchstaben, die ganz offenbar mit der linken Hand geschrieben waren: »Der Zahntechniker hat Aids!«

Auch bei der Zahnärztin erwarteten ihn schlechte Nachrichten. »Der Bote hat den Wachsabdruck kaputtgemacht«, sagte die Assistentin. »Er muß sich wohl im Auto draufgesetzt haben. Es tut mir leid«.

Das Wartezimmer war leer. »Schade«, sagte Klaas Westmann, obwohl ihn eigentlich ein Gefühl der Dankbarkeit durchzog. Der Bruch der Brücke und die Herstellung der neuen Brücke hatten inzwischen für ihn nahezu den gleichen alptraumartigen Charakter angenommen. Irgendwie schienen sich die beiden Alpträume gegenseitig in ihrer Wirkung aufzuheben. »Schade«, wiederholte er trotzdem noch einmal. »Wo heute doch kein Mensch da ist«.

»Morgen sind sie wieder alle da«, versprach die Assistentin. »Sie wissen, daß heute nichts passiert. Der Bote hat es den Leuten in den Bars erzählt«.

***

Die Zahnärztin begrüßte ihn mit einem großen, professionellen Jacket-Kronenlächeln. »Jetzt haben wir es ja bald geschafft«. Sie winkte ihn zum Behandlungsstuhl. »Jetzt haben wir es ja bald geschafft«, sagte sie noch einmal mit einem Blick zur offenen Tür. Sie schien es für das Publikum zu sagen. Sie stand auf der Bühne. Sie war der Star.

Klaas Westmann machte sich nicht die Mühe zu antworten. Er lehnte sich zurück und machte den Mund auf. Er warf einen Blick zur Tür und ertappte sich dabei, daß er überprüfte, ob sein tägliches Publikum vollzählig anwesend war. Spielte er wirklich nur eine Nebenrolle? Kamen all diese Menschen nicht seinetwegen?

Der alte Mann mit den dritten Unterkieferzähnen zwinkerte ihm zu. Mit der Zunge hob er seine Prothese hoch, als ob er sagen wollte: »Nur Mut, Kamerad!« Am Tag vorher hatte er Klaas Westmann anvertraut, daß das Gebiß nicht besser in den Mund hineinpaßte als ein Hühnerknochen. Klaas Westmann hatte den Vergleich komisch gefunden. »Warum Hühnerknochen?« hatte er gefragt. Der alte Mann hatte mühsam gelacht: »Können Sie sich etwas vorstellen, was schlechter in den Mund paßt als ein Hühnerknochen?«

Klaas Westmann beantwortete seinen augenzwinkernden Gruß mit einer Handbewegung: Servus, gebißtragender Bruder!

Die Zahnärztin hatte ihm für diesen Tag das große Finale in Aussicht gestellt: »Bald wird alles wieder sein wie vorher«, hatte sie versprochen. Klaas Westmann war nach drei Wachsproben froh, daß die Angelegenheit zum Ende kam. Er fragte sich allerdings, was es für ein Ende sein würde. Die Wachsproben in seinem Mund hatten ihm das Gefühl gegeben, daß jemand Steine in seine Wangentaschen hineingestopft hatte. Er erinnerte sich nicht, daß seine zerbrochene Brücke ihm jemals so mundfüllend vorgekommen war. »Die Wachsabdrücke«, sagte die Zahnärztin tröstend, »die Wachsabdrücke sind stets ein wenig unförmig«. Sie sprach unförmig so vorsichtig aus, wie eine fette Frau, die vollschlank sagt.

Die Zahnärztin kam zum Behandlungsstuhl und lächelte ihm aufmunternd zu. »So weit wie möglich«, befahl sie und nickte zu seinem Mund hin. Klaas Westmann riß den Mund auf so gut er konnte und schloß die Augen. Er spürte, wie die Finger der Zahnärztin einen Gegenstand in seinen Mund schoben, und wie sein Mund sich zu weigern versuchte, ihn aufzunehmen. Heute schmeckten die Finger nach Fisch. Ihm fiel ein, daß Freitag war, und daß er seinen Wochenendeinkauf noch nicht erledigt hatte. Er überlegte, ob er auch Fisch kaufen sollte, aber er verwarf den Gedanken: Nicht zweimal am Tag.

Die Zahnärztin griff hinter sich und nahm einen kleinen Hammer vom Tisch. Sie begann, auf der Brücke herumzuhämmern. »Grrr!« machte Klaas Westmann.

»Sie muß fest auf den Halterungszähnen verankert werden«, erklärte die Zahnärztin. »Das hilft nun mal alles nichts«. Sie hämmerte weiter auf seinen Zähnen herum, und ihm kam es vor, als ob sie jedesmal stärker ausholte: Fest ping! auf den Halterungszähnen päng! verankert werden!

»Zur Verankerung der Brücke«, erläuterte die Zahnärztin zu ihrem Publikum hin, »benutzen wir Kappen aus echtem Gold, die vorn und hinten über jene Zähne gestülpt werden, die die Brücke begrenzen«. Sie gab sich wirklich Mühe, ihre Zuhörer klüger zu machen. Oder wollte sie ihm nur die Schau stehlen?

Klaas Westmann winkte in Gedanken ab. Sollte sie doch! Es war ihm gleich. Stattdessen fragte er sich, was es wohl für eine Art Fisch sein mochte, den er auf dem Umweg über die Finger der Zahnärztin genoß. Sie gab fast augenblicklich Auskunft: »Es ist jetzt Thunfischzeit«, sagte sie, und Klaas Westmann nickte, aber sie hatte nicht mit ihm geredet, sondern mit der Assistentin, die neben ihr stand und zuschaute.

»Er ist jetzt billig«, bestätigte die Assistentin. »Ich habe auch welchen gekauft«.

»Ich bereite meinen à la marinera zu«, verriet die Zahnärztin. »Anbraten, bis das Stück auf beiden Seiten goldbraun ist, und dann Zwiebeln und Tomaten ran«. Erst jetzt bemerkte Klaas Westmann das Aroma der Zwiebeln. Der Bonito hatte es überdeckt. »Mögen Sie auch gern Fisch?« fragte die Zahnärztin. Jetzt war er gemeint.

»Grrr!« sagte Klaas Westmann. Er hoffte, daß es die Zahnärztin als nein verstehen würde, und ihm nicht noch die Finger der anderen Hand in den Mund stecken würde.

Er hatte Glück. Die Zahnärztin tat einen letzten Schlag mit dem kleinen blitzenden Hammer und trat zurück. »So«, sagte sie aufatmend. »Das hätten wir«.

Klaas Westmann versuchte den Mund zuzumachen. Es gelang ihm nur unvollständig. »Ich kriege den Mund nicht zu«, lallte er mit großer Dringlichkeit.

Die Zahnärztin betrachtete ihn sinnend und mit schräggelegtem Kopf. »Das gibt sich wohl«, vermutete sie. »Der Mund muß sich erst an die Brücke gewöhnen. Nach einiger Zeit gewöhnt sich der Mund daran«.

»Nach einiger Zeit?« lallte Klaas Westmann.

»Ja«, sagte die Zahnärztin. »Der Mund gewöhnt sich an alles. Darin ähnelt er dem Menschen«.

Von der Tür her gab der alte Mann mit dem falschen Unterkiefergebiß die erläuternden Kommentare. »Es geht ihm jetzt genau so wie mir« verkündete er knackend, und man konnte sehen, wie ihm beim Reden das Gebiß auf- und niederhüpfte.

»Die Zahnärztin reichte Klaas Westmann einen Spiegel. »Schauen Sie«, sagte sie aufmunternd. »Schon jetzt ist es kaum zu merken«.

Klaas Westmann schaute in den Handspiegel und fuhr zurück.

Ein Fremder schaute ihn an. Er wollte einen anderen Spiegel verlangen, aber dann kamen ihm die Augen und das Haar bekannt vor. »Oh Gott!« versuchte er zu stöhnen. Es klang so anders, daß die Zahnärztin es als Lob auffaßte. »Nicht wahr?« sagte sie herzlich. »In ein paar Wochen merkt es kein Mensch mehr«.

Klaas Westmann richtete sich im Behandlungssessel auf und schob die Beine auf den Fußboden. Er stand auf. Die Zahnärztin schenkte ihm ihr schönstes Lächeln und drückte ihm etwas in einem kleinen Plastiktütchen in die Hand. »Die Zerbrochene. Zur Erinnerung«. Sie machte ein Gesicht, als ob sie gleich: »Happy birthday« singen würde.

Er folgte der Assistentin in den Vorraum und wartete, bis sie die Rechnung geschrieben hatte. Er schrieb den Scheck im Stehen an dem tiefen Tisch der Assistentin und merkte, wie ihm dabei die Spucke aus dem Mund lief. »Halten Sie ein Taschentuch an den Mund«, schlug die Assistentin freundlich vor. »Es ist immerhin noch besser als ein künstlicher After, wie ihn meine Oma hat«. Aus dem Behandlungszimmer kam die Stimme einer Patientin, die noch ein anderes Rezept für die Zubereitung von Thunfisch kannte: Salat mit grünen Paprikaschoten und gewürfelten Zwiebeln. Weinessig. Und eine Prise Salz nicht vergessen!

***

»Wo haben Sie denn die ganze Zeit gesteckt?« fragte jemand hinter ihm. Klaas Westmann drehte sich um und schaute in das Gesicht der Frau, die Michael mitgebracht hatte.

»Weglaufen!« befahl eine innere Stimme. »Rennen!«

»Sie schauen mich an, als ob Sie mich nicht wiedererkennen«, sagte die Frau lachend. »Ich bin Ulrike, erinnern Sie sich nicht?«

Er hielt mit der linken Hand das Taschentuch fest gegen seinen unverschließbaren Mund gepreßt. »Doch«, mummelte er dumpf durch das Taschentuch. »Wulwike«.

Ulrike lachte. »So hat meinen Namen noch nie jemand ausgesprochen. Klingt hübsch. Ist denn die Brücke immer noch nicht wieder in Ordnung?«

Klaas Westmann schaute sie entgeistert an. »Woher wissen Sie?« fragte er. »Wer hat Ihnen das gesagt?« Gleichzeitig war ihm klar, daß sie seine Fragen nicht verstand, denn Brücke und Taschentuch machten ihn so unverständlich wie eine Lautsprecherdurchsage auf dem Flughafen.

Ulrike mußte das blanke Entsetzen bemerkt haben, das ihm aus den Augen starrte. Sie wurde ernst. »Kommen Sie mit«, sagte sie und nahm seine Hand. Sie zog ihn hinter sich her und überwand so den Widerstand, den er ihr entgegensetzte.

Sie zog ihn hinter sich her, bis zu dem Hotel, in dem sie wohnte. Sie zog ihn in den Fahrstuhl und brachte ihn auf ihr Zimmer. Sie zeigte auf einen Stuhl, der vor dem Frisierspiegel stand. Sie wartete, bis er saß und stellte sich dann vor ihm hin. »Machen Sie den Mund auf!« sagte sie.

Klaas Westmann schüttelte den Kopf. Er hielt das Taschentuch fest gegen den Mund gepreßt und starrte sie an. »Mund auf!« befahl Ulrike noch einmal. Ihre Stimme duldete jetzt keinen Widerspruch mehr.

Klaas Westmann gab sich geschlagen. Er ließ die Hand mit dem Taschentuch sinken. Er schloß die Augen und öffnete ergeben den Mund.

»Ach du liebe Güte!« sagte Ulrike und zog die Luft durch die Lippen.

***

»Warum hast du mir nicht gesagt, daß sie Zahnärztin ist?« fragte Klaas Westmann. Er klang, als wollte er Michael damit einen Vorwurf machen.

Michael zuckte die Schultern. »Warum sollte ich?« fragte er zurück. »Du hast mir ja auch nicht gesagt, daß du dich in sie verknallt hast«.

»Das eine hat doch mit dem anderen überhaupt nichts zu tun«, protestierte Klaas Westmann.

»Genau so sehe ich das auch«, sagte Michael und bestellte noch zwei Sherry, weil der Kellner gerade vorbeikam. »Jedenfalls habe ich sie nicht als Zahnärztin mitgebracht, sondern als die Frau, mit der ich eigentlich einen wunderschönen Urlaub verbringen wollte.«

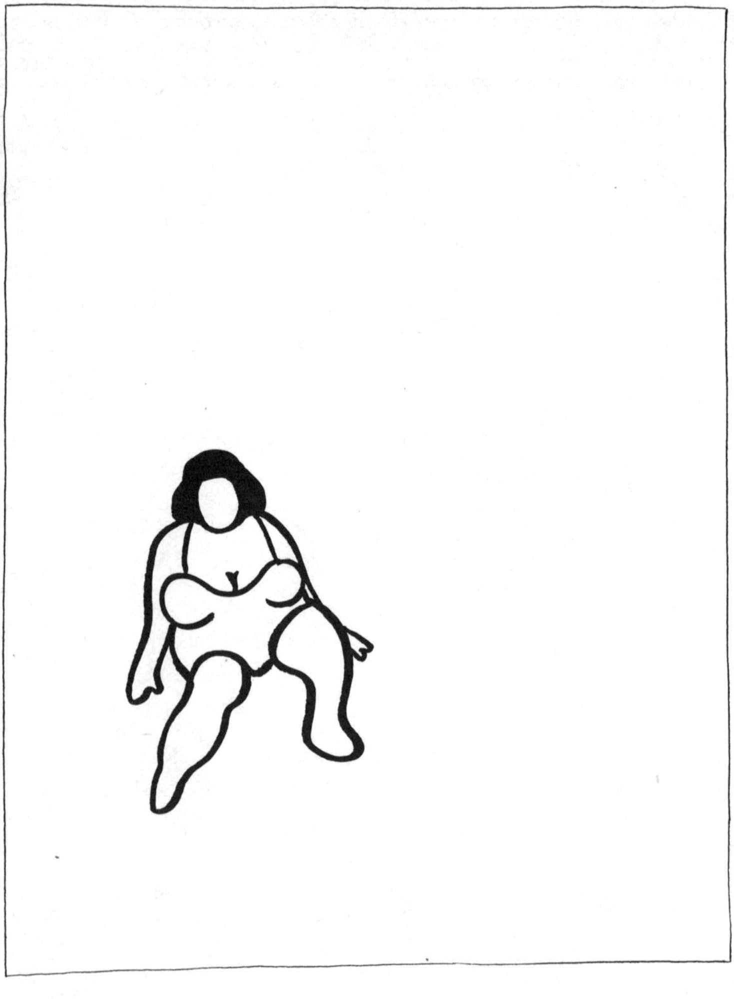

»Wir haben ein winziges Häuschen in den Felsen am Strand. Da verbringen wir unsere Sonntage abseits von Lärm und Trubel. Nur das Rauschen der Wellen, und das Murmeln der kleinen Kiesel, die aneinanderreiben. Friede, lieber Freund, Friede!«

Das, und noch viel mehr über Natur, Luft, Wasser, Sonne, Paella und Kokosöl hatte Teti zu ihm gesagt. Und Bruno, ihr

Sonntag

Mann, hatte stolz genickt und versucht, hin und wieder auch mal einen Satz oder ein Wort einzubringen. »Komm doch am Sonntag dahin«, hatte er, mehrfach von Teti unterbrochen, vorgeschlagen. »Komm, und verbring den Tag mit uns!«

»In Ruhe und Frieden!« hatte Teti eingeworfen und ordnend an ihrem Ausschnitt gezupft. »Am Herzen der Natur. Die rauschenden Wellen. Das Licht der Sonne auf den graugrünen Algen«.

»Ja«, hatte Bruno noch einmal tapfer versucht. »Komm doch am Sonn...«

»Meine Mutter kocht die beste Paella in ganz Papaya. Wie keine zweite. Du brauchst dich nicht andauernd zu wiederholen, Bruno. Natürlich kommt Carlo am Sonntag, nicht wahr Carlo?«

»Gern«, sagte Karl geschmeichelt. Ein Sonntag unter paperischen Freunden. In der Stille der Natur. Mit den kleinen, murmelnden Kieseln am Strand.

Er kam als erster an. Die Kette, die das Grundstück symbolisch absperrte, war noch gespannt. Karl schaute auf die Uhr. Es war zwei Uhr. Er klopfte gegen die Uhr. Sie schien ganz normal zu funktionieren, und ein Blick zur Sonne bestätigte die Uhr: Ja, so ungefähr zwei.

Karl löste die Kette und fuhr auf das Grundstück. Am Ende und direkt am Meer, nur etwas darüber, stand das Häuschen. Die Wellen rauschten, und die kleinen Kiesel murmelten, wenn sie von den Wellen bewegt wurden.

Karl setzte sich auf eine Steinbank, die dem Häuschen vorgemauert war. Wellen, Ruhe und Frieden wirkten fast augenblicklich: Karl schlief ein.

Er wußte nicht, wie lange er geschlafen hatte. Eine gewaltige Woge, die mit großer Geschwindigkeit auf ihn zukam, weckte ihn und ließ ihn entsetzt in die Höhe springen. »Carlo!« schrie Teti. »Du bist ja schon da! Haben wir dich warten lassen?! Wie leid uns das tut!« Hinter ihr begann Monica zu quietschen, Tetis Tochter. Monica quietschte: »Mami, ich will Coca Cola?!«

Monica hatte ihre kleine Freundin Beatrice mitgebracht. »Ich will auch Coca Cola!« jaulte Beatrice, so, als ob jemand einem sehr wehleidigen jungen Hund mit dem Rasenmäher über den Schwanz gefahren war.

Das Baby begann zu brüllen. Es war Tetis Baby. Das Baby brüllte, weil der Opa mit dem Tragekörbchen gegen die Mauer des Hauses gestoßen war. Der Opa war Tetis Vater. Mit seinem überschnappenden Falsett stellte er alle anderen in den Schatten, obwohl alle anderen besonders laut sprachen, wenn sie ihm etwas sagen wollten: Der Opa war stocktaub.

»Das Baby schreit!« schrie die Oma, die Tetis Mutter war. Sie zerrte das Baby resolut aus seinem Tragekörbchen und herzte und küßte es. Das Baby lief blau an vor Wut. Man konnte fast sagen, es röhrte. »Das wird einmal ein Sänger!« gellte die Oma stolz.

»Wo zum Teufel ist der Fernseher?!« überschlug sich die Stimme vom Opa. »Wer hat meinen Fernseher?!« Er blickte um sich und fand ihn in der Hand von Brunito. Brunito war Tetis Sohn und hieß wie sein Vater, nur mit dem Diminutiv hinten dran. Brunito trug in der anderen Hand eine Harpune. Er trug auf dem Rücken einen kleinen Rucksack. Aus dem Rucksack schauten Holzstiele heraus.

»Was ist das?!« schrie der Opa, während er sich des tragbaren Fernsehers bemächtigte. Er schlug mit dem Fernseher nach dem Rucksack.

»Raketen!!« brüllte Brunito. »Raketen und Kanonenschläge! Wir machen ein Feuerwerk!«

»Was?!« brüllte der Opa. »Waaas?!«
»Die Coca ist noch im Auto!« schrie die Oma. »Wo ist Bruno?!« fuhr sie etwas lauter fort.
»Raketen und Kanonenschläge!!« brüllte Brunito.
»Waaas!?« schrie der Opa und stellte den Fernseher ein.
»Ich auch Cola!« jaulte Beatrice.
»Hier bin ich!« dröhnte Bruno über alle hinweg und ließ eine riesige Paella-Pfanne fallen.
Das Baby bekam einen Schreck und fing an, große Mengen Grünlichweißes auszuspucken. »Auf meine neue Bluse!« kreischte Teti.
Der Fernseher begann, zischende, reißende Geräusche, Wortfetzen, Gewehrsalven und Musikersatz von sich zu geben. »Fußball!!!« jubelte der Opa und hielt das Geräte direkt an sein Ohr.
»Wir müssen sofort ein Feuer machen!« schrie Bruno und trat mit dem Fuß gegen die Paella-Pfanne, um sich Gehör zu verschaffen. »Carlo, könntest du vielleicht...«

***

Ein blauer Himmel wölbte sich über Haus, Paella-Pfanne und Fernsehprogramm. »Ich dachte, sie sind noch nicht heiß!« heulte Monica und versuchte, ein Stück glühender Holzkohle von ihrem Finger abzuschütteln.
»Siehst du nicht, daß sie glühen, Idiotin!« schrie Teti.
»Aber nicht, daß sie so heiß sind!« quiekte das Kind und verbreitete Brandgeruch.
»Sofort ins kalte Wasser mit der Hand!« brüllte Bruno.
»Brandsalbe rauf!« schrie die Oma.
»Mehl!« gellte Teti.
»Neiiiiin!« kreischte Monica.
»Ich will Boccia spielen!!« blökte der Opa über den Fernseher hinweg. »Bis Fußball kommt! Tor! Tor! Tor!« Die Vorfreude ließ seine Stimme anschwellen.
»Stell doch um Gottes willen den Fernseher aus!« brüllte die Oma von der Küche her. »Man hört ja kaum die Kanonenschläge!«

»Beatrice, wenn du noch einmal das Baby mit Sonnenöl fütterst, darfst du nie wieder mitkommen!« schrie Teti.

»Will ich auch nie wieder!« jaulte Beatrice. Das Baby heulte.

»Vorsicht, die Paella-Pfanne ist sehr heiß!!« brüllte Bruno warnend.

»Aua!!!« jodelte die Oma. »Auaauaaua!!!«

»Opa erstickt! Der Opapi erstickt!!« jubelten die Kinder wie aus einem Mund und begannen vielstimmig zu singen: »Morgen ist der Opa tot! Hopplahopplahei!«

»Du sollst dich nicht andauernd an den Knochen verschlukken!« schrie Teti und klopfte dem Opa auf den Rücken.

»Schlag mir nicht immer auf den Rücken!« brüllte der Opa und spuckte hustend einen Kaninchenknochen aus. »Wann spielen wir denn endlich Boccia?!«

»Nach dem Essen!« schrien die Oma, Brunito und Bruno wie aus einem Mund.

»Waaas?!« brüllte der Opa und hielt sich fragend eine Hand hinters Ohr. »Laß meinen Fernseher!« brüllte er fast gleichzeitig und stieß Brunito mit der anderen Hand vom Fernseher weg.

»Warum schreit er?!« schrie Teti. »Brunito, mein Kind, warum schreist du so schrecklich?!«

»Er ist in seine Harpune gefallen!« kreischten die beiden kleinen Mädchen entzückt und begannen erneut zu singen: »Er ist in seine Harpune gefallen! Er ist in seine Harpune gefallen!«

***

»Weißt du, Carlo«, sagte Teti. »So ein Sonntag am Meer. Die Stille und der Frieden. Und das Rauschen der Wellen. Und das Murmeln der kleinen Kieselsteinchen«. Sie standen allein an der Verandamauer des Hauses und blickten aufs Meer. »Dafür lebt man«, sagte Teti. »Dafür lohnt sich das Leben!«

Monica und Beatrice waren weg, um mehr Coca Cola zu holen und sich die Knie aufzuschlagen. Der Opa saß auf der Badetreppe zum Meer und versuchte versonnen, die Seeigelstacheln aus der Fußsohle herauszupolken.

Das Baby schlief, denn es hatte ein Beruhigungszäpfchen bekommen. »Morphium hat noch nie einem Kind geschadet« hatte die Oma gesagt, während sie das Zäpfchen resolut hineindrückte.

Bruno, Brunito und die Oma spielten jetzt Boccia hinter dem Haus.

Teti rauchte ein Zigarette. »Friede«, sagte sie noch einmal. Sie setzte sich auf die Mauer und spreizte ihre Schenkel, als ob der Friede von dorther kommen oder dort hinein sollte.

Vom Bocciaplatz her stieg ein markerschütternder Schrei lerchengleich in den Himmel empor, langgezogen, immer höher werdend, sich überschlagend schließlich. Bruno kam um die Ecke gerannt. »Der Oma ist die Bocciakugel genau auf den Fuß...!« schrie er im Vorbeirennen. »Wo ist die Hausapo...?!«

Auf dem Gasherd in der Küche explodierte in diesem Augenblick die Expresso-Kanne.

»Mit dem Kind ist etwas nicht in Ordnung«, sagte Aurora, als Fernando am Abend nach Hause kam. »Mit dem Kind stimmt etwas nicht«.

Fernando stand noch in der Tür. In der rechten Hand trug er seine Adidastasche aus blauem Plastik, die Tasche, die das Eßgeschirr enthielt, das ihm Aurora jeden Morgen mit nahezu

Amilcars Gebrechen

Ungenießbarem füllte und ihm mit zur Arbeit gab. Aurora war keine besonders gute Köchin, alle Nachbarn wußten das, und der Geruch von Angebranntem aller Art, der häufig aus der Wohnung durch das Treppenhaus zog, war beliebt und gefürchtet zugleich. Beliebt, weil viele Frauen deshalb ihren Männern sagen konnten: »Sei froh, daß du mit mir verheiratet bist, du Klotz, statt dich übers Essen zu beschweren. Sei froh, daß Aurora nicht für dich kocht, obwohl du es verdienst, undankbarer Kerl, versoffener!«. Gefürchtet war er, weil er in die Gardinen und ins Bettzeug drang, der Geruch.

Fernando rülpste hart. Es klang wie das kurze, trockene Blöken eines unglücklichen Schafes. »Das Essen«, meckerte er, als von Aurora keine Reaktion darauf kam. »Der verdammte Fraß«. Er hielt ihr anklagend die Adidas Plastiktasche hin und schüttelte sie, daß das Eßgeschirr und der Löffel darin klapperten.

Aurora nahm ihm die Tasche ab, ohne Wirkung zu zeigen. Sie kannte ihren Mann. Sie waren seit 12 Jahren verheiratet. Sie war nicht bereit, sein Magengeschwür auf ihre Kappe zu nehmen. Sie gab seinem Beruf die Schuld.

Fernando war Busfahrer. Er saß den ganzen Tag hinter dem Steuerrad und hatte die Fahrgäste im Rücken. »Nicht mal furzen kann man«, hatte er immer und immer wieder zu seinen Kollegen gesagt und Verständnis gefunden. Zu seiner Frau sagte er das schon lange nicht mehr, weil sie darauf immer nur dieselbe Antwort hatte: »Daher hast du das Magengeschwür. Und außerdem gleichst du das wieder aus, wenn du im Bett liegst. Du gleichst es mehr als aus«. Es war kein Thema, über das sich die beiden freundlich unterhalten konnten.

»Mit dem Kind ist etwas nicht in Ordnung«, sagte Aurora noch einmal. »Mit dem Kind stimmt etwas nicht«. Das Kind, das sie meinte, hieß Amilcar. Es war ihr einziges Kind. Sie war davon mit einem Kaiserschnitt entbunden worden und hatte es deshalb bei diesem einen belassen. Auch hatte Fernando, wie schon gesagt, im Bett besseres, mindestens anderes, zu tun.

Amilcar hieß nicht so, weil seine Eltern ihn nicht lieb hatten. Er hieß so, weil der Bankvorsteher so hieß, bei dem sie anläßlich der Geburt um ein Darlehen für Bettchen und Windeln nachgesucht hatten. Es war ein Name der Dankbarkeit, was jedoch der Bankvorsteher nicht zu schätzen wußte. »Bauernkinder sollten nicht Amilcar heißen«, hatte er angewidert befunden, als er davon hörte. Auf der positiven Seite des Saldos hatte er dadurch den Vorwand gefunden, der Taufe fernzubleiben.

Aurora und Fernando kamen vom Land. Sie lebten zwar nahe der Stadt, einen Steinwurf nur von ihr entfernt, aber ursprünglich kamen sie vom Land. Sie kamen von dorther, wo das Land am ländlichsten war: Vom wilden Norden. Dort wohnten auch jetzt noch die überlebenden Eltern der beiden, Fernandos Vater und Auroras Mutter. Auch einige Brüder, Schwestern und Cousinen waren dort verblieben, weil es ihnen, wie Fernando nie müde wurde zu behaupten, an Unternehmungsgeist fehlte. »Sie haben keine Eier,« sagte er, und das galt auch für die Schwestern und Cousinen, allerdings nur symbolisch, soweit sich das beurteilen ließ.

»Mit dem Kind ist etwas nicht in Ordnung«, sagte Aurora ein drittes Mal. Mit dem Kind stimmt etwas nicht«. Amilcar war sieben Jahre alt, ein stilles Kind. Von seinem Vater hatte er nicht viel. Er sah seiner Mutter ähnlich, und das wurde allgemein als Gnade empfunden, denn im Gegensatz zu Fernando war Aurora einmal hübsch gewesen. Sie hatte schwarzes Haar, sehr schwarzes Haar. Sie hatte die klassischen Züge mancher der Bauern des Nordens, jener, in denen sich arabisches Blut verwässert hatte, das Blut der Piraten und Korsaren. Im Lauf der Ehe war sie allerdings fett geworden, denn was Fernando zum Magengeschwür gereichte, schlug bei ihr auf das Sichtbarste an. Sie hatte mehr Zeit gehabt und besseren Willen, sich an das, was sie kochte zu gewöhnen. Außerdem lutschte sie heimlich süße, eingedickte Milch aus der Nestlé-Tube.

»Was stimmt mit dem Kind nicht?« fragte Fernando jetzt endlich. »Was ist mit dem Kind nicht in Ordnung?« Er schaute seiner Frau nach, die sich gerade durch die Küchentür schob und stellte fest, daß es eng wurde. »Wenn sie weiter so frißt«, dachte er, »paßt sie bald nicht mehr durch«. Er ließ seinen Gedanken die dafür zuständigen Worte folgen: »Dein Arsch paßt kaum noch durch die Tür«, sagte er, aber nicht wirklich unfreundlich.

»Na jedenfalls weiß er sich zu benehmen«, konterte Aurora. Die freche Zunge hatte sie von ihrer Mutter, die man oben im Wilden Norden noch heute Maria Inmaculada, la ametralladora, nannte. La ametralladoro heißt übersetzt Maschinengewehr.

Fernando beschloß, das Thema zu wechseln. »Ich kaufe jedenfalls keine breitere Tür«, murmelte er noch, um als Mann, der er schließlich war, das letzte Wort zu behalten. »Hat das Kind was ausgefressen?«

»Nein«, sagte Aurora. »Mein Kind frißt nichts aus«.

»Deins vielleicht nicht, aber meins«, gab Fernando zurück. Vaterstolz schwang in seinen Worten mit.

Aurora antwortete darauf nicht. Auch das beredte Schweigen hatte sie von ihrer Mutter. »Er ist nervös«, sagte sie stattdessen nach einer Weile. »Er kratzt sich unentwegt am Kopf«.

Fernando lachte. »Kratzen ist keine Krankheit. Wenn du wüßtest, wo ich mich andauernd kratze«.

»Ich weiß es«, antwortete Aurora kalt. »Aber mein Sohn Amilcar kratzt sich am Kopf und nicht am Hintern. Und ich bin«, fügte sie hinzu und stellte die Adidas-Plastiktasche mit dem Eßgeschirr und dem Löffel drin sehr laut und nachdrücklich auf den Tisch, »besorgt«.

»Wo ist er denn?« fragte Fernando besänftigend. Er wußte,

daß er am nächsten Tag wieder etwas zu essen mitbekam und wollte die Sache nicht auf die Spitze treiben.

»Er sitzt vor dem Fernseher«, sagte Aurora und fügte hinzu, indem sie jedes Wort betonte »und kratzt sich am Kopf«.

Fernando zuckte die Achseln und ging den Flur hinunter, den peitschenden Schüssen und trappelnden Hufen nach, die den Fernseher in der Wohnstube signalisierten. Er blieb in der Tür stehen und schaute in das Zimmer hinein.

Sein Sohn Amilcar saß nahe beim Fernseher. Man hätte sagen können, er hatte sich an ihn geschmiegt. Er starrte hypnotisiert auf den Bildschirm. Er hatte seine Ohren buchstäblich ein wenig nach vorn gedreht, damit ihm kein Schuß, kein Schrei entging. Er hätte seinen Vater nicht bemerkt, wenn jener tot auf ihn gefallen wäre.

»Siehst du es?« fragte Aurora. Sie war hinter ihn getreten und schaute an seiner Schulter vorbei ins Zimmer.

Fernando sah es: Sein Sohn Amilcar kratzte sich mit langsamen, beharrlichen Bewegungen seiner Hand und seiner Finger ununterbrochen am Kopf. Fernando spürte, wie Aurora ihn von der Seite anschaute und wandte seinen Kopf zu ihr hin. »Seit wann tut er das?« fragte er, und man konnte in seiner Stimme Betroffenheit hören. »Das hat er doch vorher nie getan?« Auroras Schilderung hatte ihn nicht sehr beeindruckt. Er war geneigt gewesen, die ganze Angelegenheit als Weibergeschwätz abzutun. Aber hören ist eine Sache und sehen eine andere. »Seit wann er das tut?« fragte er noch einmal in dringlichem Ton.

Aurora blickte zu ihrem Sohn hinüber und dann zu Fernando zurück. »Seit heute morgen«, schluchzte sie und brach in Tränen aus.

***

»Ich habe den Jungen beobachtet«, sagte der Schulpsychologe. »Ich glaube, Sie brauchen das nicht so ernst nehmen. Viele Kinder in diesem Alter kratzen sich am Kopf«. Der Schulpsychologe war ein junger Mann mit alten Augen und dem fahlen, faltigen

Gesicht eines Herzkranken. Er war erst seit wenigen Wochen der Schule beigeordnet. Zuvor hatte er sich bei einem Praktikum im Irrenhaus bewährt.

»Er hat sich aber bisher nie am Kopf gekratzt«, sagte Aurora. »Er hat schon mal an den Fingernägeln geknabbert oder auch in der Nase gepopelt. Er hat sich aber noch nie am Kopf gekratzt«. Sie winkte mit einem roten Finger vor dem Gesicht des Schulpsychologen hin und her: »Nie!«

»Viele Kinder in diesem Alter kratzen sich am Kopf«. Aus der Stimme des Schulpsychologen ließ sich fachliche Überlegenheit heraushören. »Das müssen Sie mir schon glauben. Ich habe Erfahrung in diesen Dingen«. Er beugte sich vor und stützte sich mit den Ellenbogen auf dem Tisch auf. Er legte die Handflächen zusammen und sah Aurora über den Tisch hinweg an. »Man kann sogar sagen«, fügte er nach einer Weile dozierend hinzu, »ein Kind in diesem Alter, das sich nicht am Kopf kratzt, ist nicht ganz normal«.

»Erlauben Sie mal!« protestierte Aurora. Sie beugte sich vor und stemmte ebenfalls die Ellenbogen auf den Tisch. »Mein Kind ist so normal wie jedes andere. Darauf können Sie sich verlassen!«

»Aber wenn es sich nicht kratzt?« wandte der Schulpsychologe ein. Auroras resolutes Auftreten machte ihn unsicher. Sie erinnerte ihn an seine Mutter. Auch seine Mutter war sehr resolut gewesen, zudem dick. Die Angst, die er vor seiner Mutter gehabt hatte, übertrug sich auf Aurora. Unwillkürlich bog er den Kopf zurück, um Abstand zwischen sich und seinem fleischigen Gegenüber zu schaffen.

»Was soll denn das nun wieder heißen?!« rief Aurora erregt. »Natürlich kratzt er sich! Und wie er sich kratzt! Was reden Sie denn da für einen Unsinn?! Deshalb bin ich doch hier!«

»Richtig!« sagte der Schulpsychologe. »Natürlich sind Sie deswegen hier. Weil er sich kratzt, klarer Fall. Sie müssen schon entschuldigen, daß ich das durcheinandergebracht habe«. Er räusperte sich und widerstand der Versuchung, sich am Kopf zu kratzen. »Vielleicht sollte er Sport treiben«, schlug er vor.

»Sport ist gut gegen Kratzen?« fragte Aurora überrascht.

»Gewiß«, sagte der Schulpsychologe. Er war froh, daß ihm das mit Sport eingefallen war. »Wer Sport treibt, der kratzt sich nicht«.

»Wirklich nicht?« fragte Aurora. Sie sah mißtrauisch aus wie eine Bauersfrau, die nicht genug Eier im Hühnerstall gefunden hatte. Man konnte fast sehen, wie sie im Geist den Fühlfinger suchend und kreisend im Hennenafter bewegte.

Der Schulpsychologe schlug unbehaglich die Beine übereinander. Auch ihm war Auroras Reaktion nicht entgangen, und er fühlte sich in seinem Innersten bedroht: »Ganz sicher. Verlassen Sie sich darauf! Wirklich«

Aurora lehnte sich in ihrem Stuhl zurück. Sie rückte ihren mächtigen Hintern so weit wie möglich gegen die Lehne des Stuhls und spreizte die Schenkel. Dann legte sie auf jeden der Schenkel eine umfangreiche, rote Hand. »Was für Sport?« fragte sie.

Der Schulpsychologe überlegte nur kurz. »Turnen«, schlug er hastig vor. »Übungen am Reck. Seilklettern. Turnen an den Ringen«.

»Und das soll helfen gegen Kopfkratzen?« fragte Aurora voller Argwohn.

»Das hilft«, sagte der Schulpsychologe. Er versuchte, überzeugend zu klingen. »Da braucht er die Hände für etwas anderes als zum Kratzen am Kopf.«

***

»Du kannst den Jungen nicht von morgens bis abends am Reck hängen lassen«, sagte Fernando, nachdem ihm Aurora am Abend alles erzählt hatte. »Das Essen hat übrigens heute so geschmeckt, als ob du es vom Boden des Vogelkäfig gekratzt hättest«.

»Der Käfig wird erst übermorgen saubergemacht«, gab Aurora gleichmütig zurück. »Aber was das Reckhängen angeht, bin ich mit dir einer Meinung. Je mehr ich darüber nachdenke, desto mehr glaube ich, daß dieser Schulpsychologe nichts taugt«.

»Was ist das überhaupt?« fragte Fernando. »Was ist das überhaupt, ein Schul...dingsbums?« Er hatte sich das Wort von Anfang an nicht merken können, und er hatte auch nur eine ungefähre Ahnung, was dahintersteckte. »Ist das so eine Art Sportlehrer?«

»Ein Schulpsychologe«, sagte Aurora herablassend, »ist einer, der sich um die Seelen der Schüler kümmert. Psyche und Seele sind ein und dasselbe«. Sie hatte sich bei einer Nachbarin schlaugemacht, der ein Buchverkäufer die »Bibliothek des Wissens« in 45 leichten Monatsraten aufgeschwatzt hatte: »Das brauchen Ihre Kinder für die Schule, Señora. Es soll doch später einmal etwas aus ihnen werden. Sie sollen es besser haben als ihre Eltern, oder nicht?« Sie hatte die schmerzliche Erfahrung machen müssen, daß Bildung kein Zuckerschlecken ist sondern ein dorniger Weg, denn sie war deswegen von ihrem Mann nach Strich und Faden versohlt worden.

»Dann sollten sie ihn Seelsorger nennen«, sagte Fernando verdrießlich. »Heutzutage erfinden sie jeden Tag ein neues Pulver für die alten Patronen«.

»Jedenfalls kann er nicht den ganzen Tag tauklettern«, sagte Aurora.

»Oder an den Ringen turnen«, ergänzte Fernando. »Das ist am Ende auch nicht besser, als sich am Kopf kratzen«.

Sie hatten sich in der Küche an den Tisch gesetzt. Zwischen ihnen auf dem Tisch stand die Adidas Plastiktasche mit dem Eßgeschirr. Fernando schob sie unschlüssig hin und her und begann noch einmal: »Das Essen hat heute geschm...«

»Du ödest mich an, mit deinem ewigen Gerede vom Essen. Du kotzt mich an damit, Mann! Kannst du denn nicht mal an etwas anderes denken?! Da kratzt sich mein Kind am Kopf, und dem Schulpsychologen fällt nichts als Blödsinn ein, aber du hast nichts anderes im Kopf als fressen, fressen, fressen!«

»Ich meinte ja nur, daß...«, murmelte Fernando.

»Hör auf zu meinen, und laß dir was einfallen«, unterbrach

ihn Aurora grob. »Laß dir was einfallen in deinem dummen Busfahrerkopf, verdammt noch mal!«

»Busfahrerkopf!« sagte Fernando laut und mit deutlicher Empörung in der Stimme. »Weißt du überhaupt, was das für ein Beruf ist? Hast du die geringste Ahnung? Die Verantwortung? Was man alles wissen muß? Die Verkehrsregeln? Die Tarife? Das Kopfrechnen?«

»Jeder kann Busfahrer werden«, schnaufte Aurora geringschätzig durch die Nase und wischte Feuchtes mit dem Handrücken ab. »Wenn das ein anständiger Beruf wäre, würdest du mehr Geld dafür bekommen. Denk mal dran, was ein Fahrer bei der Müllabfuhr verdient, wie der Mann von Frau Gonzales. Der würde bestimmt wissen, was man in so einer Situation zu tun hat, und ein neues Auto haben sie sich auch gekauft. Und einen Farbfernseher mit Video. Warum fällt dir denn nichts ein, damit mein Kind, mein einziges, sich nicht mehr am Kopf kratzt, wenn du so einen tollen Beruf hast?!« Sie wurde jetzt sehr laut. Ihre Stimme schwang sich empor und gellte zum offenen Fenster hinaus in den Innenhof des Wohnhauses. Man konnte hören, daß allenthalben die Fenster aufgingen, und eine fragende Frauenstimme schrie: »Wer streitet sich?!«

»Aurora gibt es ihrem Mann!« schrie eine andere Frauenstimme.

»Sie gibt ihm Saures!« Die Mitbewohner des Hauses nahmen ihre Logenplätze in den Fenstern ein.

Fernando stand auf und machte das Küchenfenster zu. »Die Gesundbeterin«, sagte er und kehrte an den Tisch zurück. »Ich werde mit ihm zur Gesundbeterin gehen. Und wenn du weiter so rumbrüllst, knall ich dir eine«. Er hob drohend die Hand und schaute auf Aurora hinab.

»Er will mich schlagen!!« brüllte Aurora und sprang auf. Sie lief zum Küchenfenster und öffnete es wieder. »Er will mich schlagen!« schrie sie und lehnte sich hinaus. »Hilfe! Der Kerl schlägt mich!! Polizei!!!«

Die Küchentür ging auf und Amilcar kam herein. »Bei diesem Krach kann man ja nicht einmal mehr das Fernsehen verstehen«, sagte er leise und traurig. »Nicht einmal mehr das Fernsehen kann man verstehen«, sagte er noch einmal und kratzte sich am Kopf.

***

»Nicht das Kind kratzt sich«, sagte die Gesundbeterin und gab ihren Worten einen geheimnisvollen, raunenden Klang. »Der Teufel kratzt das Kind«. Die Gesundbeterin war eine dicke, ganz in schwarz gekleidete Frau unbestimmbaren Alters. Die Leute, die sie kannten, nannten sie Rosalia, die Hexe. Rosalia, die Hexe, bestand aber darauf, keine Hexe zu sein, sondern eine fromme Frau. Daß sie einer Hexe ähnlicher sah, als einer frommen Frau, stand für sie auf einem anderen Blatt. »Man kann sich sein Gesicht nicht aussuchen«, pflegte sie zu sagen. Wenn sie das sagte, spielte sie mit den Fingern der rechten Hand an einer ihrer Gesichtswarzen, jener, die das Kinn zierte. Es war ihre Lieblingswarze. Auch ihre Größte, jedenfalls von denen, die sichtbar waren.

»Der Teufel?« fragte Fernando verwirrt. »Ich sehe immer nur, daß der Junge sich selber kratzt«. Amilcar, der während dieses Gesprächs im Zimmer Rosalias auf einem geblümten aber sehr verwelktem Sofa lag, unterstützte die Meinung seines Vaters durch heftiges Kratzen.

»Er kratzt sich natürlich selber«, erklärte Rosalia geduldig. »Aber der Teufel führt ihm die Hand. Das ist doch wohl nicht so schwer zu verstehen«. Sie machte ein Kreuz über dem Jungen auf dem Sofa und murmelte unverständliche Worte.

»Was?« fragte Amilcar wohlerzogen.

»Ich spreche nicht zu dir«, sagte Rosalia, die Hexe. »Ich beginne mit der Beschwörung«. Sie machte plötzlich einen ziemlich geistesabwesenden Eindruck und schien auch Fernando nicht mehr richtig wahrzunehmen. Sie scheuchte ihn nur mit einer zerstreuten Handbewegung in eine Ecke, in der ein alter Stuhl mit zerrissenem Polster stand. Fernando nahm an, daß er sich setzen sollte. Er setzte sich.

Rosalia, die Hexe, zog die Schublade des Tisches auf, der in der Mitte des Raumes stand und holte eine Kerze heraus. Vom Fensterbrett holte sie ein zerlesenes und zerfleddertes Buch mit lilafarbenem Einband. Sie zog einen zweiten Stuhl vom Tisch weg und schob ihn neben das Sofa, auf dem Amilcar lag. Sie legte das zerfledderte Buch auf den Stuhl.

Sie zündete die Kerze mit einem Streichholz an, das sie in einer Schachtel in der Tasche ihrer schwarzen Schürze entdeckt hatte. Sie ließ einen Tropfen Wachs von der Kerze auf den Tisch tropfen und klebte sie an dieser Stelle fest. Die Kerze roch nach billigem Stearin, was aber nicht besonders ins Gewicht fiel, weil Rosalia, die Hexe, nach Küche, altem Olivenöl und ausgenommenem Kaninchen roch und daher geruchlich überwog.

Nachdem sie auch noch die Vorhänge der beiden kleinen Fenster im Zimmer zugeratscht hatte, sah sich Rosalia, die Hexe, prüfend um. Was sie sah, schien ihr zu gefallen, denn sie nickte. Sie griff noch einmal in die Schublade des Tisches, aus der sie zuvor die Kerze herausgeholt hatte und förderte eine Handvoll getrockneter Kräuter ans Kerzenlicht. Unter Murmeln und Brummeln begann sie die Kräuter in der Flamme der Kerze zu verbrennen.

Fernando reckte den Hals und versuchte zu erkennen, was Rosalia, die Hexe, mit seinem Sohn anstellte. Er ärgerte sich ein wenig, daß er nichts von dem verstehen konnte, was sie vor sich hinmurmelte und wollte wenigstens am optischen Geschehen teilhaben.

Rosalia, die Hexe, wedelte mit beiden Händen den aromatischen Rauch, den die kokelnden Kräuter verbreiteten, in Richtung auf das Sofa, auf dem Amilcar lag und sich am Kopf kratzte. Was sie murmelte, klang wie »hutschemutsche«, und von Zeit zu Zeit unterbrach sie das Wedeln und bekreuzigte sich. Einmal glaubte Fernando »Satan!« zu verstehen. Es hätte aber auch etwas ähnlich Klingendes sein können, wie etwa »Satin« oder »Safran«.

Rosalia, die Hexe, beendete Wedeln und Kreuzeschlagen und setzte sich auf den Stuhl neben dem Sofa. Sie tat es unter Ächzen und Stöhnen, Alter und Korpulenz wirkten zusammen und verstärkten sich gegenseitig, denn das Ganze ist mehr als die Summe seiner Teile. Sie griff, immer noch stöhnend, unter sich und schob das zerfledderte lilafarbene Buch in die Mitte ihrer beiden umfangreichen Backen. Sie erholte sich, nachdem sie ihr Gesäß relativ zum Buch zurechtgerückt hatte, von den Strapazen der Beschwörung. Nach einigen Augenblicken, während derer ihr Schnaufen leiser wurde und schließlich einem lauten Atem Platz machte, beugte sie sich vor und legte eine Hand auf Amilcars Bauch. Sie rieb auf seinem Bauch hin und her und murmelte Unverständliches, jetzt jedoch schneller und mit höherer Flüsterstimme. Während sie hin und herrieb, legte sie Amilcars Bauch frei, der, es war ein schwüler Sommertag, nur mit einem leichten Hemd aus erstaunlich grellfarbigem Nylon bedeckt war.

Fernando beugte sich vor. »Der Kopf!« flüsterte er. »Er kratzt sich am Kopf und nicht am Bauch!«

»Pssst!« machte Rosalia, die Hexe, scharf. »Der Teufel sitzt im Bauch. Der Teufel sitzt immer im Bauch. Oder darunter!« Sie drückte einige Male mit harter Hand und sagte dann zu Fernando, ohne sich nach ihm umzusehen: »Gib mir von der Kräuterasche«.

Fernando stand auf und schob die Kräuterasche auf der Tischplatte zusammen. »Alle?« fragte er.

»Mach schon!« flüsterte Rosalia, die Hexe aufgeregt. »Ich hab ihn gerade!«

Fernando schob die Asche mit der linken Hand über den Rand der Tischplatte hinweg in die Rechte. »Hier!« Er hielt Rosalia die Hand hin.

»Tu sie ihm in den Mund!« befahl Rosalia, die Hexe, »Sag ihm, er soll den Mund aufmachen, und tu sie ihm hinein. Bete dabei das Vaterunser. Kannst du das Vaterunser?«.

»Natürlich«, sagte Fernando stolz. »Ich kann auch das Ave...«.

»Rede nicht, mach schnell!« sagte Rosalia dringlich. »Ich habe ihn, und er darf mir nicht entwischen, sonst kratzt er weiter«.

»Mach den Mund auf!« befahl Fernando seinem Sohn.

Amilcar schaute auf die Hand seines Vaters, die neben der Asche deutliche Spuren seines Berufes zeigten, Schmieröl, Schwielen, einen schwärenden Riß. Er schüttelte den Kopf.

»Aufmachen!« befahl Fernando noch einmal. »Mach sofort das Maul auf!« Die Erregung ließ ihn zum alltäglichen Wortschatz greifen.

Amilcar preßte die Lippen zusammen und schüttelte den Kopf.

»Schnell!« drängte Rosalia, die Hexe. »Schnell! Er entwischt mir. Ich kann ihn nicht mehr lange halten!«

»Maul auf!« sagte Fernando. Er griff Amilcar mit den Fingern der linken Hand in den Mund und versuchte, ihn zu öffnen.

»Nein!« machte Amilcar und öffnete dabei ein wenig die zusammengebissenen Zähne.

Fernando packte die Gelegenheit bei den Schneidezähnen und schob die Finger in den Mund seines Sohnes. »Maul auf!« schrie er. »Maul auuuuuu!!!« Er machte mit der rechten Hand, in der er die Asche hielt, eine heftige und unkontrollierte Bewegung. Sie traf das Gesicht von Rosalia, der Hexe, drei Finger links von der Kinnwarze und schleuderte ihr die Asche in die Augen. Rosalias Hand fuhr vom Bauch des Jungen hoch zu ihren Augen hin. Sie begann heftig zu reiben und zu kreischen.

Amilcar öffnete den Mund und gab die Hand seines Vaters frei. Fernando blickte auf seine Finger und sah, daß sie bluteten. »Du Aas hast deinen eigenen Vater gebissen!« schrie er und fiel über Amilcar her.

»Laß ihn in Ruhe!!« kreischte Rosalia, die Hexe. Sie sprang auf. »Bist du vom Teufel besessen?! Du machst mir mein Sofa kaputt!« Sie rieb sich immer noch die Augen und starrte zur gleichen Zeit Fernando an. »Jetzt ist der Teufel in dich hineingefahren«, sagte sie. »In dich ist er hineingefahren!«

Fernando ließ von seinem Sohn ab. »In mich?« stotterte er verwirrt. »Du meinst, er ist jetzt in mir drin, der Teufel?« Er begann sich zu bekreuzigen.

»Das hilft nichts«, kicherte Rosalia, die Hexe, schadenfroh und rieb sich triumphierend die Warze. »Bekreuzigen hilft da gar nichts mehr. Wenn du ihn erst einmal in dir hast, muß er ausgetrieben werden«. Sie blinzelte ihn mit tränenden Augen an. »Warum bist du auch so ein ungeschickter Esel?!«

»Der Teufel!« sagte Fernando entsetzt. »Ich habe ihn im Leib!« Er taumelte auf den Stuhl zu, auf dem Rosalia, die Hexe, gesessen hatte, und brach auf ihm zusammen. »Den Teufel habe ich im Leib!« Er begann zu beten: »Heilige Mutter Maria...«.

»Ich habe Dir doch schon gesagt, daß das nichts hilft. Wenn es nur ein Böser Blick wäre oder eine schwarze Katze vielleicht, aber so...«. Sie unterbrach sich und zog scharf die Luft ein.

Fernando blickte hoch und sah, daß sie auf das Sofa schaute. Es dauerte eine ganze Zeit, bis er begriff, was vorgefallen war. »Gottseidank!« sagte er dann, und langsam, ganz langsam zog ein Lächeln über sein Gesicht und wischte die trostlose Verzweiflung fort: Amilcar lag still und mit halbgeschlossenen Augen auf dem Sofa und kratzte sich am Kopf.

***

»Wenn das nun auch nichts nützt«, sagte Fernando, »dann habe ich die Schnauze voll. Dann kann er sich meinetwegen kratzen, bis er schwarz wird«. Er sagte das alles im Flüsterton, denn sie saßen im Wartezimmer des Psychiaters.

Das Wartezimmer befand sich im zweiten Stock des großen Krankenhauses, das die Sozialversicherung zum Nutzen Papayas, der Paperos und der Gewerkschaft der Krankenpfleger gebaut hatte. Es war mit einer die Notwendigkeiten um das Mehrfache übersteigenden Menge an Personal ausgestattet, und man munkelte seit längerem von einem drohenden Streik, weil die Personalkantine zu klein war, und es dort nicht genügend Spielautomaten gab.

Der Psychiater war in Wien ausgebildet und stolz darauf. Er war auch stolz darauf, fast noch stolzer, daß seine Eltern ihn vorahnend mit dem richtigen Namen ausgestattet hatten, denn er hieß Sigismundo: Sigismundo Perez Perez. Der Vorname Sigismundo machte die Nachnamen wieder gut. Der Vorname hatte ihn auch ermutigt, Psychiatrie zu studieren, denn große Ereignisse werfen ihre Schatten voraus.

Sigismundo Perez Perez hatte Amilcar eingehend untersucht. Aurora und Fernando saßen im Wartezimmer, um das Ergebnis zu erfahren.

»Er kann sich kratzen bis er schwarz wird?!«, wiederholte Aurora ebenfalls im Flüsterton, aber deutlich erregter und mit Fragezeichen. »Er kann sich kratzen bis er schwarz wird, mein Sohn, nur weil du mit ihm zu der alten Hexe gegangen bist, und es hat nichts geholfen?!«

»Immerhin wäre beinahe der Teufel in mich hineingefahren«, verteidigte sich Fernando. »Es ist einerseits zu gefährlich, und andererseits kommen wir nicht voran«.

»Der Teufel ist schon längst in dich gefahren, jedenfalls benimmst du dich wie einer«, flüsterte Aurora scharf und brachte es fertig, ebenfalls flüsternd, das Geräusch eines Furzes nachzuahmen. Sie war gereizt und nervös.

»Dein Doktor Ernesto hat aber auch nichts genützt«, sagte Fernando, dem es bei der Erwähnung des Geräusches in den Därmen zu rumoren begann.

»Wehe!« flüsterte Aurora, die ihm diesbezügliche Wünsche seit langem von den Augen ablesen konnte. »Untersteh dich!« Sie blickte ihn scharf an, bis er die Beine übereinanderschlug und dabei die Backen zusammenpreßte. »Im übrigen haben die Tabletten geholfen, die der Doktor Ernesto ihm verschrieben hat«.

»Ohne die Fausthandschuhe hätte er sich auch mit den Schlaftabletten noch gekratzt, bis er eingeschlafen wäre«, flüsterte Fernando.

»Aber er ist immer fast sofort eingeschlafen«, gab Aurora flüsternd zurück. Sie mochte Doktor Ernesto schon deshalb, weil er ihrem Mann Erbsen und Zwiebeln untersagt hatte und empfahl ihn in der Nachbarschaft, wo häufig ähnliche Probleme herrschten und die Atmosphäre vergifteten.

»Aber er schlief am Ende nur noch!!!« konterte Fernando hitzig. »Außerdem...«.

Eine Sprechstundenhilfe mit etwas verrutschter weißer Haube und sehr roten Lippen kam aus der Tür, die zum Behandlungsraum führte und schaute sie drohend an. »Sie können reingehen«, sagte sie und zeigte zuerst mit den Fingern auf Aurora und Fernando und dann auf das Zimmer, aus dem sie gekommen war.

»Ihr Lippenstift ist verschmiert«, sagte Aurora, die sich mit der Sprechstundenhilfe anfreunden wollte.

Die Sprechstundenhilfe wurde rot und wischte sich hastig über den Mund. »Das geht Sie einen Dreck an«, erwiderte sie mit Nachdruck. »Sie riechen dafür nach billigem Puder!«

»Erlauben Sie mal...!« begann Aurora mit funkelnden Augen, aber da waren sie schon im Zimmer und der Respekt gebot ihr zu schweigen und Fernando, der grinste, in die Rippen zu stoßen.

***

An der Wand hing ein Bild des Vaters der Psychiatrie. Für einen Augenblick dachte Aurora, daß es sich um den Vater von Sigismundo Perez Perez handelte, denn der Mann am Schreibtisch ähnelte der Person auf dem Bild in Bart und Brille. Sie hatte das schon beim ersten Besuch bemerkt, als sie Amilcar abgeliefert und dann draußen gewartet hatte. Da sie Sigismundo Perez Perez um einen Besuch besser kannte als ihr Mann, beschloß sie diese Situation der Vertrautheit auszunützen, nicht zuletzt, um auch Fernando zu beeindrucken. »Ihr Herr Vater?« fragte sie und zeigte auf das Bild.

Sigismundo Perez Perez schien aus einem Traum zu erwachen, in dem er verharrt hatte, seit die beiden eingetreten waren und sich auf die Stühle vor dem Schreibtisch gesetzt hatten. »Mein Vater?« fragte er zerstreut. Er drehte sich um und sah, worauf Aurora zeigte. »Ja«, sagte er dann leise, und ein gütiges, weise anmutendes Lächeln zog sich wie ein Tüllvorhang über Gesicht und Lippen. »Ja, vielleicht könnte man das so sagen. Er ist unser aller Vater«.

»Soll das Gott sein?!« fragte Fernando blöd. »Den habe ich mir immer ganz anders vor...«.

»Idiot!« zischte Aurora scharf. »Du weißt doch genau, wie Gott aussieht!«

»Na gerade deshalb«, beharrte Fernando. »So wie der an der Wand sieht er jedenfalls nicht aus«.

Sigismundo Perez Perez unterbrach ihren Streit. »Nun«, sagte er ganz leise und schaute sie über die Brille hinweg an. »Sie sind gewißlich gekommen, um etwas über Ihren Sohn zu erfahren«. Er strich sich über seinen freudianischen Bart und begann leise zu summen.

»Ja«, sagte Aurora. »Deshalb sind wir gekommen. Wir wollen wissen, warum er sich immer am Kopf kratzt«.

»Sogar mit Fausthandschuhen«, fügte Fernando hinzu.

Sigismundo Perez Perez schaute ihn an. »Sogar mit Fausthandschuhen?!« fragte er und zog die Augenbrauen hoch. »Interessant, interessant«. Er öffnete ein Kästchen, das vor ihm auf dem Schreibtisch stand und holte eine Zigarette heraus. Er wühlte in seiner Jackentasche und fand nach einiger Zeit eine Zigarettenspitze und ein zerknittertes Heftchen Präservative. »Fausthandschuhe«, sagte er noch einmal, während er die Zigarette in die Spitze steckte. Dann versuchte er sie anzuzünden, bemerkte seinen Irrtum und begann von Neuem in der Jackentasche zu graben. Er fand ein ähnliches Heftchen, diesmal ein zweckdienliches und zündete die Zigarette an. Er blies den Rauch durch die Nase aus und schaute gegen die Decke. Er schien Aurora und Fernando vergessen zu haben.

»Ahem«, räusperte sich Aurora.

»Ja«, sagte Sigismundo Perez Perez leise, ohne den Blick von der Decke zu wenden. »Der Junge. Der kleine Amilcar. Masturbiert er?«

»Tut er was?« fragte Fernando. Er schaute Aurora an. Aurora zuckte mit den Achseln.

Sigismundo Perez Perez formte seine linke Hand zur Faust und brachte sie in die Gegend seines Bauches. Er bewegte sie hin und her. »Masturbiert er?« fragte er noch einmal.

Aurora wurde rot und schaute verlegen auf ihren Schoß.

»Ach, ob er rubbelt!« sagte Fernando erleichtert. »Natürlich nicht. Er ist ja noch ein Kind«.

Sigismundo Perez Perez lächelte sanft. »Das sagen alle Eltern. Ab welchem Alter haben Sie denn mastubiert?«.

»Nie!« sagte Fernando empört. »Ich komme vom Land«.

»Aha«, konstatierte Sigismundo Perez Perez triumphierend, und Fernando wurde rot und sah auf seine Hände, die er auf die Knie gelegt hatte. Aus den Augenwinkeln sah er, daß Aurora grinste. Es wurde still im Zimmer.

»Ich glaube«, begann Sigismundo Perez Perez nach einer Weile von Neuem. »Ich glaube, Sie werden immer Kummer mit dem kleinen Amilcar haben. Sein Über-Ich, Sie verstehen, ist sehr ausgeprägt. Er leidet unter Schuldgefühlen und Kastrationsängsten, die sich durch Kopfkratzen motorisch Luft schaffen wollen. Hinzu kommt ein starker Ödipuskomplex, der ganz sicherlich auf frühkindliche, traumatische Erlebnisse zurückzuführen ist«. Er wandte seinen Kopf mit einem Ruck von der Decke ab und fixierte Aurora: »Haben Sie, als er ein Kleinkind war, oft und gern seinen Penis berührt?«

»Seinen was?« fragte Aurora.

»Ob du seinen Pimmel angefaßt hast«, übersetzte Fernando. Das Wort kannte er, weil er in den Fahrpausen an der Endstation Pornohefte las. Ein paar Kollegen und er abonnierten sie gemeinsam.

»Nie!« sagte Aurora. Sie schrie es fast. »Warum soll ich denn sein Dingelchen angefaßt haben?!«

»Ist er beschnitten?« fragte Sigismundo Perez Perez unbeeindruckt.

»Beschnitten?!« fragte Aurora. »Heißt das, ob er keinen hat?!«

»Das heißt, ob er keine Vorhaut hat«, belehrte Sigismundo Perez Perez sie geduldig.

»Natürlich hat er eine!« Aurora nickte heftig und schaute Fernando an, der noch heftiger nickte. »An unserem Sohn ist alles dran. Und wie!«

»Dann haben Sie ihn sicher auch gewaschen, oder?« fragte

Sigismund Perez Perez. Sein Gesicht hatte jetzt einen listigen Ausdruck angenommen. Er sah aus wie ein vollbärtiges Frettchen.

»Natürlich habe ich das!« antwortete Aurora mit Nachdruck. Die Frage kam ihr kränkend vor. »Was denken Sie denn von mir? Denken Sie, wir sind Schweine, nur weil wir einfache Leute sind und vom Land kommen?!«

»Na bitte!« Sigismundo Perez Perez klang triumphierend. »Dann haben Sie ja wohl tatsächlich dem kleinen Amilcar einen Ödipuskomplex verschafft. Dabei kommt es im übrigen nicht darauf an, ob Sie das Glied des Kindes gern oder ungern berührt haben, wenngleich die Psychiatrie in den meisten dieser Fälle frustrierte Triebhaftigkeit beim mütterlichen Elternteil diagnostiziert, sowie Unfähigkeit bei der Bewältigung der sexuellmaritalen Psychosen, Sie verstehen«. Er schaute Aurora fragend an.

»Hm«, machte Aurora mit einer hilflosen Geste.

Sigismundo Perez Perez lehnte sich in seinen Sessel zurück und begann wieder gegen die Decke zu schauen. »Eine umfassende Tiefenanalyse wird sich nicht vermeiden lassen«, murmelte er nachdenklich. »Leider bin ich erst...«, er drückte ohne hinzuschauen auf einen Klingelknopf auf seinem Schreibtisch, der die Form einer enormen weiblichen Brust hatte, und die Sprechstundenhilfe steckte den Kopf durch eine kleine Tür im Hintergrund des Praxiszimmers. »Wann bin ich frei?« fragte Sigismundo Perez Perez.

Die Sprechstundenhilfe kam näher, sie ging um den Schreibtisch herum und schaute dort auf einen Kalender. »Ab 7.10., nachmittags«, sagte sie. »Dann wird die Schizophrene auf Zimmer 6 nicht mehr auf Krankenschein behandelt.«

Sigismundo Perez Perez nickte. »Von da an also. Meine Sprechstundenhilfe gibt Ihnen einen Termin«.

»Und bis dahin?« fragte Aurora verstört. »Das sind doch noch...«, sie unterbrach sich und rechnete nach, »...das sind doch noch zwei Wochen!«

Sorgen Sie dafür, daß der kleine Amilcar Ruhe hat, und daß

vor allem seine ödipalen Spannungen gedämpft werden«, empfahl Sigismundo Perez Perez statt einer Antwort. »Am besten sollte er aus dem Haus«.

»Wir könnten ihn zur Oma schicken«, schlug Fernando nach einigem Nachdenken vor. »Die Oma wohnt auf dem Land«.

»Tun Sie, was Sie für richtig halten«, murmelte Sigismundo Perez Perez zerstreut, denn er musterte inzwischen mit Interesse und aufgeblähten Nüstern den Hintern seiner Sprechstundenhilfe, die sich über den Schreibtisch gebeugt hatte und die Termine sortierte. »Jajajaja. Wenn Sie mich jetzt bitte entschuldigen wollen«.

Die Sprechstundenhilfe sah vom Kalender hoch und scheuchte Aurora und Fernando mit einer Handbewegung aus ihren Stühlen hoch und aus dem Zimmer hinaus.

***

Sie sahen Amilcar schon von weitem, als sie im Norden ankamen, um ihn nach Hause in die Hauptstadt zurückzuholen. »Da ist er«, quasselte Aurora aufgeregt und zeigte auf einen alten Heuschober, der oberhalb des Hauses der Oma lag, und in dem zur Zeit drei Ziegen zum Preis ihrer Milch logierten. »Da ist er, mein Sohn, da ist er!«

Amilcar saß vor dem Heuschober in der Sonne und blickte dösend zu den Ziegen hinüber. Aurora holte tief Luft und wollte das Nächstliegende tun: Den Namen ihres Sohnes ausrufen, auf ihn zustürzen und ihn in ihre Arme nehmen. Ewig und uralt Mütterliches wollte sie also tun. Aber Fernando quetschte ihr mit der einen Hand den Arm und hielt ihr mit der anderen den Mund zu. »Still!« flüsterte er aufgeregt. »Schau doch mal!«

Aurora hätte am liebsten »Idiot!« gesagt und dann ungeachtet seines Vorschlags ihrer mütterlichen Aufwallung stattgegeben. Aber irgend etwas hielt sie zurück, irgend etwas an ihrem Sohn.

»Schau!« flüsterte Fernando noch einmal. »Merkst du denn schon wieder mal nichts?!«

Aurora verzichtete darauf, sich mit ihm anzulegen. »Er...«, sagte sie und unterbrach sich.

»Ja?« fragte Fernando und machte eine Handbewegung um sie zu weiterer Rede zu ermuntern.

»Er...«, sagte Aurora noch einmal, aber sie kam auch jetzt nicht weiter. Überwältigt war sie von dem, was sie sah.

Fernando übernahm die Führungsrolle. »Er kratzt sich nicht mehr«, sagte er. »Der verdammte Junge kratzt sich nicht mehr am Kopf!«

Beide starrten Amilcar mit weit aufgerissenen Augen an. Bei Aurora brachen zuerst die Dämme: »Mein Sohn!!!« schrie sie. Sie riß sich aus Fernandos Armfessel und stürzte mit weit ausgebreiteten Armen auf Amilcar zu.

»Mein Sohn!!« schrie Fernando, der hinter so viel Mutterliebe nicht zurückzustehen wollte und stürzte mit ebenfalls ausgebreiteten Armen Aurora nach. Aurora kam trotz ihres Gewichtes als erste an, schon deshalb, weil der schmale Pfad zum Heuschober bei ausgebreiteten Armen nur einer Person Durchlauf bot.

Amilcar war zusammengezuckt und hatte hochgeblickt. »Mama! Papa!« sagte er. Dann schloß ihn seine Mutter von vorn in die Arme, und sein Vater tat dasselbe von hinten. Mutterliebe hatte Sieg und Platz davongetragen.

Fernando bemerkte es deshalb zuerst: »Der Junge stinkt«, sagte er schnüffelnd, während aus Aurora noch schluchzende, tränenfeuchte Wiedersehensworte quollen. »Der Junge...«, er versenkte seine Nase in Amilcars Haar. »...stinkt nach Schnaps oder weiß ich was!«

Aurora schnüffelte ebenfalls. »Es ist wahr«, sagte sie und entließ ihren Sohn aus der Umarmung. Stattdessen packte sie ihn bei den Schultern und schaute ihm in die Augen. »Was soll das?« fragte sie streng. »Hast du Omas Rum gesoffen?!«

Vom Haus her kam eine hohe und klagende Frauenstimme: »Da seid ihr ja! Da seid ihr ja!« Eine gichtgekrümmte Frau löste sich aus dem Schatten der Küchentür und kam in großer Eile an einem Stock zum Schober hochgehumpelt. Ihre Bewegungen ähnelten einem dreibeinigen Tier, oder einem Tier, dessen viertes Bein verletzt war, denn ihr rechter Arm schlenkerte dicht über der Erde hin und her, während sie in fast rechtwinkliger Haltung den Hang hochhumpelte. »Der Junge hatte...!« schrie sie und unterbrach sich dann, weil ihr die Luft ausging. Sie blieb stehen, schwenkte den Stock und begann im Weiterlaufen noch einmal: »Der Junge hatte...!«

»Ich hatte Läuse«, sagte Amilcar. »Die Oma hat mir Petroleum auf den Kopf geschüttet«.

»Euer Sohn hatte Läuse«, japste die Oma und blieb schwer atmend vor ihnen stehen. »Ich habe ... ihm ... den ... Kopf ... mit ... Petroleum ... gewaschen«. Sie atmete einige Male pfeifend durch und begann dann mit greinender Stimme, während sie den Stock im Takt auf den Lehmboden stampfte: »Wo ich arme alte Frau doch nicht mal genug für mich selbst habe, Petroleum! Und jetzt habe ich gar keins mehr, Petroleum! Und wer gibt mir es nun wieder, mein Petroleum?!«

Der Tag hatte noch nicht begonnen, aber ersatzweise klingelte das Telefon. »Fünfuhrdreißig« sagte eine müde Stimme.

»Es ist gut«, sagte er. »Bestellen Sie uns bitte eine Taxe für viertel nach sechs«.

Die müde Stimme vom Empfang antwortete mit einem schabenden Geräusch, das »in Ordnung« heißen konnte. Es konnte

Weihnachtsgeschichte

auch heißen: »Geh zum Teufel!« – Curd entschied sich für die hoffnungsvollere Option. Vorsichtshalber sagte er aber »Halt!« ins Telefon hinein. »Legen Sie nicht auf!«

»Ja?« schabte die übermüdete Stimme.

»Frohe Weihnachten!« sagte Curd. Er hörte ein Geräusch, das wie ein Zischen klang. Dann wurde die Verbindung unterbrochen, und Curd fragte sich, ob wohl noch jemand anders zu dieser verbotenen Zeit geweckt werden mußte. Es fiel ihm schwer sich das vorzustellen.

Curd tastete den Hörer zur Gabel zurück. Seine Finger tasteten weiter nach der Nachtischlampe und fanden den Knopf. Sie zögerten und warteten auf einen Befehl. »Nein«, entschied Curd. »Nein, noch nicht!«

Er ließ seinen Oberkörper auf das Bett zurückrutschen und seine Hände in das Dunkle fühlen, das er auf dem anderen Kopfkissen ahnte: »Judith« flüsterte er und streichelte ihre Haare.

Die Frau machte ein kleines, seufzendes Geräusch, das nach Schlaf und Wärme klang. Es klang auch nach komm-zu-mir, und Curd rutschte unter seiner Bettdecke weg unter die andere und spürte, wie sie sich gegen ihn drückte. »Wir müssen aufstehen«, sagte er, aber in seinem Kopf zählten sich Minuten ab, und er verbesserte sich: »Wir müssen gleich aufstehen«. Obwohl sie ihm den Rücken zuwandte, meinte er zu sehen, daß sie mit geschlossenen Augen lächelte.

Die Taxe wartete schon, sie hatten sich um geringes verspätet. Der Taxifahrer war unvermutet fröhlich, und während er den Wagen durch den wabernden Matsch der Straßen steuerte, sagte er, warum: »Ich bin Türke. Heute kein Kollege arbeite, heute gute Geschäft!«

Judith schlief oder jedenfalls lag sie an seiner Schulter, als ob sie schlief, und nur einmal flüsterte sie, aber auch wie im Schlaf: »Warum muß ich immer schreien, wenn du in mich eindringst?«

Der Taxifahrer drehte sich halsbrecherisch um und sagte: »Schlafen, die kleine Frau. Ist müde, ja?« Am Flughafen freute er sich über ein Trinkgeld, das Curd weihnachtlich bemessen hatte: »Frohe Weihnachten, Herr und Dame!«

Der Flughafen mutete an wie Weihnachten im U-Bahnschacht, und die Menschen sahen aus, als ob sie schon lange dort unten gelebt hatten. In einer Ecke stand ein großer Weihnachtsbaum, und daneben hing ein Schild, das in vielen Sprachen: »Frohe Weihnachten!« in die Neonbeleuchtung hineinplapperte. »Sie haben das wohl von von einer Unesco-Karte abgeschrieben«, sagte Curd.

»Was?« fragte Judith.

Er kam zu keiner Antwort, denn der Mann hinter ihm stieß ihm einen Weihnachtsbaum in den Rücken und sagte: »Weitergehen, verdammt noch mal!« Der Weihnachtsbaum war aus Plastik, und der Mann war aufgeregt, denn seine Frau hatte die Tasche fallen lassen, in der der Champagner und der Fotoapparat waren. Die Frau weinte, und der Mann hatte mehrere Male gesagt: »Das wird ja wieder ein schönes Weihnachten werden, wird das wieder!«

Die Bodenstewardess hatte Schatten und Feindseligkeit unter den Augen, und als er »Frohe Weihnachten!« sagte, starrte sie ihn einen Augenblick argwöhnisch an. »Raucher oder Nichtraucher?« fragte sie statt einer Antwort. Sie wartete bis er Nichtraucher gewünscht hatte, und sagte dann: »Gibt's nicht mehr«.

Sie wollte ihnen auch nicht die Tüte gestatten, in der der Topf mit dem Weihnachtsstern war: »Nur ein Stück Handgepäck pro Person, können Sie nicht lesen?!«.

»Nun aber ein bißchen dallihopphopp!« raunzte der Mann mit dem künstlichen Weihnachtsbaum und der Champagnerkamera hinter ihnen. Seine Frau putzte sich schniefend die Nase. »Dallihopphopp!« schluchzte sie gehorsam nach.

Auf eine wunderbare Art, die ihn immer wieder in Staunen versetzte, kamen sie durch die Wolken in den blauen Himmel hinein. Judith saß am Fenster, sie drehte sich zu ihm um, als die Sonnenstrahlen ihr Gesicht trafen, und sie sagte: »Ich liebe Dich!« Als ob er die Sonnenstrahlen verursacht hatte und sie ihn dafür liebte.

In Wirklichkeit hatte sie ihn immer geliebt. Sie hatten sich vor achtundzwanzig Jahren getroffen, jeder ein Pfeil im anderen, und als sie auseinandergingen, war der Pfeil in Judith steckengeblieben.

Das Café in Perpignan. Sie malte mit dem Finger etwas auf einen staubigen Tisch, auf seine rötlich-staubige Marmorplatte mit dem eingetrockneten Himbeereis – da sah er sie zum ersten Mal. Sie schaute zu ihm hoch, als er vorbeiging. Er sah, daß sie ein Herz in den Staub gemalt hatte, und wunderte sich, warum sie ihn fragte, wie er hieß.

»Curd mit C und D«. Er sagte immer Curd mit C und D, weil jeder seinen Namen mit K und T schreiben wollte.

Als er vom Telefon neben der Theke zurückkam, war sie weg. Im Herz war ein C. Darunter stand in Staub und Himbeereis: »C'est Judith, qui t'aime«.

Sie trafen sich am nächsten Tag wieder beim Konzert, in dem er die Plätze anwies, denn er brauchte Geld und der Veranstalter billige Helfer, und danach kletterten sie über ein Eisentor in einen dunklen Park. Als der Sommer zuende war, gingen sie auseinander.

Judith neben ihm nahm seine Hand und legte sie auf ihre Brust. »Spürst du wie mein Herz pocht? Mein Herz wird zerspringen«.

Er hatte geheiratet. Einmal und noch einmal. Sie hatte geheiratet, einmal. Mit einem anderen hatte sie zusammengelebt. »Ich habe die ganze Zeit mit dir gelebt. Du warst immer in mir. Du hast einmal gesagt, daß du immer in mir bleiben wirst. Du bist immer in mir geblieben«.

Bei ihm war es nicht so. Sie war nicht immer in ihm geblieben. Es hatte Mut gekostet, es ihr zu sagen. Sie hatte den Kopf geschüttelt: »Es reicht, si c'est moi qui t'a mis dedans«. Sie sprach noch immer manches in französisch, obwohl die Ehe sie nach Deutschland gebracht hatte.

Wenn sie den Artikel in der Zeitung nicht gelesen hätte, wären sie nicht wieder zusammen gekommen. »Beinahe hätte ich sie weggeworfen, ich wollte aufräumen, Curd«. Und der Brief, den sie schrieb, war vorsichtig, denn der Verlag hatte zögernd gerade nur die Adresse rausgerückt, es hatte schon Drohungen gegeben. »Es hätte ja sein können, daß du verheiratet bist, Curd«.

»Und dann?«

»Ich hätte weiter gewartet. Alles braucht seine Zeit.«

Er hatte Angst gehabt. Er war verwirrt. In seinem Leben hatten viele Frauen Platz gehabt, und wenige waren geblieben. Am Ende hatten ihm alle dasselbe vorgeworfen: »Du weißt nicht, was Liebe ist«.

»Ich weiß, was Liebe ist, Curd. Je sais. Du brauchst es meinetwegen nicht zu wissen«.

Die Stewardess beugte sich zu ihnen herab. »Möchten Sie zollfrei etwas einkaufen? Parfum? Zigaretten? Sie können unbegrenzt einführen. Papaya ist zollfreies Gebiet«.

Er war auf die Insel gegangen, als er wußte, daß er schreiben wollte. Er hatte genügend Geld mitgebracht, um schreiben zu können. Auf der Insel mochte nicht jeder, was er geschrieben hatte.

»Ich bin Malerin«, hatte Judith am Telefon gesagt, am Telefon, als die 28 Jahre um waren, und sie das erste Mal wieder miteinander sprachen. Er mußte an das Herz auf dem staubigen Tisch denken, an die Himbeereiskruste, an ihre Finger, die es gemalt hatten, an das C im Herzen und: C'est Judith, qui t'aime.

Von Anfang an waren die Eltern dagegen gewesen. »Sie fürchten sich vor Deutschen, Curd«. Der Mann, der Judith hinterher nach Deutschland gebracht hatte, arbeitete für eine englische Firma dort. »Meine Eltern freuen sich, daß wir uns wiedergefunden haben«, hatte Judith jetzt geschrieben. »Sie haben keine Angst vor dir. Sie haben achtundzwanzig Jahre Zeit gehabt, um sich an dich zu gewöhnen. Ils t'ont vu tous le temps dans mon cœur«.

Die Stewardess wartete immer noch in halb gebeugter Haltung, aber in ihrem Gesicht verbreitete sich Ungeduld. »Danke«, sagte Curd. »Nein, danke, und: Frohe Weihnachten!«

Die Stewardess kniff die Lippen zusammen: »Frohe Weihnachten wird in der Schlußabsage gewünscht. Zunächst gibt es noch eine warme Mahlzeit«. Sie ging eine Reihe weiter und wiederholte: »Möchten Sie zollfrei etwas kaufen? – Zigaretten? Parfum? Sie dürfen einführen, so viel sie wollen. Papaya ist zollfreies Gebiet«.

Die Zollbeamten auf dem Flughafen hatten davon nichts gehört. Der Mann mit dem Weihnachtsbaum mußte ihn auspacken und zeigen, daß im Stamm kein Kokain verborgen war. »Mir ist doch schon der Champagner in die Kamera geflossen!« sagte er und hatte wütende Schweißperlen im roten Gesicht. »Wenn ich jetzt noch den Stamm zerbrechen muß...« Seine Frau stand hinter ihm und hatte immer noch verweinte Augen. Er sah erst den Baum an und dann die Frau, und seine Lippen verzogen sich zu einer Gebärde des Abscheus: »Das wird ja mal wieder ein schönes Weihnachten, wird das!«

Bei ihnen bestand der Zollbeamte darauf, daß es verboten war, lebende Pflanzen auf die Insel zu bringen, und sein Kollege vermutete, daß wohl schon der Versuch strafbar sei. »Es ist ein Christstern für das Weihnachtsfest«, versuchte Curd zu argumentieren. »Außerdem ist er doch schon durch den Transport zerbrochen«. Der Zollbeamte winkte drohend ab und wandte sich einem Mann zu, der ihm zögernd eine Leberwurst entgegenhielt: »Aufmachen!«

Noch bevor sie im Haus alles ausgepackt hatten, war es wieder dunkel. Die Nacht war frühlingshaft, und weiter unten plätscherten die Wellen an die Felsen, sie konnten es hin und wieder hören. Sie standen auf der Terrasse und lauschten in die Nacht, und ganz von Ferne glaubten sie ein Lied zu hören, und es klang wie ein Weihnachtslied der Insel: Guitarren und junge Stimmen.

»Das ist Jupiter«, sagte Curd und zeigte mit dem Finger in den sternenübersäten Himmel. »Und wenn du ganz genau hinschaust, kannst du drei seiner Monde sehen«. Aber sie sah sie nicht und er mußte ihr ein Fernglas bringen, und dann sah sie sie und wandte sich zu ihm und bedankte sich für Jupiter und seine Monde: »Ich liebe dich!«

Hinter ihnen aus der Küche begann es nach der Ente aus dem Tiefkühlfach zu duften, die jetzt im Ofen schmorte, und er kalkulierte, daß er nun bald den Rotkohl aus der Dose schütten mußte, und den Wein sollte er wohl auch bald öffnen.

Sie sagte: »Sei nicht traurig um den Christstern, du hast mich«, und er nahm sie in den Arm und drückte sie an sich. Er schloß die Augen, und hinter den Lidern entzündete sich langsam aus fast schwarzem Rot hin zu glühendem Orange seine Liebe zu ihr, und sie schien ihm wie ein Christstern geformt und gefärbt zu sein. Er drückte sein Gesicht in ihr Haar und flüsterte: »Frohe Weihnachten, schöne Judith!« Und etwas tief in seinem Inneren antwortete für sie beide und klang wie eine Glocke: »Shalom!«

Klang wie eine Glocke: Shalom-shalom-shalom! und er wußte, daß nach all diesen Jahren, nach all diesem Leben, nach all diesen Dingen ... Weihnachten war?

Judith machte sich von ihm los und schnupperte witternd zur Küche hin. »Ist das etwa Ente?« fragte sie.

»Mit Rotkohl«, murmelte Curd, und es klang wie: »Ich liebe dich«.

»Mit Rotkohl«, wiederholte Judith langsam. »Gebratene Ente mit Rotkohl«.

Er schaute ihr nach, wie sie ins Haus lief, und kurz darauf hörte er vom Bad her angestrengte, würgende, ganz unweihnachtliche Geräusche.

Die alten Männer wußten, daß der erste Bus nicht vor elf Uhr ankam. Sie wußten es, und ihre Esel wußten es auch. Trotzdem schlurften die ersten von ihnen immer schon morgens gegen neun den Weg hoch, dorthin, wo ein paar Stunden später die Busse halten würden: Zu dem verrotteten, rostenden Schild, das halbverwischt »Parada« ahnen ließ – Haltestelle. Späte-

Eseltreiber

stens gegen zehn waren sie alle da: Der schwitzende und kurzatmige Lele mit seinem weißgrauen Esel, der immer ein bißchen streng roch, der Esel, weil es Lele schwerfiel, ihn richtig zu putzen und zu striegeln. Nicht nur der weit überhängende Bauch war daran schuld sondern auch die Gicht, die verdammte, die seine Finger knotig und schmerzend gemacht hatte und das Rheuma, das man förmlich in seinen alten Knochen krachen zu hören meinte.

Cristobal kam meist mit ihm zusammen an, nebeneinander stolperten sie um die Wegecke und ihre Esel holperten gleichmütig hinterher. Cristobal war sechsundsiebzig und das Gegenteil von Lele: Er war dünn, er schwitzte nie, am Hemd konnte man es sehen, am Hemd unter den Ärmeln, und auch sein Esel war das Gegenteil von Leles Esel, er war dunkelgrau und eine Stute. Leles Esel hatte sein Leben vor mehr als 20 Jahren als Hengst begonnen, wenig später, mit achtzehn Monaten, hatte man ihn zum Wallach gemacht. Bei den beiden alten Männern konnte man mit Fug und Recht sagen: Gegensätze ziehen sich an, bauchig und mager, Schweiß und Trockenheit, auch Hut und Mütze, denn Cristobal trug ein baskisches Barett, während Lele einen Strohhut trug, dessen Innenraum er hinter dem Schweißband mit Packpapier verkleinert hatte.

Cristobal und Lele kannten sich so lange sie denken konnten. Cristobal war zuerst dagewesen, ein paar Jahre später hatte

Lele gegen Mitternacht das Licht der Welt erblickt, niemandem war das zunächst aufgefallen. Erst als Lele mit drei Jahren in die Mistgabel gefallen war und sich dabei eine klaffende Wangenwunde zugezogen hatte, wurde man auf ihn aufmerksam. Viele Jahre hieß er Lele mit der Narbe, viele Jahre wurde er von den anderen Jungen dafür bewundert, beneidet fast, von den anderen Jungen, die höchstens eine abgehackte Fingerkuppe ihr eigen nannten oder einen wild verheilten Schlüsselbeinbruch, wie Basilio, der Schiefe. Mit der Zeit verlor sich der Beiname wieder. Verlor sich, wie sich die Narbe in den Falten verlor, die Leles Gesicht immer tiefer durchfurchten. Verlor sich, wie die Zähne, die mit ihrem Weggang die Wangen einstürzen ließen. Verlor sich schließlich ganz und gar unter einem struppigen Bart, der niemals jünger als zwölf Tage schien und jeder Klinge erfolgreich Widerstand leistete.

»Die Dicke«, sagte Cristobal träumerisch. »Die Blonde. La rubia«. Sie hatten sich in den Schatten einiger Pinien zurückgezogen, die Esel wieder hinter sich hergezerrt, und sie schauten den Männern und Frauen zu, die auf dem kleinen Platz vor dem Hotel ihre Marktstände aufbauten. »Die Dicke, la rubia. Ich hoffe, sie kommt noch einmal wieder«. Auch bei Frauen wurde er vom Gegenteil angezogen, und er tastete versonnen nach hinten zu seiner Eselstute und klatschte mit seiner harten, schwartigen Hand auf das, was er fühlte: Ihren Hintern.

Lele war dabei, sich eine Pfeife zu stopfen, sie dann anzuzünden, schließlich auszuspucken. Er antwortete deshalb nicht sofort. Erst nachdem er ein paar Züge getan und berstend gehustet hatte, ließ er sich von seinem Gefährten in das Gespräch hineinziehen. »Nein«, sagte er und schüttelte den Kopf. Er nahm die Pfeife aus dem Mund, räusperte sich lärmend und spuckte aus. »Nein«, sagte er noch einmal.

Cristobal ließ die Antwort auf sich einwirken. Er schaute sinnend zu den Marktständen hinüber, wo sich bunte, maschinengestickte Decken zu stapeln, Strohkörbe zu türmen begannen, und dachte nach. »Nein?« sagte er ein wenig fragend, so, als ob er nicht ganz sicher war, was das Wort zu bedeuten hatte. »Wieso nein? – Porqué no?«

Lele war dereinst für seine flinke Zunge bekannt gewesen, aber das war lange her, zusammen mit den Zähnen war ihm die Lust am weitschweifigen Reden abhanden gekommen. »Darum nicht«, begnügte er sich zu sagen und betrachtete dabei die getrockneten Feigen und die Pakete mit eingedickten Quitten, die auf Papaya zu einer Paste von touristischem Interesse verarbeitet werden, und die ein junger Mann aus einem Lieferwagen heraus zu einem der Marktstände transportierte. Er wandte seinen Blick von dem Marktstand ab und bewegte ihn gemeinsam mit seinem Kopf langsam zu Cristobal hinüber. Er bemerkte dessen fragende Augen und fügte widerwillig eine Ausschmükkung hinzu: »Sie bleiben immer nur eine Woche«.

Cristobal zog hoch. An der Art, wie er es tat, konnte man hören, daß er seine Zweifel hatte. »Hm«, machte er unverbindlich. Er blinzelte durch die Pinien hindurch in den Himmel. Der Himmel war blau, und es versprach ein schöner Tag zu werden. Oben beim Hotel war das meistens so: Entweder der Himmel war schon morgens früh bedeckt, und dann blieb es auch den ganzen Tag wolkig. Oder es war um halb elf noch schön, und dann konnte man auch weiterhin mit einem wolkenlosen Tag rechnen. Ihm war es eigentlich gleich. Für ihn war ein bewölkter Himmel so gut wie ein wolkenloser. Bei den Touristen, das wußte er, war das anders. Die Touristen mochten keine Wolken. Die Touristen kamen der Sonne wegen. Sie kamen, um sich spärlich zu kleiden und um röstrot zu werden. Sie beobachteten lauernd den Himmel und waren stets bereit, Kleidungsstücke von sich herunterzuzerren, und sie legten sie, wenn es kühl wurde, nur zögernd wieder an. Die Touristen kamen aus Ländern, in denen die Sonne nicht schien. Sie erklärten es mit Gesten und mit Worten, zeigten auf die Sonne, sagten: »Nix Sonne im Dezember, nix Sonne Alemania«. Manche sagten auch Schweden statt Deutschland, Schweden oder Finnland, aber Alemania hatte Cristobal bisher am häufigsten gehört, und jene, die Schweden sagten, mochte er sowieso weniger, denn sie fielen ziemlich oft vom Esel, aber sie taten sich so gut wie nie dabei weh. »Besoffene haben einen Schutzengel«, hatte der Busfahrer behauptet. »Aber nachher in den Kurven kotzen sie trotzdem«. Er hatte mit den Schultern eine Bewegung des Unmuts gemacht, so, als ob er von einem Schutzengel eigentlich mehr erwartet hätte.

»Hm«, machte Cristobal ein weiteres Mal. Irgendwie spürte er, daß sie doch noch einmal kommen würde.

***

Alte Männer haben keine Aufgaben auf Papaya. Sie sind nutzlos wie gebrauchte Zahnstocher, mit denen auch niemand so recht etwas anzufangen weiß. Nutzloser jedenfalls als alte Frauen, die wenigstens noch die letzte Brut notdürftig versorgen, viel nutzloser als die kleinen Jungen und Mädchen, die immerhin ansteigende Arbeitsleistung versprechen, denen man mit jedem Monat einen größeren Packen Reisig oder Viehfutter auf die Schulter laden und vom Berg heruntertragen lassen kann. Alte Männer, verdammt noch mal, die sitzen blöd und faul herum, und wenn sie überhaupt etwas tun, das ins Gewicht fällt, dann ist es essen.

Die Dörfer Papayas sind mit alten Männern gefüllt, mit alten und uralten, die Insel ist für die Langlebigkeit ihrer Bewohner bekannt, gefürchtet bei denen, die die Last damit haben. »Baltasar ist vierundneunzig geworden, ich hoffe, daß dein Vater es nicht auch so weit treibt«, das sind so die besorgten, freudlosen Mutmaßungen, mit denen Ehepaare, selbst schon auf dem Weg ins Biblische, einander Vorwürfe machen. »Dein Vater ist ja auch nur, weil er unglücklicherweise die giftigen Pilze ... Gott hab ihn selig ... sonst hätten wir ihn noch immer am Hals!«

Niemand kann jetzt mehr sagen, wer von den alten Männern zuerst auf die Idee gekommen ist. Wahrscheinlich war es nicht einmal eine Idee sondern der Zufall, der einen von ihnen an einem Touristenbus vorbeitrotten ließ, ihn und seinen Esel. War es der Zufall, der einem unternehmungslustigen Urlauber die

Idee eingab: »Laß mich doch mal auf dem Pferd da reiten, Opa!« Der Zufall, daß im Bus enthusiastisch »ja!« gebrüllt wurde. »Ja, reit mal auf dem Esel, Edgar.« Der Zufall, daß der Alte es irgendwie begriff und hinterher mit einer Münze entlohnt wurde. Viele große Ideen sind auf diese Art geboren worden, man denke nur an die Sicherheitsnadel und an die klassische chinesische Art, Kohl zu düngen.

Die Nachricht verbreitete sich jedoch nicht wie ein Lauffeuer. Sie sprang nicht von einem Alten zum andern und entzündete seine Phantasie. Vielmehr folgte dem ersten Eselsritt monatelanges Mißtrauen: Wollten die Fremden wirklich auf Eseln reiten? – Waren sie nicht auf das Herrlichste versorgt in ihren komfortablen Bussen! Trennten sie nicht Welten von den Schrotthaufen, die zum Transport der Bauern und Hühner, Schafe, Tauben und Ziegenkäse, Brennholz, Essig und Knoblauchfahnen eingesetzt wurden? Konnte man ernsthaft erwarten, daß hier ein wirkliches Interesse vorlag? – Man meinte, es nicht hoffen zu können. Man meinte sogar zunächst gar nichts, denn die Idee, daß jemand etwas aus reinem Spaß tun konnte, lag den Alten so fern wie ihre Jugend. So fern wie ihre Jugend, in der sie gelernt hatten, fürs Leben, daß man nichts aus Spaß tut, und wenn schon, dann mußte man vorher heiraten und nachher bereuen oder auswandern.

Immerhin kam eines Tages ein Alter zurück in sein Dorf und hielt die Hand zur Faust geballt. Erst auf Drängen öffnete er sie und ließ eine Münze in der Handfläche sehen: »Eine Touristin«, sagte er. »Ein Weib ist aus dem Bus gestiegen und hat sich auf Follo gesetzt, meinen Esel. Sie hat gekreischt und gekichert. Und sie hatte«, fügte er hinzu und machte kreisende Bewegungen mit beiden Armen, ohne jedoch die Münze loszulassen, »sie hatte so gut wie nichts an, nur kurze weiße Hosen und ein Hemd, in das man von oben hineinschauen konnte«. Zum Zeichen, daß es keine Lüge war, kratzte er sich am Hosenschlitz und seufzte leise, bevor er räuspernd spie. Danach malten seine Hände Melonen in die Luft.

Irgendwann um diese Zeit brach das Eis, schmolz das Mißtrauen dahin. »Brot, Liebe und Pesuchen!« lautete ein Trinkspruch auf Papaya, und davon schien nun plötzlich alles auf einmal auf die alten Männer zuzukommen. Esel wurden Mangelware über Nacht, begehrter als trächtige Säue.

***

Im Bus wurde gesungen. Anfangs hatte der Fahrer die Stimmung noch mit Flamenco-Musik angeheizt, aber nach erster Begeisterung hatte man zum Volkslied zurückgefunden, zu den Wurzeln. Gewiß, die Rotblonde aus dem Sauerland hatte im Gang gestanden und mit den Absätzen geklappert und mit den Händen schlängelnde Bewegungen vollführt. Gewiß, die Männer hatten »Olé!« geschrien und in die Hände geklatscht als ob Heino: Oh, du schöner Westerwald gesungen hätte. Aber das eben war es: Oh, du schöner Westerwald und die Lieder vom Rhein und vom Wein lösten am Ende doch stärkere Gefühle aus. Gefühle von Echtem und Rechtem, Glücksgefühle. »Ja, ich bin glücklich, ein Rheinländer zu sein« sang inzwischen ein mittelblonder Mann in einem tropischen T-Shirt. Niemand wollte ihm nachstehen: »Ja, ich bin glücklich, ein Rheinländer zu sein!« sangen auch der Hesse und der Preuße. Letzterer versuchte zusätzlich: Das ist die Berliner Luftluftluft ins Spiel zu bringen – ohne Erfolg. Das Berlin-Opfer wurde nicht vollzogen, der Ehemaligen Reichshauptstadt kein Tribut gezollt, die Rotblonde gewann leicht mit den unsterblichen Versen vom Wein, der alt und dem Mädel, das jung sein muß, und auch der Berliner mußte zugeben, daß es ein passenderes Lied war, wenngleich nicht für die Rotblonde.

Einige der Männer hatten Weinbeutel aus Ziegenleder mitgebracht und ließen sie durch die Sitzreihen wandern. Die meisten der Frauen wußten nicht, mit ihnen umzugehen. Wein spritzte ins Hemdchen-Dekolleté und Tempo-Tücher behoben, von Männerhänden gewischt, von kichernden Protesten begleitet, den Schaden. Die Stimmung war gut. »Alles paletti!« schrie der Berliner.

Der Fahrer beobachtete seine Gruppe über den breiten Rückspiegel und drehte sich dann um: »Gleich«, sagte er, »gleich wir sein da!«

»Eselreiten!« schrie der Mittelblonde. »Dann geht's los mit Eselreiten! Nichts wie raus und Eselreiten! Alle Frauen hopphopp auf die Esel!«

»Wenn nicht genug Esels da sind, kann ick ja aushelfen!« sagte der Berliner und erntete Prusten und Quietschen dafür, daß er so war, wie ein Berliner sein mußte: Frech. Nie auf den Mund gefallen. Herz und Schnauze.

»Huch!« dachte die Rotblonde nachhängend, nachdem sich die Erregung gelegt hatte. Sie zupfte am Schritt ihrer Shorts und fühlte, wie sich eine leichte Spannung in ihren Backen ausbreitete, ein Kribbeln im Speck. Nur sehr am Rande erinnerte sie sich, daß die Satteldecke beim letzten Mal ganz schön gekratzt hatte.

***

»Da kommen sie«, hustete Lele und zeigte mit der Pfeife nach hinten, wo durch die Pinien hindurch Motorgeräusche drangen. »Da kommt der erste«.

Auch die Marktleute an den Ständen und die anderen alten Männer mit ihren Eseln hatten es gehört. Eine Bewegung ging über den Platz, eine Welle, die weiter unten beim Bus ihren Anfang genommen hatte und auf der gegenüberliegenden Seite des Platzes am Eingang zum Hotel auslief: Die Frauen mit den maschinengestickten Folkloretüchern strichen glättend über ihre Ware, nahmen übend ein Tuch hoch und hielten es gegen das Licht: »Muy bonito«, würden sie gleich sagen und lächeln: »Sehr schön!« Der Mann mit der touristischen Paste aus eingedickten Quitten breitete schützend die Hände über seine Ware und brüllte: »Hör auf, mir den Dreck von deinen Körben auf die Ware zu schmeißen!« »Jodete!« sagte der Mann mit den Körben unbeeindruckt. »Dreck sucht Dreck!« Er grinste, weil er wußte, daß es seinem Kollegen gleich war. Sein Kollege grinste ebenfalls. Alles einte sie. Nichts trennte sie. Hinterher, am Ende des Bus-Tages, würden sie ein paar Rum miteinander trinken und die Scheine zählen »Vete al carajo!« begann der Mann mit den Körben noch einmal. Der andere winkte ab.

Die alten Männer putzten an ihren Eseln herum. Einige bückten sich ächzend nieder und schauten ihnen zwischen die Bakken, ob sich dort nicht eine Zecke festgebissen hatte. Man tat das aus Routine, und wenn dort eine war, wurde sie mit der Zigarre abgebrannt, auch das war ein Akt der Solidarität, wer eine Zigarre hatte, gab sie zu diesem Zwecke her.

Der Junge, der am anderen Ende des Platzes, direkt neben dem Eingang zum Hotel, Cola verkaufte, reckte den Hals. Er glaubte, das Rot des Busses, das Rot mit dem goldenen Streifen durch die Pinien der letzten Kurve zu sehen und wischte noch einmal an den Gläsern herum, die er auf seinem Stand aufgereiht hatte. Er entdeckte Schwärzliches, Krustiges an einem, runzelte die Stirn und kratzte es weg. Er hielt das Glas gegen den Himmel und putzte es von außen mit dem Jackenärmel blank. Als das große Horn des Busses aufbrüllte, stellte er das Glas zurück und lächelte zufrieden: In Ordnung.

***

»Hua-hua!« machte Cristobal leise. Er ahmte damit das Signalhorn des Busses nach, und es war ihm gleich, daß Lele ihn sonderbar anschaute. »Hua-hua!« machte er noch einmal trotzig.

»Komm!« sagte Lele. Er machte einen Schritt aus den Pinien heraus und zog seinen Esel hinter sich her. Cristobal folgte ihm, und auch all die anderen alten Männer kamen nun aus ihren Wartepositionen und zerrten und stießen ihre Esel zu dem verrotteten Halteschild hin, neben dem der Bus bremsend bräunlichen Staub und Plastikbecher aufgewirbelt hatte.

Cristobal sah sie sofort. Es war, als ob sein Blick nur darauf gewartet hatte, von ihr gefangengenommen zu werden. Unter den vielen Fremden, den tropisch bedruckten T-Shirts, den roten, schwitzenden Gesichtern, den Strohhüten und Mützen, den Abenteuertüchern, Hippie-Amuletten, Muschelketten und Sonnenbrillen, sah er sie sofort, nur sie und keine andere unter ihnen allen. Sein Herz tat einen kleinen Extraschlag, denn es wußte wie er, daß sie seinetwegen noch einmal gekommen war, seinetwegen, um auf seinem Esel zu reiten, der von seinen Händen geführt und von seinen Kommandos getrieben wurde. Seinetwegen.

Er schaute aus den Augenwinkeln zu Lele hinüber. Lele hatte nichts bemerkt. Lele war schwer atmend damit beschäftigt, auf sich und seinen Esel aufmerksam zu machen: »Aqui! Burro! Burro bonito!« Er schrie, was all die anderen alten Männer schrieen, er gestikulierte, wie all die anderen alten Männer gestikulierten, nur einer schrie außerdem noch: »Deuts gutt!« und wies auf den Kopf seines Esels, der einen Strohhut mit Ohrlöchern trug und mit einem Bändchen in ausgeblichenem Schwarzrotgold.

Cristobal merkte, daß er einige Schritte zurückgetreten war, und er sah, daß die Rotblonde sich nunmehr durch den Gang des Busses zur Ausgangstür bewegte. Ihr folgte ein mittelblonder Mann, der an einer bunten Kordel einen Ziegenlederbeutel vor der Brust trug, und der die Rotblonde mit beiden Händen nach vorn schob. Cristobal bemerkte, daß sich die Hände tief in das Fett ihres Hinterns eindrückten. Es gab ihm einen Stich.

Er wartete, bis sie in der Ausgangstür stand und hob dann die Hand: »Aquí!« sagte er. »Aquí estoy! Hier bin ich«

Auch die Rotblonde hatte ihn jetzt gesehen. »Den Ollen hatte ich schon mal!« sagte sie und sah sich nach ihrem Begleiter um. »Diesmal will ich einen anderen«.

Der mittelblonde Mann griff ein weiteres Mal knetend in ihr Backenfett und nahm sodann bedauernd davon Abschied, denn sie stieg nun die Stufen hinab. »Es ist aber kein anderer mehr frei«, sagte er. »Die Kerle sind alle schon besetzt!« Er blickte um sich und rief: »Hopphopphopp! Esel lauf Galopp!« Er nahm einen Schluck aus seinem Weinbeutel und sagte dann ziemlich unmotiviert: »Müllers Kuh. Müllers Esel, das bist du!«

»Dann nehme ich den vom vorigen Mal«, entschied die Rotblonde. »Was soll's?«

Cristobal sah, wie sie auf ihn zukam. Er nahm seine Mütze ab und lächelte. »Guten Tag«, sagte er. Er hatte das irgendwann einmal gelernt, aber er hatte es noch nie benutzt, hatte es aufgehoben für eine besondere Gelegenheit. »Guten Tag!« Die besondere Gelegenheit war da.

Er half ihr auf den Esel, freute sich, wie sie »huch!« machte und Dinge juchzte, die er nicht verstand außer in ihrem Gehalt an Geisterbahn und Gänsehaut. »Ohgottogott! Hiiilfe!!!« Er wußte, daß nichts geschehen würde, seiner sechsundsiebzig Jahre zum Trotz war er ein kräftiger und sehniger alter Mann, und er nahm mit den Händen und den Augen ihr waberndes Fett wahr, es jagte ihm einen Schauer über den Rücken: Entzücken, Wollust und Marienglaube mischten sich in seinem Herzen. Er versuchte, den mittelblonden Mann zu ignorieren, der neben ihm herlief und mit dem Weinbeutel vor seinen Augen herumfuchtelte: »Du trinken, Opa, du auch?!«

Er zog mit seiner Fracht langsam, fast majestätisch über den Platz, an den Buden vorbei, durch die Gänge der Stände hindurch, und er wußte, daß sich alle Augen auf ihn gerichtet hatten. Er ging hoch aufgerichtet, ein kleiner, sehniger Mann, der größer wirkte als er wirklich war, der Stolz verlieh ihm Statur. Der mittelblonde Mann lief neben ihm her und tanzte vor ihm herum und schrie immer noch »Trinken vino?!«, aber er kam Cristobal vor wie ein Gaukler, der ein Ereignis begleitet, einen Königszug umzappelt, ihm dadurch erhöhtes Ansehen verleiht.

Um ihn herum schrien Stimmen, und von fern hörte er die schweratmige Stimme Leles: »Laß den Esel rennen, Compañero! Laß ihn rennen, daß die Titten hopsen!«

Er ließ ihn nicht rennen. Er führte ihn gravitätisch und gemessen über den Platz und durch die wimmelnden Menschen, und als er seinen Blick zu ihr hochrichtete, sah er, daß auch sie ihn ansah. Er lächelte, und sie lächelte zurück.

***

»Du hättest ihm nicht das Inflationsgeld geben sollen«, sagte die Rotblonde.

»Scheißdrauf!« sagte der mittelblonde Mann, und ließ für einen Augenblick ihren Hintern los, um einen Schluck aus seinem Weinbeutel zu nehmen.

»Dürfte ich Ihren Paß sehen?« Der Mann in der grünen Uniform mit der lackierten Mütze auf dem Kopf streckte die Hand vor und schnipste mit den Fingern. »Paß, wenn ich bitten darf«.

»Zacharias schüttelte den Kopf. »Ich habe ihn nicht dabei«, sagte er. »Der Paß war das letzte, woran ich gedacht habe«. Trotzdem suchte er in seiner Jackentasche herum, wie jemand,

Wer, bitte, löscht die Feuerwehr

der seinen guten Willen zeigen will. Inmitten dem Gebrüll und Durcheinander stieg die Marktfrau mit den Bananen vor seinen Augen auf, die Marktfrau, die es auch so machte: Sie griff suchend und schaufelnd in ihre Kartons und Körbe, durchforschte mit gekrümmten Fingern die Ecken und Ränder, bis sie dann die zweite und endgültige Antwort gab, achselzuckend: »Keine mehr da«.

»Ich habe ihn nicht dabei«, sagte Zacharias endgültig. Er zuckte mit den Achseln.

Der Mann in der grünen Uniform behielt seine Hand in Fordergeste. Er schien das Achselzucken falsch auszulegen. Als Überheblichkeit, Respektlosigkeit, Ausländerart. »Sie brauchen ihn aber«, sagte er unnachsichtig. »Gerade in so einer Situation brauchen Sie Ihren Paß. Er ist das erste, woran Sie denken müssen. An Ihren Paß«. Noch einmal schnipste er mit den Fingern: »Also?«

»Mich kennt hier jeder«. Zacharias machte mit dem Arm eine umfassende Bewegung an den schreienden Menschen vorbei, an den spritzenden, spuckenden Flammen vorbei, an den rotierenden gelben und lila Lichtern der Ambulanz und der Polizeiautos vorbei. »Jeder kennt mich hier. Sie kennen mich auch«.

Der Mann in der grünen Uniform lachte. In seiner Lackmütze

flackerte die Spiegelung der Flammen. »Natürlich kenne ich Sie«, sagte er. »Aber ich kenne nicht Ihren Paß. Sie haben mir noch nie Ihren Paß gezeigt«. Er sagte das fast ein wenig verschämt. Zacharias hatte das Gefühl, daß er statt Paß auch etwas anderes gemeint haben könnte: Sie haben mir noch nie Ihr Glied gezeigt.

»Ich bringe ihn morgen auf die Wache«. Er versuchte an dem Mann vorbeizukommen. »Darf ich jetzt zum Haus...?«

»Sie sollten ihn mir jetzt zeigen«, sagte der Mann in der grünen Uniform. Er verstellte ihm den Weg. »Erst der Paß. Dann sehen wir weiter. Erst der Paß. Dann alles andere«. Er versuchte, geduldig zu klingen. Ausländer verstanden nicht. Sie hatten keine Ahnung vom Ablauf der Dinge. Sie versuchten erst das andere zu machen und dann das eine. Genau umgekehrt versuchten sie es zu machen, die Ausländer. »Auf Papaya muß alles seine Ordnung haben«, sagte er langsam, als ob er zu einem Kind sprach oder zu einem jener Greise, die vor vielen Jahren aufgehört hatten, Nachrichten von der Außenwelt aufzunehmen, und die in den Dörfern nebeneinander auf den Mauern hockten und auf die nächste Mahlzeit warteten. »Sie sollten zurückfahren und Ihren Paß holen. Dann werde ich Ihre Personalien aufnehmen. Dann können Sie an die Brandstelle. Dann wird man alles weitere sehen«. Er schob sein Gesicht vor Zacharias und lächelte betont deutlich, damit jener sich klar wurde, daß er es gut mit ihm meinte. »Einverstanden?«

Zacharias sah sich um. Zur Linken standen, in einem dichten Haufen zusammengedrängt, Frauen, die sonst ein Mehrfaches an Platz benötigt hätten. Jetzt hatten sie ihre runden, fetten Körper ineinandergedrängt, als ob sie unter dem Gewicht des Unglücks in eine unsichtbare Presse geraten waren. Sie schrien, und auch ihre Schreie schienen von dieser Presse verursacht und veranlaßt zu sein, denn sie drangen fast pfeifend und unter großem Druck aus ihnen heraus und stiegen, mit den Flammen wetteifernd, in den Nachthimmel.

Neben den Frauen stand die Ambulanz des Paperischen Samariterbundes. Die hintere Tür war geöffnet und ließ eine weiße Bahre im rötlich-flackernden Licht der Flammen erkennen, auf dem sich ein Mädchen mit Kittel und Haube die Nase putzte und interessiert im Taschentuch nachschaute, was dabei herausgekommen war. Auch rotierte die gelbe Warnlampe auf dem Dach, und gerade jetzt wieder hatte der Fahrer beschlossen, den kreischenden Frauen eine Lektion zu erteilen, denn er ließ die Sirene aufheulen, und sie war lauter als die Frauen. Die Frauen schwiegen beeindruckt aber nur kurz. Zu viel wollte aus ihnen heraus. Zu lange war nichts geschehen. Zu schön war der Schrecken, den diese Nacht in die Monotonie ihrer Tage gebracht hatte: »Aihiiiiiii!!!«

Zacharias gab sich einen Ruck und zeigte zum Haus hinüber. »Ich muß jetzt dahin«, sagte er. »Wenn Sie mich nicht durchlassen, beschwere ich mich bei Ihrem Chef. Schließlich ist es mein Haus, das da brennt«.

Der Mann in der grünen Uniform lächelte. Es sollte ein mildes Lächeln sein. Es sollte ein Lächeln sein, das den Zeitläufen entsprach. Früher hätte man nicht gelächelt sondern gehandelt. Früher hätte es daher keinen Widerspruch gegeben, keine Starrköpfigkeit. Der Mann in der grünen Uniform spuckte angeekelt aus, was in ihm an Widerwillen gegen die Zeitläufe hochstieg und ihn die Fäuste ballen ließ. »Ich bin der Chef«, sagte er dann. »Reden Sie mit mir. Was haben Sie mir zu sagen?« Er hatte kleine Augen bekommen, die nicht mehr recht zu seinem Lächeln passen wollten.

***

»Dürfte ich Ihre Aufenthaltsgenehmigung sehen?« fragte der Mann in der braungelben Uniform. Er lächelte Zacharias an, denn er kannte ihn von der Zeit her, als er in Papaya City seine Aufenthaltsgenehmigung beantragt hatte. Er hatte Zacharias interviewt. Man hätte es auch ein Verhör nennen können, aber man nannte es nicht so, weil die Zeiten sich geändert hatten. »Ihre Aufenthaltsgenehmigung«.

»Ich habe meinen Paß geholt«, sagte Zacharias. Er sah sich suchend um. Der Mann in der grünen Uniform mit der Lackmütze war nirgendwo zu sehen. »Der andere wollte meinen Paß sehen. Wo ist er?«

Der Mann in der braungelben Uniform überhörte seine Frage. Die in den grünen Uniformen gehörten einer anderen Truppe an, man hatte wenig Sympathie füreinander, denn die Kompetenzen überschnitten sich. »Ihr Paß interessiert mich nicht«, sagte er mit einer wegwischenden Handbewegung. »Ich brauche Ihre Aufenthaltsgenehmigung«.

»Sie haben sie mir erteilt«, gab Zacharias zu bedenken.

Der Mann nickte, »Eben deshalb«, sagte er. »Weil ich Sie Ihnen erteilt habe. Was interessiert mich da Ihr Paß?«

Die Frauen hatten ihren ursprünglichen Platz verlassen. Dieselbe Kraft vermutlich, die die Schreie aus ihnen herauspreßte, hatte sie weiter nach oben gezwungen. Sie standen jetzt auf der anderen Seite des Samariterwagens, denn der linke Flügel des Hauses war ausgebrannt und bot keinen weiteren Schmerzgewinn. Jetzt brannte der Mittelteil des Hauses, und die Flammen hatten gerade das Dach durchbohrt und tasteten zuckend, fast bittend in den Nachthimmel hinein, als ob sie dort weitere Nahrung erhofften: Unser täglich Brot gib uns heute! Zacharias fiel auf, daß sich die Schreie der Frauen geändert hatten. Sie klangen heiserer, breiter und erschöpft. »Kein Wunder«, dachte er. »Inzwischen ist eine Stunde vergangen«. Wohl aber wunderte ihn, daß auch die Sirene der Samariter-Ambulanz heiserer klang. Sollte sie den Anforderungen nicht gewachsen sein? Das Mädchen in Kittel und Haube saß immer noch auf der Trage. Inzwischen reinigte es sich mit einer Haarklammer die Zähne. Der Einsatz versprach Gelegenheit zur Rundumpflege.

»Wann kommt die Feuerwehr?« fragte Zacharias. »Wenn sie nicht bald kommt, brennt das ganze Haus ab. Warum löscht niemand? Warum lassen Sie mich nicht die Löscharbeiten organisieren? Sehen Sie denn nicht, daß mein Haus abbrennt?«

Der Mann in der braungelben Uniform hob beruhigend die Arme hoch. »Alles zu seiner Zeit«, sagte er. »Die Feuerwehr wird kommen, wenn die Zeit dafür reif ist. Die Zeit ist noch nicht reif«, fügte er nachdenklich hinzu. Er machte eine Pause, und Zacharias spürte, daß sich wieder das Wort Aufenthaltsgenehmigung in seinem Gehirn zu formen begann. »Warum ist sie noch nicht da?« fragte er schnell.

»Warum ist sie noch nicht da?!« fragte der Mann in der braungelben Uniform zurück. »Sie kommt vom Flugplatz. Der Flugplatz ist geschlossen, weil es nachts keine Flüge gibt. Die Männer müssen aus dem Bett geholt werden. Vorher muß man sie wecken. Denken sie, das ist alles so einfach?« Man konnte spüren, daß er ungeduldig wurde. »Es ist nicht so einfach, wie Sie sich das denken«, fügte er hinzu. Er hoffte, daß der Ausländer nun endlich verstanden hatte.

Weiter unten, dem Meer zu, begann in diesem Augenblick ein neues Geräusch. Die schreienden Frauen erahnten es instinktiv, und ließen die Luft fast lautlos entweichen, wie ein Dudelsack, der nicht mehr gedrückt und gespielt wird. »Die Feuerwehr!« sagte der Mann in der braungelben Uniform feierlich. »Unsere Paperische Flughafenfeuerwehr«. Seine Haltung veränderte sich. Er straffte die Schultern und minderte den Bauch, im Geist schien er Papayas Lokalhymne abzuspielen: Papaya, du Schöne im Meer!

Zacharias wußte, daß er jetzt die Aufenthaltsgenehmigung in einem seiner Gehirnkästchen abgelegt hatte und sich auf wesentliches konzentrierte. Die Paperische Flughafenfeuerwehr, die jeder auf der Insel nur mit Betonung und Ehrfurcht: Unsere Paperische Flughafenfeuerwehr nannte, so als ob sie das eigene Fleisch, Blut, Blech und Wasser eines jeden Einzelnen war, die Feuerwehr hatte alles andere verdrängt und in die Schranken seiner Bedeutungslosigkeit verwiesen. Tatütata! machte es zweckdienlich unten am Weg, und in der Ferne wurde, an einen Sonnenaufgang erinnernd, dem noch immer, seit die Welt besteht, die düstere Nacht zu weichen hat, ein rotes, flackerndes Licht zunächst erahnbar, dann erkennbar, schließlich sichtbar.

»Aihiiiii!« kreischten die Frauen, nun wieder mit neuer Kraft und ohne eine Spur von Heiserkeit. »Ruhe!!!« schrie der Mann in der braungelben Uniform. »Unsere Paperische Flughafenfeuerwehr!!!« Er legte die Hand an den Mützenrand und salutierte gen Osten, von woher Feuerwehr und Licht kamen.

Zacharias ging auf die Flammen zu, in die sich sein Haus verwandelt hatte, und die ihn mit prasselnden Funkengarben begrüßten. »Vorsicht!« brüllte eine gutturale Stimme hinter ihm. »Ihr Haus brennt!!« Ein Mann in dunkelblauer Uniform hielt ihn am Ärmel fest. Zacharias lief weiter und zog den Dorfpolizisten hinter sich her.

***

Das Haus hatte er zwei Jahrzehnte zuvor gekauft. Es war eines der ältesten Häuser der Gegend, jener fruchtbaren Ebene, die seit hunderten von Jahren die Hauptstadt Papayas mit Nahrung, Tabak und Wein versorgt hatte. In den Augen der Leute war es damals wertlos gewesen, eine Ruine, gerade noch gut genug, einem Esel als Unterstand zu dienen und einer Kuh als Stall, einem Knoblauchzopf zur Aufbewahrung, einer rostigen Hacke zur Unterkunft, einem Fremden, der zu viel Geld hatte, als törichte Investition. Er hatte es in seinen alten Zustand zurückgeführt, er hatte die Hölzer der Decken und Fenster von Schichten billiger Farbe befreit, die Böden von den Spuren der Kuh. Das Haus, seiner Lumpen und Lumpigkeit ledig, hatte wieder die Position eingenommen, die ihm schon vor zweihundert Jahren zugestanden worden war: Es krönte die Gegend und gab ihr Zusammenhalt.

Zacharias erinnerte sich, daß der Kauf des Hauses und der Farm von den Nachbarn mit Kopfschütteln begleitet worden war. »Was wollen Sie mit dem Plunder?« fragte der Nachbar zur Linken. »Was wollen Sie mit so einer verrotteten Ruine und mit dem versauten Land? Warum bauen Sie sich kein neues Haus? Ein Bungalow? Ein Chalet?« Der Nachbar hatte sich selbst gerade ein Chalet gebaut. Er hatte es außen rosarot angestrichen und innen hellgrün. Er hatte einen Sockel um das Chalet herum fingiert, ihn grau angestrichen und mit unregelmäßigen weißen

Linien versehen, die Natursteingepräge ausdrücken sollten. Er hatte seine Fensterrahmen aus scheppemdem Aluminium fertigen lassen und seine Türen auch. »Niemand will mehr in diesen alten Häusern wohnen, glauben Sie mir, Sie können mir das glauben!«

Zeiten und Meinungen hatten sich seitdem geändert. Inzwischen war es auf Papaya Mode, in alten, restaurierten Häusern zu leben, die Stadtmenschen aus Papaya City hatten diesen neuen Lebens-Stil als erste umarmt. »Aber es gibt keine alten Häuser mehr. Die Ausländer haben sie uns alle weggenommen«, sagten die Leute. Und in der Zeitung, Tribuna de Papaya, hatte ein vielbedachteter Kommentar gestanden: »Was der Ausländer kauft, das bekommt ein Papero nie und nimmer mehr zurück. Wen wundert es da noch, daß an den Mauern und Wänden steht: Ausländer raus!«

»Platz für die Feuerwehr!« brüllte eine Stimme direkt hinter Zacharias. Der Ruf pflanzte sich fort: »Platz für die Feuerwehr! Platz da für die Feuerwehr!!!«

Es waren zwei von jenen roten Ungetümen, die er bisweilen auf dem Flughafen bei der Übung gesehen hatte. Eines der Ungetüme war schmal und hoch. Im folgte ein breites und flacheres. Das breite Ungetüm hatte Mühe mit dem engen, gewundenen Weg. Es keuchte und stöhnte und rieb sich an den Steinen der lose geschichteten Mauern, riß Steine heraus und holperte mit brüllendem, überdrehendem Motor über sie hinweg.

Das schmalere Ungetüm schaffte es bis an den Eingang zur Farm. Zwei Männer, die blumige Perlon-Hemden über den Hosen trugen, sprangen aus dem Fahrerhaus und begannen, sich kurze abgehackte Befehle zuzurufen. »Schlauch raus!« »Pumpe an!«

Es gab Schwierigkeiten. Die Befehle wurden länger und weniger abgehackt. Immer häufiger endeten sie mit Unaussprechlichem.

Zacharias trat an den Löschwagen heran. »Was ist?« fragte er einen Mann, der an einem Schlauch zerrte und ihm dabei die Pest so wie Intimverkehr mit seiner Großmutter wünschte.

Der Mann unterbrach die Flut seiner Wünsche. »Er ist verklemmt!« sagte er. »Er will nicht raus! Er sollte, verdammt noch mal, seine Großmutter...!«

»Ich helfe ziehen«, sagte Zacharias und begann, gemeinsam mit dem Mann an dem Schlauch zu zerren.

Sein Beispiel spornte an. Aus dem Dunkel der umliegenden Häuser und Ställe lösten sich Schatten und näherten sich dem Löschwagen. »Wir ziehen mit«, sagte einer, der sich zum Wortführer gemacht hatte, weil er der dickste und zugleich der Sprachgewandteste unter ihnen war. Die anderen nickten und warteten, bis der Dicke sich beispielgebend und führungserfahren in die Hände gespuckt und den Schlauch umfaßt hatte. Sodann folgten sie seinem Beispiel. Einer von ihnen zog aus Gewohnheit hoch, bevor er sich in die Hände spuckte. Das Ergebnis verblüffte ihn für einen Augenblick. Dann wischte er es an den Hosen ab und kratzte sich verlegen, gleichwohl genußvoll im Schritt. Zacharias wurde mit einer Kopfbewegung entlassen.

Sie zogen und grunzten ergebnislos, bis ein Mann kam und sagte: »Die Rolle ist verriegelt. Ihr müßt die Verriegelung der Rolle lösen, sonst geht es nicht!« Damit sie begriffen, was er gesagt hatte, trat er an die Rolle heran und stieß mit dem Fuß gegen einen Hebel.

»Argh!« grunzten die Männer. Sie versuchten, wieder aufzustehen und verhedderten sich dabei im Schlauch. Zacharias mußte an Spaghetti denken. Zacharias mußte lachen. Mit dem anderen Auge, dem weinenden, nahm er wahr, daß inzwischen auch der Mittelteil des Hauses abgebrannt war. Eine leichte Brise aus Süd war dabei, den Brand im rechten Flügel zu entfachen.

***

Zunächst einmal schienen die Schreie keinen Sinn zu machen. Jeder wußte, daß es brannte, jeder wußte, daß ein Feuer ausgebrochen war. Warum gellte dann der Ruf von weiter unten her zu ihnen hoch? Dann aber kam Bewegung in die Menge, sie drehte sich gen Osten und schob sich drängelnd den Weg hinunter. »Unsere Paperische Flughafenfeuerwehr brennt!« sagte der Dorfpolizist, und Zacharias glaubte ein rasselndes Schluchzen unter seinen Worten zu hören. Der Polizist zog Zacharias am Ärmel hinter sich her auf den Löschwagen zu.

Aus den Seitenschlitzen der Motorhaube des Ungetüms drang schwarzer Qualm. Ein kleiner, magerer Mann hüpfte erregt um den Kühler herum und rief Unverständliches, der Fahrer. Er versuchte, die Motorhaube zu öffnen und verbrannte sich dabei. Er sprang zeternd wie eine erregte Drossel in die Kabine und zerrte einen Feuerlöscher unter dem Fahrersitz hervor. Er sprang aus der Kabine heraus und legte, fast noch im Sprung, den Tatütata-Hebel um. Das Ungetüm begann unüberhörbar auf seine Not hinzuweisen.

Der Feuerlöscher erregte Bewunderung. Schon nach wenigen Versuchen entwich ihm ein weißes Pulver. Es erstaunte die Menge, die Wasser erwartet hatte, und es erstaunte den Löschenden, der die Düse auf sich gerichtet hatte. Es brachte auch einen spitzen Quieker von einer jungen Frau, die ein Baby erwartete und durch den Schreck die ersten Wehen bekam. Sie wurde von solidarisch kreischenden Frauen fortgeführt und der Ambulanz überantwortet.

Aus den Seitenschlitzen der Kühlerhaube schlugen die ersten Flammen.

***

»Paperische Bauern retten unsere Paperische Flughafenfeuerwehr!« verkündeten am übernächsten Tag zwei Balkenzeilen in der Tribuna de Papaya. In dem Artikel, der fast die ganze erste Seite einnahm und vom Chefredakteur persönlich verfaßt worden war, wurde hervorgehoben, daß ohne den bedingungslosen Einsatz der Landbevölkerung nicht nur das Haus eines Ausländers vollständig abgebrannt wäre, sondern dazu auch noch der modernste und wirkungsvollste Löschwagen der Paperischen

Flughafenfeuerwehr, Haupthoffnungsträger im Falle einer Flugzeugkatastrophe. »Sand und nasse Erde wurden in Körben herangetragen und unter Lebensgefahr auf den bereits brennenden Motor geschüttet. Noch bevor der Brand größeren Schaden anrichten konnte, wurden die Flammen erstickt. Menschen kamen bei dieser dramatischen Rettungsaktion wie durch ein Wunder nicht zu Schaden. Lediglich eine junge Frau brachte verfrüht ein Kind zur Welt, das auf der linken Gesichtshälfte ein brennend rotes Muttermal trägt. Niemand wird uns verübeln, uns gar der Ausländerfeindlichkeit bezichtigen, wenn wir sagen, daß dieses unschuldige Kind ohne diesen Brand eines ausländischen Hauses nicht fürs Leben gezeichnet wäre. Die Sirene der Ambulanz des Paperischen Samariterbundes ist inzwischen in einem verlassenen Schuppen am Wegrand unversehrt wiedergefunden worden. Lediglich vom Reserverad fehlt bisher jede Spur. Die Polizei schließt Diebstahl nicht aus«.

***

»Wer könnte Interesse haben, Ihr Haus anzuzünden?« fragte der Mann in der grünen Uniform. Seine Lackmütze lag vor ihm auf dem Schreibtisch, und an einem weiteren Tisch führte ein junger Mann, der seine Fingernägel in jahrelanger Knabberarbeit fast vollständig beseitigt hatte, einen verbissenen Kampf gegen eine alte Schreibmaschine.

»Es hat aber einer angezündet«, sagte Zacharias beharrlich und, soweit er sich erinnern konnte, zum dritten Mal. »Ich habe die Feueranzünder gefunden. Und an der Tür zur Farm steht: Wir werden euch lynchen!«

»Nun, man wird sehen«, sagte der Mann in der grünen Uniform gleichmütig. »Jedenfalls sollte uns das nicht von den wichtigen Dingen ablenken: Dürfte ich bitte zunächst einmal Ihren Paß sehen?«

Weihnachten ist auf Papaya anders als an anderen Orten der Welt. Weihnachten ist ein Fest, das alles in allem sieben Tage vor dem 24. Dezember beginnt und frühestens am 7. Januar endet. Insofern hat Weihnachten auf der Insel mit dem Karneval Ähnlichkeit, der dort auch nicht enden will, und dem immer noch ein weiterer Feierschwanz angehängt wird: Nicht mañana

Beethovens Erben

geht der Alltag weiter, nächste Woche. Oder auch nicht. »Mañana«, so hat einmal ein Kenner der Insel gesagt, »mañana ist ein Wort, das einem Papero bei Weitem zu sehr nach Hetze, Streß und kaltem Fortschrittsglauben klingt«.

Insofern, wie gesagt, ähnelt Weihnachten dem Karneval. Die Ähnlichkeiten enden aber hier noch nicht. Weihnachten hat auch etwas von der trunkenen, sinnlosen und besinnungslosen Fröhlichkeit des Karnevals. Es ist wahr, in den Umzügen und Prozessionen ziehen anstelle der Karnevals-Transvestiten die Heiligen 3 Könige mit. Es ist auch wahr, daß man Weihnachten mehr und besser ißt, als in den Wochen des Karnevals und wenn nicht mehr, so doch besser trinkt, aber hinter den reinen Oberflächenunterschieden einigt alle Feste auf der Insel eins: Das paperische Talent, Lärm zu verursachen und dabei, damit und dadurch glücklich zu sein.

Weihnachten bekommen Abhängige und Freunde ihre Geschenke schon am Vormittag des 24. Die Abhängigen bekommen ein kleines oder größeres Geld, dazu einen Korb mit eßbaren und trinkbaren Dingen. Freunde bekommen nur den Korb, doch zeigt die Güte des Inhalts den Status des Freundes. Dem Bürgermeister, den natürlich jeder, der seine fünf Sinne beisammen hat, mindestens seinen Freund, möglichst seinen Vetter nennt, schenkt man nur das Beste vom Besten: Der Whisky muß Chivas Regal sein, der Wein 10 Jahre alt, der Fisch geräuchert und Lachs. Dorfpolizisten fahren weniger gut, sie bekommen, was der Bauer selber ißt und trinkt, es war schon immer etwas schwerer, einen schlechten Beruf zu überleben.

Die Kinder müssen noch warten. Für sie ist Weihnachten erst später. Sie müssen in dieser Zeit, die um den 17. Dezember beginnt, in dieser oh, du fröhlichen, oh du seligen, gnadenbringenden Weihnachtszeit, besonders folgsam und fleißig sein. Sie müssen den 24. abwarten und blutenden Herzens sehen, wie Freunde und Abhängige mit Freßkörben und Geld traktiert werden. Sie müssen Sylvester überstehen, artig zu Hause bleiben, während die Eltern tief in den Wein und Rum Papayas eintauchen. Sie müssen hoffen, ob sie wollen oder nicht, daß der Vater nicht nur sein Auto zur Nachhausefahrt am nächsten Morgen starten kann, sondern auch den Hof erreicht mit Müh' und Not und nicht in einer jener tiefen Schluchten landet, für die Papaya gerade um diese Jahreszeit mit Recht berühmt ist. Sie müssen nun noch einmal fast eine Woche warten, bis der große Abend da ist, der 5. Januar, die Nacht vor den Heiligen 3 Königen. Selbst jetzt müssen sie ins Bett gehen und so tun als ob sie schlafen und das Zäpfchen rauspupen, das ihre ungeduldigen Erzeuger ihnen nicht selten zwecks Ruhestellung verabreichen. Erst am nächsten Morgen dürfen sie die Augen aufmachen und sehen, was die Heiligen 3 Könige bei ihnen abgeliefert haben. Ob es die ganze lange Mühe des Bravseins wert war.

***

Dem kleinen Caco war schon in der Nacht klar geworden, daß die Heiligen 3 Könige Japaner waren. Als er, nachdem die Eltern ins Bett gesunken waren, aufstand und vorsichtig an dem Geschenkpapier kratzte, das das längliche Paket umhüllte, konnte er Yamaha buchstabieren. Caco wußte noch nicht viel vom Leben. Er war erst im dritten Schuljahr, und selbst dort gehörte er nicht zur Sahne und zum Zucker. Von allem, was die anderen konnten und wußten, konnte und wußte er ein bißchen weniger. Mindestens ein bißchen. Eines jedoch war ihm klar:

Worte, die so klingen wie Yamaha, sind japanische Worte. Sein Vater fuhr einen sehr gebrauchten Toyota. Auf dem Fernseher stand Sanyo drauf. Die Kuckucksuhr an der Wand im Wohnzimmer nannte sich Tanyusi.

Caco kroch wieder zurück ins Bett. Seine drei Brüder, die an ihren eigenen Päckchen herumgefummelt hatten, folgten ihm. Sie schliefen alle vier in einem großen Bett. Die Brüder waren jünger als er und folgten ihm aufs Wort, weil das, was er nicht im Kopf hatte, offensichtlich seinem Körper zugute gekommen war: Caco war groß und stark für seine 10 Jahre. Körperlich war er überhaupt nicht zurückgeblieben. Körperlich hätte man ihn für einen Zwölfjährigen gehalten. So nimmt der HERR und gibt zugleich, hatte der Pfarrer den Sachverhalt erläutert.

Caco hatte auch noch eine Schwester. Sie schlief im Schlafzimmer der Eltern, weil man ihm und seinen Brüdern nicht traute. Die Jungens mit den Jungens, die Mädchen mit den Mädchen, lautete der Refrain eines Liedes, das auf Papaya gesungen wird. Die Schwester schlief zwischen den Eltern, wenn nötig auch an einer Seite. Sie war das älteste Kind, erst elf, aber ein aufgewecktes Mädchen, das alles, was sich um sie herum ereignete, mit großer Aufmerksamkeit verfolgte.

Caco konnte nicht mehr schlafen. Daß die Heiligen 3 Könige Japaner sein sollten, kam ihm komisch vor. Er hatte zwar noch nie einen Japaner gesehen, dem Vernehmen nach waren sie jedoch klein, gelb, krummbeinig und sprangen mit den Füßen aufeinander los. Der Pfarrer hingegen schilderte die Heiligen 3 Könige als groß und stattlich, und der unter ihnen, der nicht weiß war, war jedenfalls auch nicht gelb sondern schwarz: Melchior, der Mohr.

Caco beschloß, sich darüber nicht länger den Kopf zu zerbrechen. Er beschloß, darüber nachzudenken, was in dem Paket drin sein konnte. Für ein Auto, wie sein Vater eins fuhr, war das Paket zu klein. Für einen Fernseher zu länglich. Für eine Kuckucksuhr zu groß, es tickte auch nicht, er hatte sein Ohr rangehalten. Er überlegte, ob es ein Fahrrad sein könnte. Ein Fahrrad wünschte er sich schon seit langem. Er hatte bisher nur einmal auf einem Fahrrad gesessen, war damit umgefallen und hatte sich das Knie aufgeschlagen. Die Freude war größer als der Schmerz. Auch größer als die spontane Prügel, die er vom Besitzer des Fahrrades bezog, weil er es ohne Erlaubnis bestiegen hatte. Auch größer als die Dresche, die er von seinem Vater im Heuschober bekam, weil der davon erfahren hatte. Auch größer als die Strafe, die ihm der Pfarrer zusätzlich aufgebrummt hatte: den ganzen Pfarrgarten umzugraben. Dem Pfarrer hatte das Fahrrad gehört, der Gottesmann verstand in diesen Dingen keinen Spaß.

Er hoffte, daß sich in dem Päckchen ein Fahrrad befand. Seinetwegen ein ganz kleines Fahrrad, das deutete das Format des Päckchens eh an, aber doch ein Fahrrad. Ein Fahrrad mit einer Klingel und mit einer Lampe und mit dem roten Ding hinten, daß die Lehrerin mit einem merkwürdigen Wort benannte: Katzenauge.

Das Katzenauge begleitete ihn durch den Rest der Nacht und durch kurze, unruhige Halbschlafstrecken mit kurzen, unruhigen Träumen.

***

Seine Brüder schliefen noch tief und fest. Der Morgen schaute durch das kleine, zerbrochene Fenster, aber seine Brüder wachten nicht davon auf. Caco beschloß aufzustehen und das Fahrrad auszupacken. Er setzte sich auf den Zementfußboden, ohne zu spüren, wie kalt er war. Er nahm das Päckchen zwischen die Beine und begann, ungeduldig, an der Strippe zu zerren, mit der es verschnürt war. Wer ihn dabei beobachtete, war geneigt, Darwin zu korrigieren, den großen Darwin: Der Mensch stammt nicht vom Affen, der Affe stammt vom Menschen ab.

Es gelang Caco die Strippe zu zerbeißen und das Papier zu zerreißen: Yamaha erkannte er jetzt, groß über den ganzen Karton hinweg geschrieben. Noch bevor er den Karton auseinanderriß, Füße und Zähne dabei zuhilfe nahm, begannen ihm vage Zweifel zu kommen. Zweifel, daß das ein Fahrrad war.

Das Ding, das er kurz darauf in der Hand hielt, hatte wirklich nur geringe Ähnlichkeit mit einem Fahrrad. Es hatte nicht einmal einen Sattel.

***

»Wenn du auch nur wagst, Räder ranzunageln, schlage ich dir den Schädel ein«, sagte Cacos Vater. Cacos Vater war ein mächtiger, bauchiger Mann und hieß Bolucho. Er hatte Hände wie argentinische Steaks. Sie waren so groß, daß sie nicht in seine Gummistiefel hineinpaßten. Er hob eine dieser fleischigen Hände hoch und zeigte sie Caco: »Den Schädel schlage ich dir ein, wenn du versuchst, Räder ranzunageln, Teufelsbraten!« Er wußte, daß Caco sich eigentlich nur ein Fahrrad wünschte.

Cacos Mutter mischte sich ein, bevor Bolucho seinem Sohn probeweise und vorbeugend den Schädel einschlug. Sie hatten zwar ausreichend Kinder, aber nachher war sie es immer, die die Mühe damit hatte, den Bestand aufzufüllen, außerdem war Weihnachten, das Fest, verdammt noch mal! der Liebe. Sie drückte Bolucho ein großes, mit Wein gefülltes Gurkenglas in die erhobene Hand und sagte zu ihrem Sohn: »Das ist eine elektronische Orgel, Caco. Wenn du sie spielen kannst, wird dich jeder bewundern«.

Daß jeder Caco bewundern würde, hatte die Verkäuferin im Basar gesagt, die es wiederum aus dem Prospekt hatte: »Wer eine Yamaha-Orgel spielt, steht im Mittelpunkt und wird bewundert«.

Caco fiel dazu nur wenig ein. Er überlegte langsam wie eine kalte Eidechse, was er darauf antworten sollte. Am liebsten hätte er gesagt: »Aber wenn ich ein Fahrrad hätte, würde mich jeder bewundern, auch wenn ich nicht fahren kann«. Er sah jedoch, daß sein Vater immer noch die Hand erhoben hatte. Daß jetzt ein Wasserglas voller Wein dazugekommen war, machte die Sache nicht besser. Eher im Gegenteil. »Ja, Mama«, sagte er fügsam und kratzte sich verlegen hinterm Ohr wie ein flohender Hund.

Bei Bolucho löste sich die Spannung. Er ließ die Hand mit dem Gurkenglas sinken. »Dann freu dich gefälligst!« knurrte er finster, aber es war schon wie ein abziehendes Gewitter, Theaterdonner. »Wenn du dich nicht sofort freust, kannst du was erleben!«

»Er freut sich ja«, sagte Cacos Mutter beruhigend. Sie war nicht viel kleiner als Bolucho und nicht viel dünner. Aber ihre Haltung war anders. Während Bolucho seinen Bauch vorstreckte, ließ sie ihre Schultern hängen. Das machte sie kleiner als sie wirklich war. Ihre Eltern hatten sie auf den Namen Rosita getauft, Röschen. »Er freut sich ja«, sagte sie noch einmal. »Siehst du nicht, daß er sich freut?!»

Bolucho warf einen flüchtigen Blick in die Zimmerecke, in die sich Caco mit der Yamaha-Orgel verkrochen hatte. Er sah, daß sein Sohn die Zähne bleckte. »Ja«, sagte er. »Und das wurde auch Zeit!«

»Wenn du täglich nur ein paar Stündchen übst, wirst du eines Tages sein wie...« Cacos Mutter brach ab. Sie wußte plötzlich nicht mehr, wie ihr Sohn sein würde, wenn er täglich übte. Die Verkäuferin hatte es ihr gesagt. Sie hatte auf die Stelle im Prospekt hingewiesen: »Eines nicht so fernen Tages«, hatte der Werbetexter versprochen, »werden Sie ein neuer...« Ein neuer: Was? – »Wo hast du den Prospekt, Caco?« fragte sie. »Und wo ist Elisa?« Elisa war die Schwester. Sie hatte von allen noch am besten lesen gelernt.

Caco zerrte einen recht umfangreichen Papierhaufen aus dem Yamaha-Karton und gab ihn seiner Mutter. Er hatte die Orgel unter den Arm geklemmt und hielt sie dort sehr fest. Eine rote Signallampe auf der Orgel hatte ihn an etwas erinnert. Das Katzenauge! Sollte es vielleicht doch...?

Elisa kam aus der Küche, wo sie für die Familie und das Hausschwein kochte. Für Elisa waren die Heiligen 3 Könige alles in allem ein Tag wie jeder andere. Sie war ein Mädchen und Mädchen sind auf Papaya, nun, ... Mädchen, was soll man sonst noch sagen? Immerhin hatte sie eine neue Küchenschürze und einen Strohbesen bekommen, auf dem mit Bleistift und in schwer lesbaren Druckbuchstaben ihr Name und allgemeine analphabetische Weihnachtswünsche standen: Felis Nabida! »Ja?« fragte sie.

Cacos Mutter gab ihr den Prospekt. »Da muß etwas drin stehen«, sagte sie. »Daß man wird wie ein neuer irgendwer«.

»Beethoven«, buchstabierte Elisa nach einer angestrengten Weile.

***

Ein klagender, langgezogener Laut drang am Vormittag des 7. Januar durch das Dorf. Er pflanzte sich über die Felder fort und erreichte die Hügel an deren Ende. Er wartete dort, bis ein zweiter Laut ihm folgte und begann, als Echo in das Dorf zurückzureisen. Caco übte das »Lied an die Freude«.

Dem Paket hatte ein Lernheft beigelegen. Heraustrennbare Seiten sollten – wieder war Elisa lesend eingesprungen – an einem Notenständer des Instruments festgeklemmt werden. Ziffern, die auch auf den Tasten standen, verrieten, welche von ihnen nacheinander, das Wort war in den Instruktionen doppelt unterstrichen, zu drücken waren, um ein Lied aus der Orgel hervorzulocken.

Caco zählte einigermaßen fließend bis drei. Je weiter er von dort aus in höhere Mathematik vorrückte, desto länger dauerte es. Es dauerte sehr lange, bis die Orgel das »Lied an die Freude« heruntergejammert hatte.

Bolucho war auf dem Feld von den ungewohnten Lauten überrascht worden. Zunächst argwöhnte er, daß es sich um die Maschine handelte, die in den Bergen nach Wasser bohrte, aber es fehlte der Rhythmus: Rattattattattattatt! Nach einiger Zeit argwöhnte er gar nichts mehr. Er ertrug die Laute wie schlechtes Wetter, wie Regen, Sturm und Hagelschlag und schnitt weiter Futter für das Kalb.

Im Dorf hingegen herrschte Aufregung. Jedermann wußte, daß es Caco war, der jene nie gehörten Töne aus der Orgel zwang. Schon beim ersten Klagelaut war seine Mutter auf die

Straße gelaufen und von dort aus in den Krämerladen und hatte verkündet: »Jetzt übt mein Sohn auf der Orgel. Jetzt übt er, und bald wird er ein neuer...« sie zog ein Schriftstück aus der Schürzentasche, das Elisa auf braunem Packpapier verfertigt hatte, »...Beethoven sein«.

»Beethoven war blind«, rief der Kaufmann aus dem Hinterzimmer nach vorn. »Wenn Caco jetzt auch noch blind wird, das wäre ja was! Reicht es nicht, daß er blöd ist?« Der Kaufmann war zweierlei: Ein gebildeter Mann und ein scharfzüngiger Spötter. »Beethoven war blind«, sagte er noch einmal.

»Umgotteswillenheiligemuttermaria!« schrie Cacos Mutter auf und bekreuzigte sich. »Ich dachte, das war ein Orgelspieler, denn das ist doch eine Orgel, die Caco von den Heiligen 3 Königen bekommen hat!«

»Er war blind, sage ich dir doch!« wiederholte der Kaufmann ebenfalls schreiend. Widerrede machte ihn ungeduldig.

»Kein Wunder dann, daß er so schrecklich Orgel gespielt hat«, ergänzte die Kaufmannsfrau. »Ein Blinder! Aber mußtest du denn Caco ein Instrument für Blinde schenken? Reicht es nicht, daß er blöd ist?«

Das Gespräch begann, sich im Kreis zu drehen, und Cacos Mutter nahm ihr Maismehl, die Schmierseife, den Stockfisch und die vorgekochte Njame und ging wieder nach Hause.

***

Drei Monate lang lag das Dorf an jedem Tag mehrere Stunden unter einem Gewebe langgezogener, klagender Laute. Nach dem »Lied an die Freude« hatte Caco den »Fröhlichen Wandersmann« und dann »Lache, Bajazzo« absolviert. Als er bei dem Notenblatt ankam, dessen Titel ernstere Musik versprach: »Dr. Schiwago«, forderte ihn Bolucho auf, den Weg zum Ruhm abzubrechen. Bolucho trug seit einigen Wochen keinen Stolz mehr zur Schau, sondern Watte in den Ohren. Alle im Haus trugen inzwischen etwas in den Ohren. Den Kindern wurde zwar nur gekautes Papier zuteil, aber sie konnten gar nicht genug davon bekommen. Cacos Spiel war zu einer unerträglichen Belastung geworden. Es überwältigte selbst die paperische Lust am Lärm.

»Hör auf damit!«

Caco blickte seinen Vater an. »Ich will Beethoven werden«, sagte er. »Weitermachen, Papa!« Er drückte eine Taste nieder und ein Laut, der selbst in einem Kreißsaal Schrecken verbreitet hätte, entrang sich der Orgel.

»Hör auf!« brüllte Bolucho und drückte mit zwei bananenförmigen Fingern die Watte tiefer in die Ohren. »Hör auf, Teufelsbraten!« Er ballte die Hand zur Faust, um sie auf Sohn oder Orgel herabfallen zu lassen, wohin war ihm eigentlich gleich. Dann fiel ihm jedoch ein, daß Caco an diesem Nachmittag den Stall ausmisten sollte und daß die Orgel viel Geld gekostet hatte. Er ließ die Faust unentschlossen in halber Höhe über Sohn und Orgel schweben und dachte nach.

»Ich will nur noch nachts üben«, stotterte Caco und duckte sich vorsorglich. »Wenn alle schlafen«.

Bolucho gurgelte unwillkürlich. Sonst gurgelte er nur, wenn er Halsschmerzen hatte, und dann mit Rum. Jetzt aber lief ihm der Speichel direkt die Kehle hinunter. »Grrrch!« machte er, und es klang so schrecklich, daß seine Frau Rosita das Schlimmste befürchtete und kreischend aus dem Hühnerstall ins Haus gerannt kam. »Tu es nicht!« schrie sie. »Tu es nicht, Boluchito!« Boluchito war der Kosename von Bolucho, sagen wir: Bolucholein.

»Grrrch!« machte Bolucho ein weiteres Mal und blickte wild um sich. Schlaganfälliges Purpurrot überzog sein Gesicht.

Seine Frau tat zwei Dinge auf einmal: Sie riß den Finger ihres Sohnes von der Taste, auf der er wie angeklebt verweilt hatte. Sie zog mit der anderen Hand an der Schnur, die die Orgel mit der Steckdose verband. Das Zimmer wurde in Stille getaucht.

Boluchos Faust sank herab und fand als Hand nach längerem Fummeln den Weg in die Hosentasche, in der sich die Stummelpfeife und das befand, was die Bauern auf Papaya Tabak nennen. Er wurde dadurch abgelenkt und besänftigt und beschloß, den Mord an Sohn und Orgel zunächst noch einmal aufzuschieben.

Cacos Mutter blickte von einem zum anderen. Caco hielt den Zeigefinger der linken Hand ausgestreckt und schaute ihn an. Es war sein Beethovenfinger, der, mit dem er seit nun drei Monaten unermüdlich geübt hatte. Bolucho hatte den Daumen in die Tabakpfeife gesteckt und ließ ihn durch rhythmisches Drücken, verbunden mit pumpenden Sauggeräuschen, Qualm in seinem Rachen produzieren. Die Situation hatte sich entspannt, aber nicht genügend, als daß sie es gewagt hätte, ohne weiteres wieder in den Hühnerstall zurückzukehren. Sie überlegte und suchte nach einer Lösung: »Die Hühner legen besser«, sagte sie. »Es gibt jetzt jeden Tag mehr Eier«. Das war bisher immer so gewesen: Um Weihnachten legen die Hühner schlecht, manche gar nicht, sie kommen in die Mauser. Auf Ostern zu ist das überstanden und sie beginnen, wie wild zu legen und nach Leibeskräften zu gackern. »Ich glaube, sie mögen Cacos Orgelspiel«, fügte sie hinzu. Es war eine Eingebung.

Bolucho nahm den Daumen aus der Pfeife, denn es begann nach verbrannten Hornspänen zu riechen. Was seine Frau gesagt hatte, drang langsam in seinen Kopf ein und nahm dort die Gestalt einer Botschaft an. Er stampfte im Zimmer auf und ab und schüttelte hin und wieder den Kopf, damit die Botschaft das ganze Hirn benetzen konnte. »Sie legen mehr?« fragte er nach einer Weile, und leckte sich gierig die Lippen.

»Ja«, sagte seine Frau.

»Sie mögen das Orgelspiel?«

»Ja«, sagte seine Frau.

»Dann soll er im Hühnerstall spielen«, beschied Bolucho. Ein Lied fiel ihm ein, das auf Papaya gern gesungen wurde: »Uns're Henne Tutoreta, sie legt ein Ei, und sie legt zwei, und sie legt drei«. »Er soll ihnen »Uns're Henne Tutoreta« vorspielen«, beschied er.

***

Spätestens, als es wieder auf Weihnachten zuging, und die Hühner aufhörten zu legen, rissen alle Geduldsfäden auf einmal.

Das Dorf hatte sich gegen Bolucho gestellt, man war Cacos Spiel endgültig überdrüssig: »Er muß sofort aufhören, sonst...« Den Rest des Satzes ließ man unausgesprochen, das ist auf Papaya üblich. Nur eine unklare Drohung ist eine klare Drohung.

Bolucho leistete nur symbolischen Widerstand. »Die Hühner haben die ganze Zeit besser gelegt«, behauptete er lediglich und zählte an Fingern und Händen den Eierüberschuß auf. »Aber vielleicht wird aus Caco doch kein neuer Beethoven und zwar nie. Leider haben wir kein Geld, um ihm ein Fahrrad zu kaufen. Und nur, wenn wir ihm ein Fahrrad kaufen könnten...« Es war eine Argumentation, die einige Bauernschläue aufblitzen ließ: Viele im Dorf waren für eines ihrer Kinder hinter dem alten Fahrrad her, das der Pfarrer loswerden wollte und für die Wohltätigkeitsveranstaltung zur Verfügung gestellt hatte, wo es wenigstens noch etwas bringen würde.

»Vielleicht läßt sich da etwas machen«, sagte der Küster augenzwinkernd, denn er war Boluchos Schwager und außerdem für die Lose verantwortlich, die zu diesem Zweck verkauft wurden. Auch dafür, daß dabei alles mit rechten Dingen zuging.

***

Bolucho gewann auf der Wohltätigkeitsveranstaltung das Fahrrad und Caco bekam es am 6. Januar von den Heiligen 3 Königen zugeführt. Er hatte sich jedoch inzwischen auf musikalischen Ruhm eingestellt. Durch den Beethovenfinger hindurch war ein Funke in sein Herz gedrungen und hatte dort, wenn schon kein musikalisches Gehör, so doch Hörigkeit gestiftet. Jedes Mal, wenn er das Fahrrad vor dem Haus erblickte, vor allem, wenn das Katzenauge ihn anstarrte, mußte er an seine Yamaha-Orgel denken und wie die Hühner heftig flatternd sein Lied begleitet hatten: »Uns're Henne Tutureta«.

Deshalb nutzte er das Fahrrad als solches nur in selbstzerstörerischer Absicht. Fast jeden Tag stürzte er ein oder zweimal, und als er damit in die tiefe Rille neben der Straße geriet, in die seit Jahren Abwasserrohre gelegt werden sollten, dem Fahrrad dabei den Rahmen und sich selbst fast den Hals brach, war es mit Boluchos Geduld zu Ende: Er verdrosch seinen Sohn aus Freude darüber, daß er noch lebte, denn man soll die Feste feiern, wie sie fallen, und benutzte die Reste des Fahrrads, um damit die Kaninchenfalle zu reparieren. Das Katzenauge tauschte er gegen einen neuen Stiel für seine Hacke ein.

Auch hatte Cacos Ausstieg und Umstieg vom Fahrrad auf die Orgel das akustische Problem nicht wirklich aus der Welt geschafft. Niemand hatte ernsthaft an eine nachhaltige Entsorgung gedacht. Bald war wieder Weihnachten, und es gab noch andere Kinder im Hause Boluchos, Kinder, denen der Anstand ein Geschenk nicht verwehren durfte: Filucho bekam die Yamaha-Orgel.

Filucho war der nächstjüngere Bruder Cacos, der sich mit der ganzen Inbrunst seiner neun Jahre ein Luftdruckgewehr wünschte. Sein Orgelspiel entsprach seiner tiefen Enttäuschung. Schon nach einem knappen halben Jahr bekam er zum Geburtstag zwar kein Luftdruckgewehr, jedoch eine selbstgemachte Zwille, die Bolucho kurz davor in einem hohlen Baumstamm sehr außerhalb der Jagdsaison zusammen mit einem toten Rebhuhn gefunden hatte.

Die Orgel ging erst Weihnachten an ihren nächsten Besitzer: Die Heiligen 3 Könige hinterließen sie für Currito, dem Nachgeborenen Filuchos, der mit seinen fünf Jahren allerdings dafür noch wenig Verwendung hatte, sowieso schon murrte, weil er immer dessen abgelegte Hosen tragen mußte. »Ich will Rollschuhe!« sagte er und hielt stoisch aber vergebens die Prügel aus.

»Es reicht, daß Filucho dem Esel ein Auge ausgeschossen hat«, sagte Rosita mit Endgültigkeit. »Wenn jetzt Currito auch noch Rollschuhe bekommt und damit die Enten totrollt, mache ich nicht mehr mit«. Sie war keine aufsässige Frau, hatte schon zu oft Boluchos Steakhand gespürt, aber ihre Gründe waren stärker als ihre Angst. Außerdem wußte sie das Dorf hinter sich, und Bolucho wußte das auch. Es gibt Zeiten, zu denen man seine Frau unbesorgt verprügeln kann und Zeiten, wo nicht. Das sagt einem der gesunde Menschenverstand.

»Er wird dann also keine Rollschuhe bekommen«, antwortete Bolucho erstaunlich sanft. Auch er hatte letzthin Pläne geschmiedet, und das Eisen war heiß. »Er braucht überhaupt nichts, und die Orgel werde ich Elisa schenken«. Eigentlich kam ihm das Ultimatum sogar entgegen, denn Rollschuhe wollten erst einmal gekauft, getauscht oder erschlichen sein.

»Untersteh dich, Elisa die Orgel zu schenken!« sagte Rosita drohend und richtete sich zum ersten Mal seit langer Zeit zu voller Höhe auf. Elisa war im letzten Jahr heftig gewachsen, insbesondere um Brust und Hüften. Sie war zwölf und wurde dreizehn. Rosita konnte sich nicht nur denken, warum sich Bolucho bei Elisa beliebt machen wollte: Ihr Schlafplatz zwischen ihnen im Bett gab ihm allerhand Möglichkeit, das letzthin so üppig Dazuwachsende an Elisa zu erfühlen. »Elisa braucht keine Orgel«, fügte sie folgerichtig hinzu. »Elisa braucht ein eigenes Bett! Sie ist schon fast ein Fräulein!«

Bolucho erschrak. Fräulein sagt man auf Papaya zu einem Mädchen, das erwachsen geworden ist. »Dann braucht sie wirklich ihr eigenes Bett«, murmelte er verlegen. »Ich werde ihr einen Sack mit Stroh füllen, dann kann sie in der Ecke schlafen.«

Rosita antwortete mit einem entschlossenem Kopfschütteln. »Sie braucht ein richtiges Bett. Wir können doch unser Kind nicht in einer Ecke auf einem Strohsack schlafen lassen, wie einen Hund«.

»Sie ist ein Mädchen«, gab Bolucho zu bedenken.

»Trotzdem«, sagte Rosita. Sie spann ihren Faden weiter: »Und wenn wir uns von der Oma das Bett holen, das sie von Begonia geerbt hat?« Begonia war Omas Großtante gewesen und im letzten Jahr mit 102 gestorben. Niemand hatte geglaubt, daß sie überhaupt noch sterben würde.

»Das rückt sie umsonst nicht raus«, sagte Bolucho. »Sonst hätte sie ja nichts geerbt. Wir müssen es kaufen, und dafür habe ich kein Geld«.

»Na, ich weiß nicht«, sagte Rosita listig. »Wenn wir ihr die Orgel schenken zu Weihnachten, und ihr sagen, daß die Hühner dann besser legen...?« Sie war im Begriff zwei Fliegen mit einer Klappe zu schlagen.

***

»Die Ziege gibt mehr Milch«, rief die Oma schon von Weitem, als Bolucho und Rosita um die Osterzeit vor ihrem Haus im Wilden Norden Papayas hielten und sich aus dem alten Toyotoa zwängten. »Was sagt Elisa zu dem Bett?«

»Sie ist darin sofort Fräulein geworden«, sagte Rosita. »Sie hat es vorher wohl nur noch zurückgehalten«.

»Sie blutet wie eine Kuh«, ergänzte Bolucho stolz. »Aber es geht nicht um die Ziege. Es geht um die Hühner. Und die legen mehr durch das Orgelspiel«. Er suchte in der Tasche nach seiner Pfeife.

»Die Ziege gibt mehr Milch«, beharrte die Oma. »Sie hat das ganze Papier gefressen, als ich nicht aufgepaßt habe, und seitdem gibt sie mehr Milch«.

»Aber die Hühner«, sagte Rosita. »Wenn du auf der Orgel spielst, legen sie besser. Hast du es nicht ausprobiert«.

»Das Ding geht nicht«. Die Oma bekam einen nörgelnden Tonfall. »Ich weiß nicht, wo ich den Stecker hineintun soll. Nirgendwo kann ich den Stecker hineinstecken. Wenn eines Tages der Strom bis hierher kommt, aber der kommt ja nie, da können wir lange warten, wir armen Leute hier im Norden, wo sich keiner um unsereins kümmert und ...«

»Verdammt!« unterbrach sie Bolucho. »Daran habe ich nicht gedacht«. Er machte sich Sorgen wegen des Bettes. »Aber wenn die Ziege mehr Milch gibt, dann hat die Orgel ja wenigstens...«

»Es gibt auch mehr Eier«, räumte die Oma ein. »Ich habe mit der Orgel das Loch zugenagelt. Da, wo immer die Ratten durchkamen und die Eier aufgefressen haben«.

***

»Beethoven war nicht blind«, sagte der Pfarrer. Er saß an einem kleinen Tisch unter der Terrasse vom Pfarrhaus. Ihm gegenüber saß der Krämer. Sie spielten Domino.

»Natürlich war er blind!« widersprach der Krämer ziemlich heftig. »Was soll er sonst gewesen sein?!« Er haßte es, wenn man an seiner Bildung zweifelte. War der Pfarrer ein besserer Mensch als er? – Na also!

»Stumm war er«, beharrte der Pfarrer. »Der HERR gab ihm das Orgelspiel, damit er sich den Menschen mitteilen konnte. Amen!«

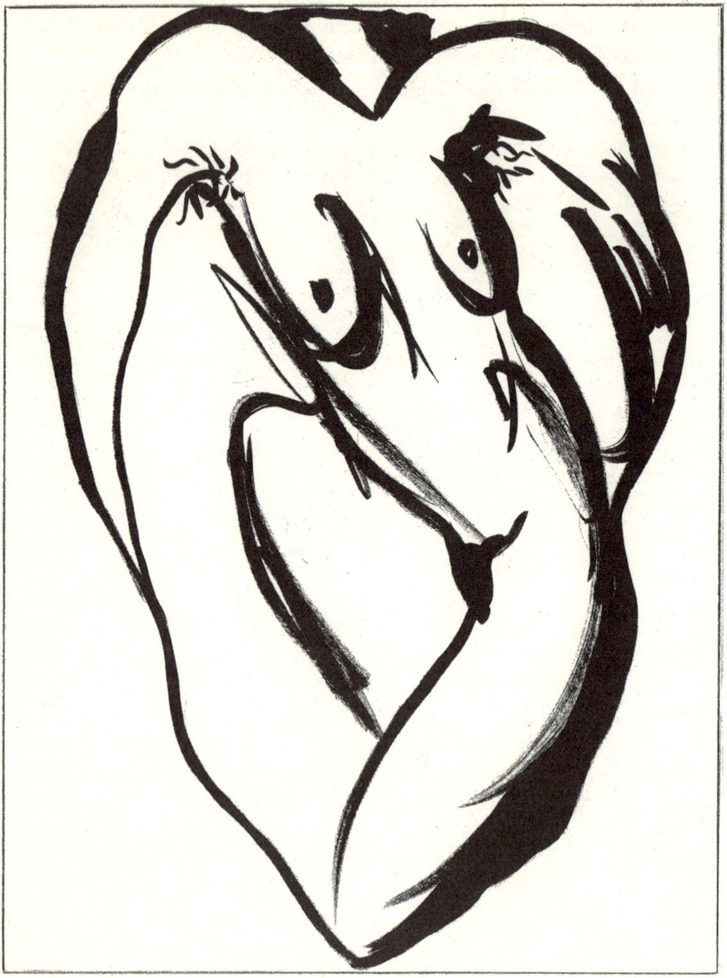

Der alte Otelo sieht es so: »Gott hat einen großen Stein genommen und ins Meer geworfen, und er hat versucht, die schönste Insel seiner Schöpfung daraus zu formen. Er hat die großen Kiefern auf ihr wachsen lassen für die Menschen zum Bauen und die Kastanienbäume für die Schweine, damit sie zu fressen haben im Herbst, wenn sie fett werden müssen. Und den Nor-

Der Ost-West-Konflikt

den hat er hoch gemacht mit Bergen, die die Wolken festhalten und ihnen den Regen wegreißen. Und als die Mücke ihm um die Nase geschwirrt ist, el mosquito maldito, da hat er gesagt: »Laß mich in Ruhe, ich will für die Menschen hier ein Paradies bauen.« Aber das Mosquito hat nicht auf ihn gehört. Vielleicht hat es ihn auch nicht verstanden, das Tierchen, denn der Herrgott ist groß, und ein Mosquito, na, du weißt ja selbst, wie klein ein Mosquito ist, und ob ein Mosquito überhaupt Ohren hat, das ist noch so eine Frage«.

Das kleine Kind, das neben dem alten Otelo sitzt, faßt sich an den Kopf um nachzufühlen, ob bei ihm noch die Ohren vorhanden sind. Es gähnt und sagt dann: »Bestimmt haben Mosquitos keine Ohren, Abuelo. Sie haben ja auch keine Nase«.

Otelo seufzt. »Ich glaube es auch fast«, sagt er dann und schaut mit seinen wachen hundertjährigen Hirtenaugen zu dem Bergrücken hoch, der sich von Nord nach Süd über die ganze Insel Papaya erstreckt. »Jedenfalls hat das Mosquito dem Herrgott in die Lippe gestochen, und er ist darüber so wütend geworden, daß er es gepackt hat zwischen seinem Daumen und seinem Zeigefinger, so gepackt hat...« Otelo macht es vor. Otelo reibt Daumen und Zeigefinger gegeneinander, um dem Mosquito den Garaus zu machen. Dann fällt ihm etwas besseres ein.

Er schlenkert das Mosquito mit einer ungeduldigen Bewegung von seinen Fingern fort und zeigt mit der Hand zum Bergrücken hoch: »Geh hin!« ruft Otelo mit mächtiger Stimme, und sein weißer Bart sträubt sich wie die Rückenhaare eines zornigen Katers, oder – warum nicht? – wie eben der Bart Gottes. »Du sollst zur Strafe Löcher in die Berge stechen. Du sollst hier oben im Norden anfangen...« seine Hand zeigt befehlend die Richtung, »...und dort im Süden sollst du enden. – Im Schweiße deines Angesichts«, fügt Otelo für mehr Wirkung hinzu.

»Abuelo!« sagt das Kind beunruhigt: »Großvater!«

Der alte Otelo läßt den Arm sinken. Er wischt sich über die Stirn und streicht dann über den Bart, bis er aufhört sich zu sträuben. »Na ja«, sagt er. »So sind jedenfalls die ganzen Krater entstanden, und so ist es gekommen, daß Papaya einen Osten und einen Westen hat, Levante y Poniente, und auf beiden Seiten Menschen leben, die einander nicht kennen und nicht mögen. Denn Gott muß man gehorchen, da ist es gleich, ob man ein Mensch ist oder ein Mosquito«.

»Abuelo...« sagt das Kind.

»Ich bin nicht dein Großvater«, sagt Otelo. »Ich bin dein Urgroßvater. Und vielleicht sogar dein Ururgroßvater, wer will das noch wissen?«

***

Zwischen den beiden war es Liebe auf den ersten Blick. Schlimmer, es war Liebe auf den ersten Atemhauch, auf das erste Erahnen des anderen, auf das erste Erspüren und Wahrnehmen, Riechen vielleicht auch, so weit weg sind wir gar nicht von den Schmetterlingen, die voneinander auf Kilometer Entfernung wissen, wenn es darum geht, den anderen anzulocken.

Julian jedenfalls kam es vor, als ob er einen heftigen Schlag erhielt, als er die Kneipe im Wilden Norden betrat. Er konnte hinterher nicht mehr sagen, ob der Schlag im Herzen, auf dem Kopf oder in der Magengrube gelandet war, wahrscheinlich in allen drei Bereichen zugleich und in ein paar anderen obendrein.

Er sah Vanessa erst sehr viel später, eine Ewigkeit erschien ihm das, denn sie war in die Küche zu der mondgesichtigen Frau gegangen, die dort seit vielen Jahren drei von ihrer Mutter gelernte Gerichte kocht, und die Mutter hatte sie auch schon von ihrer Mutter geerbt.

Die drei Gerichte sind in der Reihenfolge ihrer Köstlichkeit: Ziegenragout in Safransoße mit gelben Kartoffeln; Kaninchenragout, über das ganz zu Anfang ein Hauch Kakao gesiebt wird. Das dritte Gericht ist für den Hunger der Hirten und der Holzfäller in den Bergen bestimmt und besteht aus zusammengekochten Gemüsen und Fleisch in furchteinflößender Menge. Nur wenige der Fremden auf der Insel Papaya, ebenfalls kaum einer der Hauptstadtbewohner, die wochenends bisweilen in den Norden vorstoßen, haben sich je an diese tiefe Blechschüssel mit ihren erschreckenden Riesenkarotten und ganzen Maiskolben, fleischigen Schulterknochen und langen, faserigen Bauchfleischstreifen herangewagt. Das dritte Gericht bleibt Geheimnis der Hirten und Holzfäller, die unter sich tuscheln und hin und wieder Seitenblicke unverhüllter Neugier zu den Fremden, den leichtgekleideten mit Brüsten zumal, herüberhuschen lassen: »Wir würden sie damit füttern, bis sie fett sind, wie der Mond und die Mondgesichtige«. Sie lecken sich die Lippen bei dem Gedanken und schaufeln den Stoff für breite Hüften und wabernde Backen schlürfend in sich hinein.

Vanessa war in der Küche, und Julian sah sie erst, nachdem er sich schwindelig und benommen von ihrer unsichtbaren Gegenwart auf die Holzbank am Fenster gesetzt hatte. Sie kam durch den schmalen Durchgang, der die grasgrüngetünchte Küche vom feuerrot und salamandergelb gestrichenen Gastraum trennte. Der Himmel – oder die Hölle, wer will das sagen? – hatte für Gegenlicht gesorgt, es ließ Vanessas kupferrote Haare lodern und leuchtete durch ihren Körper hindurch. Julian war sicher, daß er ihr Herz sah, auch daß es einen Sprung machte bis in den Hals hinein, dort für einen Augenblick stehenblieb und sich erst dann wieder langsam senkte.

Als sie an ihm vorbeikam, bewegte sich die Bank unter ihm, und er mußte sich erheben. Vanessa blieb vor ihm stehen und war nicht erstaunt, daß er sagte: »Ich liebe dich«. Erstaunt war sie erst, und sie strich mit der Hand durch das Kupferrot und die kleinen Funken, die heraussprühten, oder war es ihre Hand, die die Funken erzeugte? – erstaunt war sie erst, als die Fünfundvierzigjährige hinter sie trat und sie beim Arm faßte. »Nun komm endlich wieder zu uns an den Tisch, Kind!« Julian fing einen warnenden Blick von ihr auf: »Wag es, Westler!«

***

Im Osten Papayas leben, so will es die Tradition, die wirklichen Menschen. Der Osten ist Kulturträger der Insel, denn im Osten schlummert die Hauptstadt im Rand eines Kraters, der bis ans Meer reicht. Dort wird die Insel verwaltet, von vielen Amts- und Würdenträgern ihrem Geschick entgegengeführt, das sie mangels passenderer Worte Zukunft nennen. Hier kommt die Theatertruppe an, die einmal im Jahr, meistens im Anschluß an das Riesenrad, die Insel besucht, hier klebt sie Plakate mit schönen, strahlenden Mimen, hier dankt sie am Abend dem schwachen Bühnenlicht, das diese Illusion erhalten hilft. Hierher kommt der Gouverneur von der Nachbarinsel, wenn zu Corpus Christi die Bohnen und die Maiskörner, die Mohnblüten und Kichererbsen zu folkloristischen Teppichen geformt werden, bringt seine Frau und seine engsten Mitarbeiter mit und hofft, daß das Flugzeug am nächsten Morgen keine Verspätung hat.

Im Westen leben überhaupt keine Menschen, so will es ebenfalls die Tradition, und noch vor wenigen Jahrzehnten hätte die Mehrzahl der Ostpaperos auf diesen Satz ihr letztes Schwein oder ihre Geliebte gewettet, die Reihenfolge ist willkürlich. Noch vor wenigen Jahrzehnten war die Reise in den Westen ein beschwerliches Unterfangen, nur ein Maultierpfad führte in langer Wanderung hinüber. Solche, die etwas mehr wußten, und zu denen zählte der Steuereinnehmer, sprachen von einer wilden Bevölkerung, deren Anteil an afrikanischem Blut aus der Sklavenzeit sie lauter und vor allem lachender machte, jedoch auch unberechenbarer. Der Widerspruch ist nur scheinbar. Auch das Lachen, das mit Tanzen und Trinken, Freude also, einhergeht, schien den Ostpaperos eine schlechte Eigenschaft. Würde verträgt nicht die Leichtfertigkeit des flüchtigen Gefühls, sie will als schwer und tief empfunden werden, das hatte einst der Gouverneur in einer Rede gesagt, im übrigen sät sich jeder seine Vorurteile, wo er Ackerkrume dafür findet. »Im Westen wohnen Wilde«, resumierte der Steuereinnehmer. Zum Beweis brachte er von einer seiner Expeditionen eine Dunkelhäutige und sehr Junge mit und quartierte sie in einem Haus am Südrand der Hauptstadt ein, dort, wo die große Höhle war, die als Lagerraum für Hafengut verwendet wurde, dort, wo seine Frau nie hinkommen würde, denn sie gehörte nicht zu den Frauen, die ohne Not den Südrand der Hauptstadt besuchen. Die Dunkelhäutige wurde erst fett und dann neunundachtzig Jahre und machte alles in allem dem Steuereinnehmer auch nicht mehr Freude als die angetraute Frau.

In der Mitte dieses Jahrhunderts änderte sich manches und anderes nicht: Es wurde eine Schotterstraße über den Bergrücken hinweg und zwischen zwei Kraterlöchern hindurch gebaut, es wurde ein Tunnel gegraben und eine Verbindung zwischen Ost und West hergestellt. Das änderte sich also, und auch das Riesenrad wagte sich hinüber und machte sehr gute Geschäfte. Die Theatertruppe allerdings verzichtete auf den Weg in den Westen und bewies damit, daß aus dem Osten das Licht nicht nur kommt sondern besser auch dort bleibt. Eine wirkliche Klammer zwischen den beiden Teilen der Insel vermochte die Straße also nicht zu schaffen, zu lange hatte man getrennt gelebt und sich verabscheut. Zwar heißt es: Haß verbindet, aber damit kann wohl nur gemeinsamer gemeint sein, nicht gegenseitiger.

***

»Deine Eltern sind Deutsche, Vanessa«, sagte Julian. Er sagte es leise, weil sein Mund ganz nahe bei ihrem Ohr war. Sein Mund befand sich, wann immer das möglich war, ganz nahe bei ihrem Ohr, mal beim rechten, mal beim linken, und Vanessa hatte ihn noch nie wirklich laut sprechen hören. »Deine Eltern sind Deutsche«, sagte Julian noch einmal. »Warum machen sie da mit. Wenn die Paperos sich verabscheuen, was hat das mit uns zu tun?«

Sie lagen in einer Mulde zwischen Büschen aus Baumheide, und der Fußweg vom Tunnel hatte eine kleine halbe Stunde betragen. Wo sie lagen, kam nie jemand hin, das wußte Julian, denn mit seinem Interesse für Botanik hatte er die Insel viele Male durchstreift und kannte ihre einsamen Winkel. Seine Finger strichen über die Haare in Vanessas Achselhöhle, auch sie kupferrot, aber das sah er im Augenblick nicht, er fühlte an ihren Spitzen winzige Tautropfen, und er seufzte vor Erregung.

»Sie wohnen schon so lange hier«. Vanessa lag auf dem Rücken und blickte in die grünen Wipfel der Kiefern hinter denen sich Hellblau verbreitete wie die Grundierung zu einem Bild, daß die Insel zu beschreiben versuchte. »Sie haben es übernommen. Die Insel formt Menschen«.

»Das glaube ich nicht«, sagte er in ihr Ohr. Seine Fingerspitzen sagten etwas anderes. Auch der Atem, der mit seinen Worten in Vanessa eindrang, sagte etwas anderes. Er fragte sich, warum er darüber redete, aber seit sie sich heimlich trafen, mußten sie immer wieder davon sprechen, es betraf ihr Leben und, was wirklich noch wichtiger war, ihre Liebe. »Sie machen nur das Spiel mit, das idiotische Spiel mit. Sie denken, sie machen sich damit beliebt bei den Paperos«. Er wußte, daß da etwas dran war. Im Westen wie im Osten Papayas lebten inzwischen eine Menge Deutsche, mehr sogar noch im Westen, weil er heißer und trockener war. Sie hatten Haß und Abscheu übernommen, wie man Kakerlaken in einem Haus übernimmt oder Mückenlarven in einer Zisterne. Selbst als die deutsche Krankenschwester erstochen wurde, weil sie einsam lebte und Mitleid mit dem Kretin hatte, der vor ihrer Haustür bettelte, hatte man auf der anderen Seite nur vielsagend gelächelt: »Wer weiß, was dahinter steckt. Zum Vergewaltigen gehören schließlich immer zwei!«

»Sie wohnen schon so lange hier«, wiederholte Vanessa. Ein Tautropfen rollte aus ihrer Achselhöhle und blieb an einem Grashalm neben ihrer Schulter hängen. Sie machte den Hauch einer Bewegung auf Julian zu, damit er sie umarmte.

***

»Das kommt überhaupt nicht in Frage«, sagte die Frau. »Ich wundere mich doch sehr, daß du es überhaupt wagst, mit einem solchen Ansinnen zu mir zu kommen«.

»Ich bin fast sechzehn«, sagte Vanessa. Sie schaute ihre Mutter an und versuchte, das Wort sechzehn sehr erwachsen klingen zu lassen.

Die Frau machte ein Geräusch, das als Lachen gedacht war, aber es klatschte und erinnerte Vanessa an das Lineal, das die Nonnen im Kindergarten benutzt hatten. »Fünfzehn«, korrigierte die Frau. »Du bist fünfzehn, minderjährig daher und ein Kind. Außerdem ist der Mann zu alt für dich«.

»Julian ist vierundzwanzig«, protestierte Vanessa. Das war gelogen, denn Julian war achtundzwanzig geworden, und sie hatten in der Mulde mit der Baumheide ein Picknick gemacht. Julian hatte Champagner mitgebracht.

»Vierundzwanzig ist zu alt«, sagte die Frau. »Außerdem bist du ein Mädchen«. Sie machte mit dem Kopf eine Bewegung, die hinzufügen sollte: Dem Himmel sei es geklagt.

»Ich bin ein Mädchen«, sagte Vanessa verwundert. »Das weiß ich doch. Was hat denn das damit zu tun, daß ich mit Julian auf das Strandfest gehen will«.

»Mädchen kriegen Babies«, sagte die Frau. Sie stand von dem Terrassentisch auf, an dem sie saßen, und zeigte ihrer Tochter, saß sie nichts unter dem Morgenrock trug. Vanessa schaute hin und mußte lachen. »Warum lachst du?« fragte die Frau. Sie schaute ärgerlich und an sich herab und dann fragend auf Vanessa. »Stimmt was nicht?«

Vanessa wurde rot. »Ich dachte eben, ich sehe mich«, murmelte sie, und dann hielt sie sich eine Hand vor den Mund, um ihr Kichern zu ersticken. »Wir haben beide feuerrote Haare«. Ihr fiel ein, daß sie die Schenkel ihrer Mutter gerade zum ersten Mal gesehen hatte. Zum ersten Mal jedenfalls seit damals vor mehr als fünfzehn Jahren...

»Es ist unerzogen und ordinär so etwas zu sagen«, sagte die Frau. Sie wickelte den Morgenrock um sich herum und verließ den Tisch. Vanessa sah, daß sie beim Gehen die Schenkel zusammendrückte.

»Fast sechzehn«, versuchte es Vanessa noch einmal. »Wo gehst du hin?«

»Ich gehe in die Küche, um zu sehen, ob dein Vater nun endlich seine blödsinnigen Filme aus dem Kühlschrank herausgenommen hat. Und wenn ich zurückkomme, werde ich dir noch etwas dazu sagen«.

Vanessa schaute sich auf dem Tisch um und fand einen kleinen silbernen Salzstreuer. Es war zum Teil mit Reiskörnern gefüllt, und als sie den Daumen auf die Streulöcher drückte, gelang es ihr, den Rhythmus nachzumachen, den sie am Abend zuvor im Autoradio gehört hatten, und sie dachte daran, daß Julian geflüstert hatte: »Wenn du dich auf mich setzt, dann ist der Rücksitz nicht so unbequem«.

Einmal hatte er sie gefragt, ob sie nicht zu ihm nach Hause kommen wollte. Sie hatte den Kopf geschüttelt, und er hatte nicht weiter gedrängt. Sie wußte nicht, ob das gut war. Sie wußte nicht, ob er nicht hätte drängen sollen: Sie träumte davon, mit ihm in einem Bett zu liegen und unter der Tarnkappe des Lakens, vielleicht auch, wenn er schlief, ihn zu erfühlen. Sie hatte sich noch nicht getraut, ihn anzufassen, und sie beneidete ihn, daß er sie mit den Händen erforscht hatte. »Warum sagt er mir nichts?« fragte sie laut.

»Warum sagt wer nichts?« fragte die Frau. Sie kam von der Küche her und hatte sich ein Glas mit einer Flüssigkeit mitgebracht, die wie Orangensaft aussah, aber Vanessa wußte, daß sie aus Wasser und kalorienfreiem Pulver bestand. »Warum sagt wer nichts?«

Vanessa fiel eine Lüge ein: »Warum sagt Papa nicht, ob wir dieses Jahr nach Europa fahren?«

»Papa!« machte die Frau geringschätzig.

»Fahren wir denn nach Europa?« Die Frage paßte ins Gesamtbild. Wenn sie nach Europa fuhren, würde sie Julian drei Monate lang nicht sehen, so lange dauerten die Schulferien. Und nur wenn Julian auch nach Europa fuhr... und nur wenn sie wußte, an welche Orte sie dieses Jahr geschleppt werden würde... und nur... »Drei Monate!« murmelte sie entsetzt.

»Papa kann sich zu nichts entschließen«, sagte die Frau. »Und außerdem habe ich keine Lust...«

Vanessa unterbrach sie: »Wir bleiben hier?!«

Die Frau hörte die Freude. »Warte, bis ich ausgesprochen habe«, verfügte sie tadelnd. »Ich habe keine Lust. Du wirst mit Papa allein verreisen«.

»Ich habe auch keine Lust«, sagte Vanessa.

Die Frau lachte.

»Ehrlich!« sagte Vanessa. »Ich habe auch keine Lust. Ich bleibe bei dir und...«

»Ob du Lust hast oder nicht«, sagte die Frau, und sie stand jetzt vor Vanessa und schaute auf sie herab, »ist völlig ohne Bedeutung. Wenn ich sage, daß du mit deinem Vater nach Europa fährst, dann wirst du mit deinem Vater nach Europa fahren. Und wenn du glaubst«, sie machte eine Pause und trank etwas von dem orangefarbenen Getränk, »daß du mich täuschen kannst, dann irrst du dich. Der Mann kommt nicht für dich in Frage. Sowohl jetzt nicht als auch nicht in den Ferien und danach. Es ist zu alt für dich, und außerdem...«

»Romarin?!« rief eine Stimme von der Küche her. Der Name war französisch ausgesprochen worden. »Romarin?! Wo sind die Filme, die ich im Kühlschrank hatte«.

»Sie sind im Mülleimer, Liebling«, rief Romarin über die

Schulter zum Haus hin, bevor sie den Satz beendete: »...außerdem ist er ein Westler«.

***

Sie mußte bis drei Uhr morgens warten, dann erst war sie sicher, daß Romarin schlief. Es hatte an dem Abend Diskussionen gegeben, oder jedenfalls, was man in anderen Familien Diskussionen nannte. In ihrer Familie war es eher ein Grabenkampf, in dem jeder seine Stellung verteidigte, und niemand Terrain aufgeben wollte, und den Romarin trotzdem immer gewann. Romarins Position war klar gewesen: »Du wirst mit Vanessa die Europareise allein machen. Ich bleibe hier«.

Die Position ihres Vaters war weniger klar: »Ich weiß wirklich nicht, ob ich allein nach Europa will«.

»Mit dem Kind!«

»Allein mit dem Kind. Es macht mir zu viel ...«

»...Mühe?! Ist dir dein Kind zu viel Mühe?!«

Am Ende behielt Romarin immer recht. Besser noch: Am Ende behielt bei Romarin der andere immer unrecht. »Wir werden uns dann morgen über die Einzelheiten unterhalten. Ich habe dir schon einige Städte in Italien vorgeschlagen«.

»Verona kenne ich aber schon!«

»Wer kennt schon Verona?« Sie hatte sich in ihr Schlafzimmer zurückgezogen und ein Buch mitgenommen. Das Buch hatte sie aus dem Regal geholt und laut murmelnd, daß es jeder hören konnte, den Titel vorgelesen: »Les Mains Sales, die schmutzigen Hände«.

Ihr Vater war in sein eigenes Schlafzimmer gegangen und hatte eine Flasche Wein und eine Kiste Zigarren mitgenommen.

Nachdem das Licht ausgegangen war, lauschte sie noch fast eine halbe Stunde, versuchte hinter den Wänden Geräusche zu erraten, und am Ende glaubte sie, in der Stille das Atmen ihrer Mutter und das scheue Schnarchen ihres Vaters zu hören. Julian wartete auf dem Aussichtsplatz neben der Kirche. »Seit Mitternacht«, dachte sie und bemühte sich kein Geräusch zu machen, als sie aus dem Fenster stieg und ihr Fuß nach der Kiste angelte, die sie hinter dem Rosenbusch versteckt hatte.

»Wohin gehst du?« flüsterte eine Stimme hinter ihr.

Sie mußte sich Mühe geben, nicht zu schreien. »Ich dachte, ich dachte...!« stammelte sie.

»Du dachtest?«

»Ich dachte, du schläfst«, flüsterte Vanessa. »Ich dachte, ich hätte dich schnarchen gehört«.

Sie konnte sehen, daß ihr Vater in der Dunkelheit lächelte. »Ich schnarche nie«, flüsterte er. »Das hat sie mir schon in der Hochzeitsnacht abgewöhnt. Wohin gehst du?«

Sie standen sich gegenüber, und sie meinte zu sehen, daß ihr Vater ein wenig schwankte. Sie sah auch, daß er ein Glas in der Hand hielt. Sie gab keine Antwort. Sie zuckte stattdessen die Achseln.

»Gehst du zu deinem Freund?« flüsterte ihr Vater. »Du gehst jetzt zu ihm, nicht wahr?«

Vanessa macht eine unbestimmte Bewegung mit dem Kopf. Es konnte alles heißen. Auch ja.

»Und du liebst ihn, nicht wahr?«

»Ja«, sagte Vanessa mit Bestimmtheit.

Sie sah durch die Dunkelheit hindurch, daß ihr Vater grinste. »Dabei ist er doch so ein verdammter Westler. Und außerdem viel zu alt für dich«, sagte er.

»Oh Papa!« sagte sie. Sie machte den halben Schritt, der sie voneinander trennte und umarmte ihn. Sie roch etwas von seinem Wein und den Geruch der Zigarren, und sie fragte sich, warum einen das bei Vätern nicht störte, oder ob es solche Väter wie ihrer sein mußten, bei denen das nicht störte. Sie wußte auch plötzlich, daß sie ihre Mutter haßte.

»Ich habe versucht, damit du hierbleiben kannst«, sagte ihr Vater mit etwas trunkener Diktion und streichelte ihr Haar. »Aber sie will unbedingt, daß wir... weil...« seine Stimme verlor sich.

»Müssen wir wirklich?«

»Ich werde Fotos machen«, sagte er statt einer Antwort. »Und ich habe heute abend rausgesucht, wo wir sind und wann wo«. Er zog ein zerknülltes Stück Papier aus der Tasche seines alten Bademantels und hielt ihn Vanessa hin. »Man kann in denselben Hotels Zimmer bestellen«, sagte er, und seine Stimme hatte Verschwörerisches.

Hinter ihnen knackte etwas und Vanessa zuckte zusammen. »Eine Ratte«, flüsterte ihr Vater beruhigend. »Ratten bringen Glück«. Das war seine Art, häßliche Tiere zu verteidigen oder solche, vor denen sie sich fürchtete. Als sie klein war, hatte er ihr sein Ehrenwort darauf gegeben, daß Spinnen dem Weihnachtsmann helfen, die Geschenke einzupacken. »Ich geh wieder ins Zimmer«, sagte er. »Gib ihm den Zettel«.

Er ging weg, und Vanessa sah, wie er in die Dunkelheit des großen Bougainvillabusches eintauchte und sich unter dem kleinen Nachtlicht der Terrassentür noch einmal umdrehte. »Es ist die Nachtigall«, sagte er, und Vanessa wunderte sich nicht, daß kurz darauf, nachdem er wieder im Haus verschwunden war, der Gesang begann.

***

»Du macht mich verrückt. Du machst mich verrückt, und ich werde dich nie von mir fortlassen«. Sie fühlte mit der Hand seinen Körper unter dem Laken, sie fühlte den Haarstreifen, der vom Bauchnabel herabrann, sie zog das Laken fort. Sie drängte sich raschelnd über ihn und steckte ihre Zunge in seinen Nabel. Julian seufzte.

»Wenn du von mir fortgehst, töte ich dich«. Sie fuhr mit dem Fingernagel den Haarstreifen entlang und griff mit der Hand in krauses, dunkles Haar. Julian stöhnte.

»Du gehörst mir!« Sie züngelte seinen Bauch hinab, stieß mit dem Kinn gegen seine Erektion. Sie faltete ihre Hände und ihre Lippen um ihn herum und ließ ihn spüren, daß sie ihn in der Gewalt ihrer Zähne hatte. Julian schrie.

Sie hob für einen Augenblick den Kopf, aber ihre Hände hielten ihn weiter umklammert. Sie versuchte, seine Augen am

Kopfende des Bettes zu sehen und merkte, daß er sie geschlossen hielt.

»Du bist so schön!« raschelte Romarin.

»Eines Tages ging es einfach nicht mehr. Verstehst du, ich hatte die Schnauze voll! Randvoll! Es kam mir zum Hals raus! Verstehst du?!« Der Mann hatte die Hand seines Gegenübers ergriffen. Er zog an der Hand, als ob er hoffte, damit mehr Verständnis zu erzielen. »Verstehst du?!« sagte er noch einmal.

Rückkehr zu den Quellen

Der andere Mann nickte und bewegte zugleich den Kopf hin und her. »Hm«, machte er ohne große Überzeugung. »Ich versuche es. Ich versuche, es zu verstehen. Aber, ehrlich gesagt...«.

Die beiden Männer waren etwa gleich alt, so Ende dreißig. Sie hatten beide Bärte, beide trugen Schmuck im Ohr. Selbst damit hörten die Ähnlichkeiten noch nicht auf. Auch ihre Jeans ähnelten sich und die selbstgestrickten Pullover und die Tennisschuhe und die weißen Socken. Auch hatte man den Eindruck, daß Sandalen zu ihnen gepaßt hätten. Ohne Socken, die Sandalen.

Der mit dem blonden Bart gab nicht auf. »Versuch doch mal, mich zu verstehen«, bat er und machte seine Stimme dringlich. »Jeden Morgen raus in aller Herrgottsfrühe. Im Winter stehst du im Dunkeln auf, und bis du mit der Arbeit fertig bist, ist es schon wieder Nacht. Und es ist immer dasselbe: Aufstehen, arbeiten, ins Bett gehen. Aufstehen, arbeiten...«

»Das ist kein Grund, alles hinzuschmeißen«, sagte der mit dem dunklen Bart. Er zog seine Hand unter der Hand des anderen weg und fühlte nach seinem Ohrschmuck. Er trug einen Rubin in einer goldenen Fassung. Manchmal hatte er Angst, daß er verloren gehen könnte. »Eigentum belastet«, versuchte er dann zu witzeln. Die Sorge blieb.

»Jahraus, jahrein. Abends fällst du todmüde ins Bett. Hast zu nichts mehr Lust. Manchmal siehst du tagelang keinen anderen Menschen. Und die Nachbarn? Fernsehen und sonst gar nichts. Kein Gespräch. Höchstens Fußball«. Der mit dem blonden Bart hörte auf zu reden und wandte seinen Kopf lauschend nach hinten, in die dunkle Ecke des Restaurants. Eine Guitarre klang auf, ein paar Akkorde wurden geschlagen, dann raunte eine rauchige Stimme: »Olé!«

Der mit dem blonden Bart lächelte. »Olé!« machte er, ebenfalls rauchig. Er griff nach einer Karaffe, die vor ihnen auf dem Tisch stand und schenkte dunkelroten Wein in ihre beiden Gläser. »Salud!« sagte er. »Auf eine bessere Zukunft!«

Der mit dem dunklen Bart trank nur zögernd mit. »Zukunft«, sagte er. »Meinst du wirklich, das hier ist eine Zukunft?«

Der andere drehte sich um, und seine Augen suchten den Kellner. »Juan!« rief er, und als der Kellner näher kam: »Gibt es noch ein paar Tapas? Calamares? Boquerones? Aceitunas?«

Der Kellner lächelte. »Si Señor!« sagte er zuvorkommend. »Alles, was Sie wollen!« Er war ein hübscher, gepflegter junger Mann. Jeder sah, daß sein Beruf ihm Spaß machte.

»Bring von allem etwas«, schlug der mit dem blonden Bart vor. Er wartete, bis der Kellner gegangen war und beugte sich dann wieder vor. »So gefällt mir das, weißt du. So ist das wahre Leben! Arbeiten, um zu leben. Nicht leben, um zu arbeiten«. Er nahm wieder die Hand des anderen. »Er hat vier Kinder und ist trotzdem immer fröhlich«. Mit dem Kopf zeigte er nach hinten und fügte hinzu: »Weil er hier ist. Weil er hier leben kann, wie ein Mensch. Der Kellner«.

»Das wahre Leben!« sagte der andere und schnaufte durch die Nase. »Als ob das alles ist! Da gibt es doch noch ganz andere Werte. Es gibt doch wichtigere Dinge im Leben als Oliven!«

»Zum Beispiel?« fragte der mit dem blonden Bart. »Dann sag mir mal ein paar«. Er klang, als ob er wußte, daß das dem anderen nicht leicht fallen würde.

Wieder entzog ihm der andere die Hand. Er brauchte sie, um die nächsten Sätze mit wischenden Bewegungen zu begleiten: »Umweltverschmutzung. Wassernotstand. Luftverpestung«.

»Einverstanden«, sagte der mit dem blonden Bart: »Die brennenden und stinkenden Mülldeponien. Man erstickt in Qualm und Dioxin. Das gechlorte Wasser. Manchmal kommt es grünlich-weiß aus dem Hahn. Und von der Luft bleibt nur das übrig, was die Autos dir lassen mit ihrem Gestank und Gequalme! Und die Chemie auf den Feldern. Und das Gift im Gemüse. Auch deshalb habe ich den Krempel hingeschmissen. Das wurde jeden Tag schlimmer. Und niemand hat etwas dagegen getan!«

Der Kellner kam und stellte kleine Teller auf den Tisch. »Calamares«, sagte er. »Boquerones. Oliven. Auch ein bißchen Brot?«

»Gern, Juan!« sagte der mit dem blonden Bart und lächelte den Kellner an. »Und gib dem Guitarristen ein Glas Wein. Copa de vino! Von mir!«

»Der andere nahm eine Olive und lutschte an ihr herum. Er spuckte den Kern in die Hand und legte ihn in den Aschenbecher. »Du bist im Vorteil«, sagte er. »Du hast dir alles genau zurechtgelegt. Trotzdem kann man nicht einfach abhauen, und alles liegen lassen. Wenn das nun jeder täte...«.

»Man kann«, sagte der mit dem blonden Bart. »Man muß. Sonst verliert man den Verstand. Auf die Dauer verliert man den Verstand«.

»Ist Verena derselben Meinung? Ich meine, kann sie sich da wirklich voll einbringen?«

»Verena«, sagte der mit dem blonden Bart und winkte ab. Er piekte ein Stückchen Calamar mit einem Zahnstocher auf und steckte es in den Mund. Er kaute daran herum und machte Geräusche, die hören ließen, daß es ihm schmeckte. «Verena«, mampfte er noch einmal mit vollem Mund. Er schluckte den Calamar hinunter. »Wir haben uns auseinandergelebt. Total. komplett. Mein Gott, sie hatte nichts vom Leben, und ich hatte nichts vom Leben. Sie mußte morgens genau so früh raus wie ich. Abends war sie kaputt. Nicht mal im Bett hat's mehr geklappt«.

»Dabei war sie doch...« sagte der andere ungläubig und unterbrach sich dann.

»Das Größte war sie auf der Matratze, du weißt das ja auch. Am Ende hat sie nur noch gesagt, daß ich mich verpissen soll«.

»Du sollst dich was?!«

»Verpissen. Verpiß dich! hat sie gesagt. Nimm Deine Pfoten aus mir raus, sonst krieg ich 'n Krampf! Ich bin müde, Macker! hat sie gesagt!«

»Ich hab mich schon gewundert, daß sie nicht dabei ist«, sagte der mit dem dunklen Bart. »Ich dachte schon, du bist noch eifersüchtig wegen damals«.

Der mit dem blonden Bart winkte ab. »Du kannst sie haben«, sagte er. »Wir sind am Ende der Fahnenstange. Es war zu viel für uns, dieses Leben«.

Eine junge Frau mit lackschwarzen Haaren ging in der Nähe ihres Tisches vorbei. Sie trug ein Körbchen mit Rosen. »Schau sie dir an«, flüsterte der mit dem blonden Bart erregt. »Dieser Gang! Diese Glut! Du spürst sie förmlich, diese Glut!« Er winkte das Mädchen heran. »Una rosa!« sagte er und suchte in der Tasche nach einer Münze. Er gab dem Mädchen die Münze, und dann gab er ihm die Rose zurück. »Für dich, meine Schöne! Para ti!«

»Gracias!« lispelte das Mädchen. Es errötete.

»De nada!« machte der mit dem blonden Bart. »Una rosa para una rosa. Eine Rose für eine Rose«. Er lächelte sein Gegenüber an. »Siehst du«, sagte er. »Das ist es es, was ich gesucht habe. Auch das habe ich gesucht«.

»Ich glaube, ich muß gehen«, sagte der mit dem dunklen Bart. »Ich drehe mir noch eine Zigarette, und dann muß ich gehen«.

Der mit dem blonden Bart griff ebenfalls in den Tabakbeutel. »Ich komme mit«, sagte er. »Um die Ecke spielen sie in einem Keller Salsa. Jede Nacht«. Sie drehten sich schweigend jeder eine Zigarette und zündeten sie an. »Ich zahle beim nächsten Mal, Juan!« rief der mit dem blonden Bart beim Hinausgehen.

»Mañana!«

»Si Señor!« rief der Kellner ihnen hinterher. »No hay problema!«

Der mit dem blonden Bart öffnete die Tür. »Das Wetter hat

mich irgendwann auch genervt«, sagte er. »Kein richtiger Frühling, kein Herbst, kein Winter. Immer dasselbe«. Er reckte sich und atmete tief die Nachtluft ein.

»Na, ich kann jedenfalls den Regen nicht ab«, murrte der mit dem dunklen Bart und starrte mißmutig in die Pfützen, in denen sich die Neonreklame glitzernd spiegelte. »Mir kannst du Deutschland schenken. Und diese Scheißgroßstadt auch«.

Der andere zuckte die Achseln. »Vielleicht mußt du selber erst mal aussteigen, um zu begreifen, wie herrlich das hier ist«, sagte er.

HARALD KÖRKE, geb. 1931 in Berlin, hat 14 Jahre auf der Kanaren-Insel La Palma gelebt und ist dort Fachmann für Aussteiger-Konflikte, Illusionen und Inselkoller geworden.

Dieses Buch knüpft an sein erstes an, »Noch ein verdammter Tag im Paradies«, das helle Freude, aber auch fanatischen Haß hervorrief: Auf La Palma wurde sein Haus, seine Farm und sein Archiv von unbekannten Brandstiftern in Schutt und Asche gelegt.

Matthias Horx schrieb über ihn in der ZEIT: Stellenweise erinnern (seine Erzählungen) in ihrer seltsam distanzierten Üppigkeit ... an die frühen Geschichten von Márquez. Aber er schreibt schlichter, in einem fast schüchternen, ganz auf die Attributkanone und überzogene Bilder verzichtenden Stil.

Im Frühjahr 1990 erscheint in Buchform sein erstes Theaterstück: Alter Ego, eine bittersüße, hochbrisante Beziehungs-Komödie.